数学奥林匹克
命题人讲座

不等式的证明

升级版

单墫 熊斌 主编
熊斌 罗振华 著

上海科技教育出版社

图书在版编目(CIP)数据

不等式的证明/熊斌,罗振华著. —上海:上海科技教育出版社,2023.5(2025.11重印)
(数学奥林匹克命题人讲座:升级版)
ISBN 978-7-5428-7802-1

Ⅰ.①不… Ⅱ.①熊… ②罗… Ⅲ.①不等式—高中—教学参考资料 Ⅳ.①G634.603

中国国家版本馆 CIP 数据核字(2023)第 021626 号

责任编辑 李 凌
封面设计 符 劼

数学奥林匹克命题人讲座(升级版)
不等式的证明
单 墫 熊 斌 主编
熊 斌 罗振华 著

出版发行	上海科技教育出版社有限公司
	(上海市闵行区号景路159弄A座8楼 邮政编码201101)
网 址	www.sste.com www.ewen.co
经 销	各地新华书店
印 刷	启东市人民印刷有限公司
开 本	720×1000 1/16
印 张	15.75
版 次	2023年5月第1版
印 次	2025年11月第4次印刷
书 号	ISBN 978-7-5428-7802-1/O·1166
定 价	58.00元

第一版序

读书,是天下第一件好事。

书,是老师。他循循善诱,传授许多新鲜知识,使你的眼界与思路大开。

书,是朋友。他与你切磋琢磨,研讨问题,交流心得,使你的见识与能力大增。

书的作用太大了!

这里举一个例子:常庚哲先生的《抽屉原则及其他》(上海教育出版社,1980年)问世后,很快地,连小学生都知道了什么是抽屉原则。而在此以前,几乎无人知道这一名词。

读书,当然要读好书。

常常有人问我:哪些奥数书好? 希望我能推荐几本。

我看过的书不多。最熟悉的是上海的出版社出过的几十本小册子。可惜现在已经成为珍本,很难见到。幸而上海科技教育出版社即将推出一套"数学奥林匹克命题人讲座"丛书,帮我回答了这个问题。

这套丛书的作者与书名初定如下:

黄利兵   陆洪文   《解析几何》

王伟叶   熊 斌   《函数迭代与函数方程》

陈 计   季潮丞   《代数不等式》

田廷彦   《圆》

冯志刚   《初等数论》

单 墫   《集合与对应》《数列与数学归纳法》

刘培杰   张永芹   《组合问题》

任 韩   《图论》

田廷彦   《组合几何》

唐立华   《向量与立体几何》

杨德胜   《三角函数·复数》

显然,作者队伍非常之强。老辈如陆洪文先生是博士生导师,不仅在代数数论等领域的研究上取得了卓越的成绩,而且十分关心数学竞赛。中年如陈计先生于不等式,是国内公认的首屈一指的专家。其他各位也都是当下国内数学奥林匹克的领军人物。如熊斌、冯志刚是2008年IMO中国国家队的正副领队、中国数学奥林匹克委员会委员。他们为我国数学奥林匹克做出了重大的贡献,培养了很多的人才。2008年9月14日,"国际数学奥林匹克研究中心"在华东师范大学挂牌成立,担任这个研究中心主任的正是多届IMO中国国家队领队、华东师范大学数学系教授熊斌。

这些作者有一个共同的特点:他们都为数学竞赛命过题。

命题人写书,富于原创性。有许多新的构想、新的问题、新的解法、新的探讨。新,是这套丛书的一大亮点。读者一定会从这套丛书中学到很多新的知识,产生很多新的想法。

新,会不会造成深、难呢?

这套书当然会有一定的深度,一定的难度。但作者是命题人,充分了解问题的背景(如刘培杰先生就曾专门研究过一些问题的背景),写来能够深入浅出,"百炼钢化为绕指柔"。另一方面,倘若一本书十分浮浅,一点难度没有,那也就失去了阅读的价值。

读书,难免遇到困难。遇到困难,不能放弃。要顶得住,坚持下去,锲而不舍。这样,你不但读懂了一本好书,而且也学会了读书,享受到读书的乐趣。

书的作者,当然要努力将书写好。但任何事情都难以做到完美无缺。经典著作尚且偶有疏漏,富于原创的书更难免有考虑不足的地方。从某种意义上说,这种不足毋宁说是一种优点:它给读者留下了思考、想象、驰骋的空间。

如果你在阅读中,能够想到一些新的问题或新的解法,能够发现书中的不足或改进书中的结果,那就是古人所说的"读书得间",值得祝贺!

我们欢迎各位读者对这套丛书提出建议与批评。

感谢上海科技教育出版社,特别是编辑卢源先生,策划组织编写了这套书。卢编辑认真把关,使书中的错误减至最少,又在书中设置了一些栏目,使这套书增色很多。

单墫

2008年10月

升级版序

数学竞赛活动的开展,其目的是激发青少年学习数学的兴趣,发现和培养具有数学天赋的学生,因材施教。数学竞赛是中小学生的课外活动,也是一种特殊的素质教育——思维训练。

数学竞赛,可以让学生养成独立思考问题的习惯、建立对数学知识的看法及求知能力、初步具有创新意识。一个人对某个专业领域的兴趣与创新意识应该从青少年时代就开始培养。

在近20年的菲尔兹奖(Fields Medal)获得者中,有一半以上是IMO的优胜者。

我国的数学竞赛选手中已经涌现出许多优秀的青年数学人才,如获得著名的拉马努金奖(Ramanujan Prize)的张伟、恽之玮、许晨阳、刘一峰等,并且有不少学者在国内外知名高校或科研机构从事数学研究工作,如:朱歆文、刘若川、何宏宇、何斯迈、袁新意、肖梁、张瑞祥等。2008年、2009年IMO的满分金牌获得者韦东奕,在研究生一二年级时就做出了很好的成果。无论从整体还是从个别、从国外还是从国内来看,数学竞赛对数学与科学英才的教育都有非常重要的价值。

"数学奥林匹克命题人讲座"丛书自2009年起陆续出版,受到了广大数学竞赛爱好者以及数学竞赛教练员的欢迎和好评。

近十年来,在各级各类数学竞赛中又有不少好题与精妙的解法,为了与广大数学爱好者分享这些妙题与巧解,在第一版的基础上,我们组织了第一版的原作者和一些新作者编写了"数学奥林匹克命题人讲座(升级版)"。

"数学奥林匹克命题人讲座(升级版)"包括《集合与对应》(单墫)、《数列与数学归纳法》(单墫)、《函数迭代与函数方程》(王伟叶、熊斌)、《初等数论》(冯志刚)、《组合问题》(刘培杰、张永芹、杜莹雪)、《平面几何(圆)》(田廷彦)、《组合几何》(田廷彦)、《三角函数与复数》(杨德胜)、《向量与立体几何》(唐立华)、《图论》(任韩)、《不等式的证明》(熊斌、罗振华)、《平面几何(直线型)》(金磊)。其中《不等式的证明》和《平面几何（直线型）》为新增加的两本。

  本丛书中既有传统的具有典型性的数学问题，也有选自近年高校自主招生、全国高中数学联赛、中国数学奥林匹克、中国西部数学邀请赛、中国女子数学奥林匹克、国际数学奥林匹克以及国外数学竞赛中的好题，还有一些是作者自编的问题。

  感谢上海科技教育出版社和本丛书责任编辑卢源先生的精心策划与组织。

  感谢各位读者自第一版出版以来提出了不少好的建议，希望大家继续对升级版提出建议和批评，使本丛书不断完善。

熊　斌

2021年1月

目 录

第 1 讲　平均不等式 / 001
   1.1　平均不等式 / 001
   1.2　加权平均不等式 / 016
   1.3　幂平均不等式 / 019

第 2 讲　柯西不等式 / 023

第 3 讲　排序不等式和切比雪夫不等式 / 042
   3.1　排序不等式 / 042
   3.2　切比雪夫不等式 / 047

第 4 讲　赫尔德不等式 / 055

第 5 讲　詹生不等式 / 066
   5.1　詹生不等式 / 066
   5.2　詹生不等式的变形 / 074

第 6 讲　其他初等不等式 / 078
   6.1　阿贝尔不等式 / 078
   6.2　舒尔不等式 / 089
   6.3　伯努利不等式 / 094

第 7 讲　导数与不等式 / 102
   7.1　导数 / 102
   7.2　凸函数 / 108

第 8 讲　调整法 / 116

第 9 讲　几何不等式 / 129
   9.1　基本几何不等式 / 129
   9.2　托勒玫不等式与费马点 / 135

第 10 讲　综合问题 / 148

参考答案及提示 / 171

第1讲 平均不等式

1.1 平均不等式

知识桥

设 $a_1, a_2, \cdots, a_n$ 是 n 个正实数,记

$$H_n = \frac{n}{\dfrac{1}{a_1} + \dfrac{1}{a_2} + \cdots + \dfrac{1}{a_n}}, \quad G_n = \sqrt[n]{a_1 a_2 \cdots a_n},$$

$$A_n = \frac{a_1 + a_2 + \cdots + a_n}{n}, \quad Q_n = \sqrt{\frac{a_1^2 + a_2^2 + \cdots + a_n^2}{n}},$$

分别称 H_n, G_n, A_n, Q_n 为这 n 个正数的调和平均、几何平均、算术平均、平方平均. 这四个平均值有如下关系:

$$\min\{a_1, a_2, \cdots, a_n\} \leqslant H_n \leqslant G_n \leqslant A_n \leqslant Q_n \leqslant \max\{a_1, a_2, \cdots, a_n\},$$

当且仅当 $a_1 = a_2 = \cdots = a_n$ 时等号成立.

我们先用数学归纳法证明 $G_n \leqslant A_n$.

首先证明当 $n = 2^m$(m 为正整数)时,$G_n \leqslant A_n$ 成立.

对 m 用数学归纳法.

当 $m = 1$ 时,显然有 $\sqrt{a_1 a_2} \leqslant \dfrac{a_1 + a_2}{2}$.

假设当 $m = k$ 时,命题成立,当 $m = k+1$ 时,

$$\sqrt[2^{k+1}]{a_1 a_2 \cdots a_{2^k} \cdot a_{2^k+1} a_{2^k+2} \cdots a_{2^{k+1}}} = \sqrt{\sqrt[2^k]{a_1 a_2 \cdots a_{2^k}} \cdot \sqrt[2^k]{a_{2^k+1} a_{2^k+2} \cdots a_{2^{k+1}}}}$$

$$\leqslant \frac{1}{2}\left(\sqrt[2^k]{a_1 a_2 \cdots a_{2^k}} + \sqrt[2^k]{a_{2^k+1} a_{2^k+2} \cdots a_{2^{k+1}}}\right)$$

$$\leqslant \frac{1}{2}\left(\frac{a_1 + a_2 + \cdots + a_{2^k}}{2^k} + \frac{a_{2^k+1} + a_{2^k+2} + \cdots + a_{2^{k+1}}}{2^k}\right)$$

$$= \frac{a_1 + a_2 + \cdots + a_{2^k} + a_{2^k+1} + a_{2^k+2} + \cdots + a_{2^{k+1}}}{2^{k+1}},$$

即当 $m=k+1$ 时,命题也成立,所以对于具有 $n=2^m$ 的形式的正整数 n,$G_n \leqslant A_n$ 成立. 也就是说,对于无穷多个正整数 $2,4,8,16,\cdots,2^m,\cdots$,$G_n \leqslant A_n$ 成立.

现假设 $n=k+1$ 时,$G_n \leqslant A_n$ 成立.

当 $n=k$ 时,令 $b=\dfrac{a_1+a_2+\cdots+a_k}{k}$,则由假设有

$$\sqrt[k+1]{a_1 a_2 \cdots a_k b} \leqslant \dfrac{a_1+a_2+\cdots+a_k+b}{k+1}=\dfrac{kb+b}{k+1},$$

所以
$$a_1 a_2 \cdots a_k \leqslant b^k,$$

即
$$\sqrt[k]{a_1 a_2 \cdots a_k} \leqslant \dfrac{a_1+a_2+\cdots+a_k}{k}.$$

所以当 $n=k$ 时,命题也成立.

综上可知,对一切整数 $n>1$,$G_n \leqslant A_n$ 成立.

这里用的数学归纳法称为"反向数学归纳法",即先证明命题对无穷多个正整数成立,然后假设命题对 $n=k+1$ 时成立,进而推出命题在 $n=k$ 时也成立,故命题对所有的正整数成立.

取 $b_i=\dfrac{1}{a_i}$,$i=1,2,\cdots,n$,则由

$$\dfrac{b_1+b_2+\cdots+b_n}{n} \geqslant \sqrt[n]{b_1 b_2 \cdots b_n},$$

可得
$$\dfrac{n}{\dfrac{1}{a_1}+\dfrac{1}{a_2}+\cdots+\dfrac{1}{a_n}} \leqslant \sqrt[n]{a_1 a_2 \cdots a_n},$$

即 $H_n \leqslant G_n$,当且仅当 $a_1=a_2=\cdots=a_n$ 时等号成立.

又因为

$$n\sum_{i=1}^{n} a_i^2 - \left(\sum_{i=1}^{n} a_i\right)^2 = \sum_{1 \leqslant i<j \leqslant n}(a_i-a_j)^2 \geqslant 0,$$

所以
$$n\sum_{i=1}^{n} a_i^2 \geqslant \left(\sum_{i=1}^{n} a_i\right)^2,$$

故
$$\dfrac{a_1+a_2+\cdots+a_n}{n} \leqslant \sqrt{\dfrac{a_1^2+a_2^2+\cdots+a_n^2}{n}},$$

即 $A_n \leqslant Q_n$,当且仅当 $a_1=a_2=\cdots=a_n$ 时等号成立.

所以 $H_n \leqslant G_n \leqslant A_n \leqslant Q_n$,当且仅当 $a_1=a_2=\cdots=a_n$ 时等号成立.

▶ **例1** 已知 $0<x<1$,求证:$x(1-x^2) \leqslant \dfrac{2\sqrt{3}}{9}$.

证明

令 $y=x(1-x^2)$,由平均不等式

$$y^2 = x^2(1-x^2)^2 = \frac{1}{2} \cdot (2x^2)(1-x^2)(1-x^2)$$

$$\leqslant \frac{1}{2}\left(\frac{2x^2+1-x^2+1-x^2}{3}\right)^3 = \frac{4}{27},$$

所以 $y \leqslant \frac{2\sqrt{3}}{9}$,即 $x(1-x^2) \leqslant \frac{2\sqrt{3}}{9}$.

点评

不等式的左边是积的形式,而右边是常值,因此可以尝试构造和为定值,但需要作适当的变形后再进行构造.在构造和为定值之前先作平方运算的变形.在解此题时容易采用 $y=x(1-x^2)=x(1+x)(1-x)=x \cdot (1+x) \cdot (1-x)$ 的变形,虽然使三项和为定值,但此定值不能达到,这种错误要避免.

▶ **例2** 设 $a>b>0$,求证:$8\sqrt{2}a^3+4a^2+\frac{1}{ab-b^2} \geqslant 14$.

证明

由于 $ab-b^2=b(a-b) \leqslant \left(\frac{b+a-b}{2}\right)^2 = \frac{a^2}{4}$,所以

$$8\sqrt{2}a^3+4a^2+\frac{1}{ab-b^2} \geqslant 8\sqrt{2}a^3+4a^2+\frac{4}{a^2}$$

$$= 4\sqrt{2}a^3+4\sqrt{2}a^3+4a^2+\frac{1}{a^2}+\frac{1}{a^2}+\frac{1}{a^2}+\frac{1}{a^2}$$

$$\geqslant 7\sqrt[7]{4\sqrt{2}a^3 \cdot 4\sqrt{2}a^3 \cdot 4a^2 \cdot \frac{1}{a^2} \cdot \frac{1}{a^2} \cdot \frac{1}{a^2} \cdot \frac{1}{a^2}} = 14.$$

故 $8\sqrt{2}a^3+4a^2+\frac{1}{ab-b^2} \geqslant 14$.

点评

此题中含有两个变量 a 与 b,且变量 b 只在分母中出现,而不等式的右边是定值,因此可以尝试先在分母中构造关于 b 的定值,然后再构造关于 a 的定值.且每次利用平均不等式都须先作适当的变形,使之满足几项和或积为定值.注意到字母 a 在第一次构造定值过程中看作常量,而在第二次构造定值过程中看作变量.

▶ **例 3** 设 a,b 是正实数,$a+b=1$,求证:$\left(a+\dfrac{1}{a}\right)\left(b+\dfrac{1}{b}\right)\geqslant\dfrac{25}{4}$.

证明

方法一 因为

$$\left(a+\frac{1}{a}\right)\left(b+\frac{1}{b}\right)=\left(ab+\frac{1}{ab}\right)+\left(\frac{b}{a}+\frac{a}{b}\right)$$

$$\geqslant ab+\underbrace{\frac{1}{16ab}+\frac{1}{16ab}+\cdots+\frac{1}{16ab}}+2\sqrt{\frac{b}{a}\cdot\frac{a}{b}}$$

$$\geqslant 17\sqrt[17]{\frac{1}{16^{16}(ab)^{15}}}+2,$$

由于 $0<ab\leqslant\dfrac{(a+b)^2}{4}=\dfrac{1}{4}$,所以

$$\left(a+\frac{1}{a}\right)\left(b+\frac{1}{b}\right)\geqslant 17\sqrt[17]{\frac{4^{15}}{16^{16}}}+2=\frac{17}{4}+2=\frac{25}{4},$$

当且仅当 $a=b=\dfrac{1}{2}$ 时等号成立.

方法二 由于

$$a+\frac{1}{a}=a+\frac{1}{4a}+\frac{1}{4a}+\frac{1}{4a}+\frac{1}{4a}\geqslant 5\sqrt[5]{\frac{1}{4^4a^3}},$$

同理

$$b+\frac{1}{b}\geqslant 5\sqrt[5]{\frac{1}{4^4b^3}}.$$

又 $0<ab\leqslant\dfrac{(a+b)^2}{4}=\dfrac{1}{4}$,所以

$$\left(a+\frac{1}{a}\right)\left(b+\frac{1}{b}\right)\geqslant 25\sqrt[5]{\frac{1}{4^8(ab)^3}}\geqslant 25\sqrt[5]{\frac{1}{4^8}\cdot 4^3}=\frac{25}{4},$$

当且仅当 $a=b=\dfrac{1}{2}$ 时等号成立.

点评

证明不等式时很重要的一点是先要观察等号什么时候成立,然后在每一步放缩时都要保证取等条件是可以达到的. 如果我们这样做

$$\left(a+\frac{1}{a}\right)\left(b+\frac{1}{b}\right)=ab+\frac{1}{ab}+\frac{b}{a}+\frac{a}{b}\geqslant 4\sqrt[4]{ab\cdot\frac{1}{ab}\cdot\frac{b}{a}\cdot\frac{a}{b}}=4,$$

而 $4<\dfrac{25}{4}$,那么就完不成证明了. 这是因为原不等式等号成立的条件是 $a=b=\dfrac{1}{2}$,而 $ab+\dfrac{1}{ab}+\dfrac{b}{a}+\dfrac{a}{b}\geqslant 4\sqrt[4]{ab\cdot\dfrac{1}{ab}\cdot\dfrac{b}{a}\cdot\dfrac{a}{b}}=4$ 等号成立的条件是 $ab=\dfrac{1}{ab}=$

$\dfrac{b}{a}=\dfrac{a}{b}$，不满足 $a=b=\dfrac{1}{2}$．

在处理 $ab+\dfrac{1}{ab}$ 时，因为当 $a=b=\dfrac{1}{2}$ 时，$ab=\dfrac{1}{4}$，而 $\dfrac{1}{ab}=4$，所以 $\dfrac{1}{16ab}=\dfrac{1}{4}$，于是把 $\dfrac{1}{ab}$ 写成 16 个 $\dfrac{1}{16ab}$，然后用平均不等式时可以保证等号是可以取到的．在证法 2 中把 $\dfrac{1}{a}$ 写成 4 个 $\dfrac{1}{4a}$ 是一样的道理．

▶ **例 4** 对于任意实数 x_1,x_2,x_3,x_4,x_5，实数 a 使得不等式
$$x_1^2+x_2^2+x_3^2+x_4^2+x_5^2\geqslant a(x_1x_2+x_2x_3+x_3x_4+x_4x_5)$$
都成立，求 a 的最大值．

解

a 的最大值为 $\dfrac{2\sqrt{3}}{3}$．

当 $x_1=1,x_2=\sqrt{3},x_3=2,x_4=\sqrt{3},x_5=1$ 时，得 $a\leqslant\dfrac{2}{\sqrt{3}}$．

又当 $a=\dfrac{2}{\sqrt{3}}$ 时，不等式恒成立．

事实上
$$x_1^2+x_2^2+x_3^2+x_4^2+x_5^2=\left(x_1^2+\dfrac{x_2^2}{3}\right)+\left(\dfrac{2x_2^2}{3}+\dfrac{x_3^2}{2}\right)+\left(\dfrac{x_3^2}{2}+\dfrac{2x_4^2}{3}\right)+\left(\dfrac{x_4^2}{3}+x_5^2\right)$$
$$\geqslant\dfrac{2}{\sqrt{3}}x_1x_2+\dfrac{2}{\sqrt{3}}x_2x_3+\dfrac{2}{\sqrt{3}}x_3x_4+\dfrac{2}{\sqrt{3}}x_4x_5,$$

所以，a 的最大值为 $\dfrac{2\sqrt{3}}{3}$．

▶ **例 5** 设 $a,b,c,d\in\mathbf{R}^*$，$ab+bc+cd+da=1$，求证：
$$\dfrac{a^3}{b+c+d}+\dfrac{b^3}{c+d+a}+\dfrac{c^3}{d+a+b}+\dfrac{d^3}{a+b+c}\geqslant\dfrac{1}{3}.$$

证明

由平均不等式
$$\dfrac{a^3}{b+c+d}+\dfrac{b+c+d}{18}+\dfrac{1}{12}\geqslant 3\sqrt[3]{\dfrac{a^3}{b+c+d}\cdot\dfrac{b+c+d}{18}\cdot\dfrac{1}{12}}=\dfrac{1}{2}a,$$

同理
$$\frac{b^3}{c+d+a}+\frac{c+d+a}{18}+\frac{1}{12}\geqslant\frac{1}{2}b,$$

$$\frac{c^3}{d+a+b}+\frac{d+a+b}{18}+\frac{1}{12}\geqslant\frac{1}{2}c,$$

$$\frac{d^3}{a+b+c}+\frac{a+b+c}{18}+\frac{1}{12}\geqslant\frac{1}{2}d,$$

所以
$$\frac{a^3}{b+c+d}+\frac{b^3}{c+d+a}+\frac{c^3}{d+a+b}+\frac{d^3}{a+b+c}$$
$$\geqslant\frac{1}{3}(a+b+c+d)-\frac{1}{3},$$

又 $a+b+c+d\geqslant 2\sqrt{(a+c)(b+d)}=2\sqrt{ab+bc+cd+da}=2,$

所以
$$\frac{a^3}{b+c+d}+\frac{b^3}{c+d+a}+\frac{c^3}{d+a+b}+\frac{d^3}{a+b+c}\geqslant\frac{1}{3}.$$

当且仅当 $a=b=c=d=\frac{1}{2}$ 时等号成立.

点评

不等式左边是一个分式,我们要想办法"去分母",对于 $\frac{a^3}{b+c+d}$,如果利用不等式 $\frac{a^3}{b+c+d}+(b+c+d)+1\geqslant 3\sqrt[3]{\frac{a^3}{b+c+d}\cdot(b+c+d)\cdot 1}=3a$ 来去分母,那么我们发现这样是不行的. 考虑到欲证的不等式等号是在 $a=b=c=d=\frac{1}{2}$ 时成立,此时 $\frac{a^3}{b+c+d}=\frac{1}{12}, b+c+d=\frac{3}{2}$,所以配上 $\frac{b+c+d}{18}$ 和 $\frac{1}{12}$.

▶ **例 6** 当 x,y,z 为正实数时,求 $\frac{4xz+yz}{x^2+y^2+z^2}$ 的最大值.

解

因为 $x^2+\frac{16}{17}z^2\geqslant 2\sqrt{\frac{16}{17}}xz, y^2+\frac{1}{17}z^2\geqslant 2\sqrt{\frac{1}{17}}yz,$

所以
$$x^2+y^2+z^2=\left(x^2+\frac{16}{17}z^2\right)+\left(y^2+\frac{1}{17}z^2\right)$$
$$\geqslant 2\sqrt{\frac{16}{17}}xz+2\sqrt{\frac{1}{17}}yz=\frac{2}{\sqrt{17}}(4xz+yz),$$

故
$$\frac{4xz+yz}{x^2+y^2+z^2} \leqslant \frac{\sqrt{17}}{2}.$$

当且仅当 $x=\frac{4}{\sqrt{17}}z, y=\frac{1}{\sqrt{17}}z$,即当 $x:y:z=4:1:\sqrt{17}$ 时等号成立. 所以,$\frac{4xz+yz}{x^2+y^2+z^2}$ 的最大值为 $\frac{\sqrt{17}}{2}$.

点评

本题利用待定系数法. 将 z^2 拆成两项 λz^2 和 $(1-\lambda)z^2$. 由
$$x^2+\lambda z^2 \geqslant 2\sqrt{\lambda}xz, y^2+(1-\lambda)z^2 \geqslant 2\sqrt{1-\lambda}yz,$$
以及 $\frac{2\sqrt{\lambda}}{2\sqrt{1-\lambda}}=\frac{4}{1}$,得 $\lambda=\frac{16}{17}$. 由此得到本题的解法.

▶ **例7** 设正实数 $a_1, a_2, \cdots, a_{100}$ 满足 $a_i \geqslant a_{101-i}(i=1,2,\cdots,50)$. 记 $x_k = \frac{ka_{k+1}}{a_1+a_2+\cdots+a_k}(k=1,2,\cdots,99)$. 证明:$x_1 x_2^2 \cdots x_{99}^{99} \leqslant 1$.

证明

注意到 $a_1, a_2, \cdots, a_{100} > 0$. 对 $k=1,2,\cdots,99$,由平均不等式知
$$0 < \left(\frac{k}{a_1+a_2+\cdots+a_k}\right)^k \leqslant \frac{1}{a_1 a_2 \cdots a_k},$$
从而有
$$x_1 x_2^2 \cdots x_{99}^{99} = \prod_{k=1}^{99} a_{k+1}^k \left(\frac{k}{a_1+a_2+\cdots+a_k}\right)^k \leqslant \prod_{k=1}^{99} \frac{a_{k+1}^k}{a_1 a_2 \cdots a_k}. \quad (1)$$

记式(1)的不等式右边为 T,则对任意 $i=1,2,\cdots,100$,a_i 在 T 的分子中的次数为 $i-1$,在 T 的分母中的次数为 $100-i$. 从而
$$T = \prod_{i=1}^{100} a_i^{2i-101} = \prod_{i=1}^{50} a_i^{2i-101} a_{101-i}^{2(101-i)-101} = \prod_{i=1}^{50} \left(\frac{a_{101-i}}{a_i}\right)^{101-2i}.$$

又 $0 < a_{101-i} \leqslant a_i (i=1,2,\cdots,50)$,故 $T \leqslant 1$,结合式(1)得
$$x_1 x_2^2 \cdots x_{99}^{99} \leqslant T \leqslant 1.$$

▶ **例8** 设 x, y, z 为正实数,求证:
$$\frac{xyz(x+y+z+\sqrt{x^2+y^2+z^2})}{(x^2+y^2+z^2)(yz+zx+xy)} \leqslant \frac{3+\sqrt{3}}{9}.$$

证明

这个不等式把三元多项式的基本对称式都包含在了其中. 我们先把不等式的左边化成平均的"形式":

$$\frac{xyz(x+y+z+\sqrt{x^2+y^2+z^2})}{(x^2+y^2+z^2)(yz+zx+xy)} = \frac{x+y+z+\sqrt{x^2+y^2+z^2}}{(x^2+y^2+z^2)\left(\frac{1}{x}+\frac{1}{y}+\frac{1}{z}\right)}$$

$$= \frac{x+y+z}{\sqrt{x^2+y^2+z^2}} \cdot \frac{1}{\sqrt{x^2+y^2+z^2}\left(\frac{1}{x}+\frac{1}{y}+\frac{1}{z}\right)}$$

$$+ \frac{1}{\sqrt{x^2+y^2+z^2}\left(\frac{1}{x}+\frac{1}{y}+\frac{1}{z}\right)}.$$

令 $\lambda = \frac{x+y+z}{\sqrt{x^2+y^2+z^2}}$, $\mu = \frac{1}{\sqrt{x^2+y^2+z^2}\left(\frac{1}{x}+\frac{1}{y}+\frac{1}{z}\right)}$, 由 $H_n \leqslant A_n \leqslant Q_n$ 得

$$\frac{3}{\frac{1}{x}+\frac{1}{y}+\frac{1}{z}} \leqslant \frac{x+y+z}{3} \leqslant \sqrt{\frac{x^2+y^2+z^2}{3}},$$

所以, $\lambda \leqslant \sqrt{3}$, $\mu \leqslant \frac{1}{3\sqrt{3}}$. 于是

$$\frac{xyz(x+y+z+\sqrt{x^2+y^2+z^2})}{(x^2+y^2+z^2)(yz+zx+xy)} = \lambda\mu + \mu \leqslant \frac{3+\sqrt{3}}{9}.$$

▶ **例 9** 设 a, b, c 为正实数, 求证: $\frac{(a+1)^3}{b} + \frac{(b+1)^3}{c} + \frac{(c+1)^3}{a} \geqslant \frac{81}{4}$.

证明

由平均不等式得

$$\frac{(a+1)^3}{b} + \frac{(b+1)^3}{c} + \frac{(c+1)^3}{a} \geqslant \frac{3(a+1)(b+1)(c+1)}{\sqrt[3]{abc}}$$

$$= \frac{3\left(a+\frac{1}{2}+\frac{1}{2}\right)\left(b+\frac{1}{2}+\frac{1}{2}\right)\left(c+\frac{1}{2}+\frac{1}{2}\right)}{\sqrt[3]{abc}}$$

$$\geqslant \frac{3 \cdot 3\sqrt[3]{a \cdot \frac{1}{2} \cdot \frac{1}{2}} \cdot 3\sqrt[3]{b \cdot \frac{1}{2} \cdot \frac{1}{2}} \cdot 3\sqrt[3]{c \cdot \frac{1}{2} \cdot \frac{1}{2}}}{\sqrt[3]{abc}}$$

$$= \frac{81}{4}.$$

> **点评**
>
> 容易看出当 $a=b=c=\dfrac{1}{2}$ 时等号成立,所以我们把 $a+1$ 写成 $a+\dfrac{1}{2}+\dfrac{1}{2}$ 等.

▶ **例 10** 设 $a,b,c,d\in\mathbf{R}^*$,$abcd=1$,$T=a(b+c+d)+b(c+d)+cd$.

(1) 求 $a^2+b^2+c^2+T$ 的最小值;

(2) 求 a^2+b^2+T 的最小值.

解

(1) 由平均不等式

$$a^2+b^2+c^2+T=a^2+b^2+c^2+(ab+bc+ca)+d(a+b+c)$$
$$\geqslant 3\sqrt[3]{a^2b^2c^2}+3\sqrt[3]{ab\cdot bc\cdot ca}+3\sqrt[3]{abc}\cdot d$$
$$=6\sqrt[3]{a^2b^2c^2}+3\sqrt[3]{abc}\cdot d$$
$$\geqslant 3\cdot 2\sqrt{2\sqrt[3]{a^2b^2c^2}\cdot\sqrt[3]{abc}\cdot d}$$
$$=6\sqrt{2abcd}=6\sqrt{2},$$

当 $a=b=c$,且 $2\sqrt[3]{a^2b^2c^2}=\sqrt[3]{abc}\cdot d$ 时等号成立. 结合 $abcd=1$ 可得,当 $a=b=c=\sqrt[4]{\dfrac{1}{2}}$,$d=2\sqrt[4]{\dfrac{1}{2}}$ 时等号成立.

所以,$a^2+b^2+c^2+T$ 的最小值是 $6\sqrt{2}$.

(2) 由平均不等式得

$$a^2+b^2+T=a^2+b^2+(a+b)(c+d)+ab+cd$$
$$\geqslant 2ab+2\sqrt{ab}\cdot 2\sqrt{cd}+ab+cd$$
$$\geqslant 3ab+cd+4$$
$$\geqslant 2\sqrt{3ab\cdot cd}+4=2\sqrt{3}+4,$$

当 $a=b$,$c=d$,$3ab=cd$ 时等号成立. 结合 $abcd=1$ 可得,当 $a=b=\sqrt[4]{\dfrac{1}{3}}$,$c=d=\sqrt[4]{3}$ 时等号成立.

故 a^2+b^2+T 的最小值为 $2\sqrt{3}+4$.

如果求 $a^2+b^2+c^2+d^2+T$ 的最小值,那么比较简单,因为

$$a^2+b^2+c^2+d^2+T=a^2+b^2+c^2+d^2+ab+ac+ad+bc+bd+cd$$
$$\geqslant 10\sqrt[10]{a^2 \cdot b^2 \cdot c^2 \cdot d^2 \cdot ab \cdot ac \cdot ad \cdot bc \cdot bd \cdot cd}=10\sqrt[10]{(abcd)^5}=10,$$

当 $a=b=c=d=1$ 时等号成立,故 $a^2+b^2+c^2+d^2+T$ 的最小值是 10.

因为 $a^2+b^2+c^2+T$ 是关于 a,b,c 对称的,所以我们猜测最小值是在 $a=b=c$ 时取到,于是在每一步放缩时,都要保证不等式等号在 $a=b=c$ 时成立.

同样,a^2+b^2+T 是关于 a,b 对称的,也是关于 c,d 对称,于是我们猜测最小值是在 $a=b$ 且 $c=d$ 时取到,故在每一步放缩时,都要保证不等式的等号在 $a=b$ 且 $c=d$ 时成立.

读者也可以尝试一下,求 a^2+T 的最小值.

▶ **例 11** 设 a,b,c 是正实数,求证:
$$\frac{a}{\sqrt{a^2+8bc}}+\frac{b}{\sqrt{b^2+8ca}}+\frac{c}{\sqrt{c^2+8ab}}\geqslant 1.$$

证明

我们先待定参数 λ,使得
$$\frac{a}{\sqrt{a^2+8bc}}\geqslant\frac{a^\lambda}{a^\lambda+b^\lambda+c^\lambda}.$$

由平均不等式,有
$$a^2(a^\lambda+b^\lambda+c^\lambda)^2\geqslant a^2(a^\lambda+2b^{\frac{\lambda}{2}}c^{\frac{\lambda}{2}})^2=a^2(a^{2\lambda}+4a^\lambda b^{\frac{\lambda}{2}}c^{\frac{\lambda}{2}}+4b^\lambda c^\lambda)$$
$$\geqslant a^2(a^{2\lambda}+8a^{\frac{\lambda}{2}}b^{\frac{3\lambda}{4}}c^{\frac{3\lambda}{4}})$$
$$=a^{2\lambda+2}+8a^{\frac{\lambda}{2}+2}b^{\frac{3\lambda}{4}}c^{\frac{3\lambda}{4}},$$

与 $a^{2\lambda}(a^2+8bc)$ 比较可知,当 $\lambda=\dfrac{4}{3}$ 时,$a^{2\lambda+2}+8a^{\frac{\lambda}{2}+2}b^{\frac{3\lambda}{4}}c^{\frac{3\lambda}{4}}=a^{2\lambda}(a^2+8bc)$,故有
$$\frac{a}{\sqrt{a^2+8bc}}\geqslant\frac{a^{\frac{4}{3}}}{a^{\frac{4}{3}}+b^{\frac{4}{3}}+c^{\frac{4}{3}}}.$$

同理有 $\dfrac{b}{\sqrt{b^2+8ca}}\geqslant\dfrac{b^{\frac{4}{3}}}{a^{\frac{4}{3}}+b^{\frac{4}{3}}+c^{\frac{4}{3}}}$,$\dfrac{c}{\sqrt{c^2+8ab}}\geqslant\dfrac{c^{\frac{4}{3}}}{a^{\frac{4}{3}}+b^{\frac{4}{3}}+c^{\frac{4}{3}}}$,

把三者相加,即得
$$\frac{a}{\sqrt{a^2+8bc}}+\frac{b}{\sqrt{b^2+8ca}}+\frac{c}{\sqrt{c^2+8ab}}\geqslant 1.$$

点评

欲证的不等式的左边是一个分式,我们通过局部不等式来把分母变成一个

关于 a,b,c 对称的代数式. 利用待定系数法, 然后根据题目要证的系数解出待定系数. 这也是不等式证明中常用的方法之一.

▶ **例 12** 设 $0 \leqslant x_1 \leqslant x_2 \leqslant \cdots \leqslant x_n \leqslant 1$, 其中整数 $n \geqslant 2$. 求证:
$$\sqrt[n]{x_1 x_2 \cdots x_n} + \sqrt[n]{(1-x_1)(1-x_2)\cdots(1-x_n)} \leqslant \sqrt[n]{1-(x_1-x_n)^2}.$$

证明

记 $x_1 = a, x_n = b$.

当 $a = 0, b = 1$ 时, 欲证的不等式显然成立.

当 $b - a < 1$ 时, 由平均不等式得

$$\frac{\sqrt[n]{x_1 x_2 \cdots x_n}}{\sqrt[n]{1-(x_1-x_n)^2}} = \frac{\sqrt[n]{ab \cdot x_2 \cdots x_{n-1}}}{\sqrt[n]{1-(b-a)^2}} = \sqrt[n]{\frac{\sqrt{ab}}{\sqrt{1-(b-a)^2}} \cdot \frac{\sqrt{ab}}{\sqrt{1-(b-a)^2}} \cdot x_2 \cdots x_{n-1}}$$

$$\leqslant \frac{1}{n}\left[\frac{\sqrt{ab}}{\sqrt{1-(b-a)^2}} + \frac{\sqrt{ab}}{\sqrt{1-(b-a)^2}} + x_2 + \cdots + x_{n-1}\right],$$

$$\frac{\sqrt[n]{(1-x_1)(1-x_2)\cdots(1-x_n)}}{\sqrt[n]{1-(x_1-x_n)^2}} = \frac{\sqrt[n]{(1-a)(1-b) \cdot (1-x_2) \cdots (1-x_{n-1})}}{\sqrt[n]{1-(b-a)^2}}$$

$$= \sqrt[n]{\frac{\sqrt{(1-a)(1-b)}}{\sqrt{1-(b-a)^2}} \cdot \frac{\sqrt{(1-a)(1-b)}}{\sqrt{1-(b-a)^2}} \cdot (1-x_2) \cdots (1-x_{n-1})}$$

$$\leqslant \frac{1}{n}\left[\frac{\sqrt{(1-a)(1-b)}}{\sqrt{1-(b-a)^2}} + \frac{\sqrt{(1-a)(1-b)}}{\sqrt{1-(b-a)^2}} + (1-x_2) + \cdots + (1-x_{n-1})\right],$$

所以
$$\frac{\sqrt[n]{x_1 x_2 \cdots x_n} + \sqrt[n]{(1-x_1)(1-x_2)\cdots(1-x_n)}}{\sqrt[n]{1-(x_1-x_n)^2}}$$

$$\leqslant \frac{1}{n}\left[\frac{2\sqrt{ab}}{\sqrt{1-(b-a)^2}} + \frac{2\sqrt{(1-a)(1-b)}}{\sqrt{1-(b-a)^2}} + (n-2)\right].$$

下面证明 $\sqrt{ab} + \sqrt{(1-a)(1-b)} \leqslant \sqrt{1-(b-a)^2}.$ (2)

式(2)等价于 $ab + (1-a)(1-b) + 2\sqrt{ab(1-a)(1-b)} \leqslant 1-(b-a)^2$

$$\Leftrightarrow a(1-a) + b(1-b) \geqslant 2\sqrt{ab(1-a)(1-b)}, \quad (3)$$

由平均不等式易知式(3)成立, 从而

$$\frac{\sqrt[n]{x_1 x_2 \cdots x_n} + \sqrt[n]{(1-x_1)(1-x_2)\cdots(1-x_n)}}{\sqrt[n]{1-(x_1-x_n)^2}} \leqslant 1,$$

命题得证.

▶ **例 13** 设 $a_1, a_2, \cdots, a_n \in \mathbf{R}^*$，求证：

$$\sum_{k=1}^{n} \left(\frac{a_k}{a_{k+1}}\right)^{n-1} \geqslant -n + 2\left(\sum_{k=1}^{n} a_k\right) \prod_{k=1}^{n} a_k^{-\frac{1}{n}},$$

其中 $a_{n+1} = a_1$。

证明

由平均不等式得

$$\left(\frac{a_k}{a_{k+1}}\right)^{n-1} + 1 \geqslant 2\left(\frac{a_k}{a_{k+1}}\right)^{\frac{n-1}{2}}, k = 1, 2, \cdots, n.$$

所以

$$\sum_{k=1}^{n} \left(\frac{a_k}{a_{k+1}}\right)^{n-1} \geqslant -n + 2\sum_{k=1}^{n} \left(\frac{a_k}{a_{k+1}}\right)^{\frac{n-1}{2}},$$

于是只需证明

$$\sum_{k=1}^{n} \left(\frac{a_k}{a_{k+1}}\right)^{\frac{n-1}{2}} \geqslant \left(\sum_{k=1}^{n} a_k\right) \prod_{k=1}^{n} a_k^{-\frac{1}{n}}.$$

由平均不等式得

$$\frac{(n-1)\left(\frac{a_k}{a_{k+1}}\right)^{\frac{n-1}{2}} + (n-2)\left(\frac{a_{k+1}}{a_{k+2}}\right)^{\frac{n-1}{2}} + \cdots + 2\left(\frac{a_{k+n-3}}{a_{k+n-2}}\right)^{\frac{n-1}{2}} + \left(\frac{a_{k+n-2}}{a_{k+n-1}}\right)^{\frac{n-1}{2}}}{(n-1) + (n-2) + \cdots + 2 + 1} \geqslant \left(\frac{a_k^n}{\prod_{s=1}^{n} a_s}\right)^{\frac{1}{n}},$$

其中 $a_{n+k} = a_k, k = 1, 2, \cdots, n$。

对 k 求和，便得

$$\sum_{k=1}^{n} \left(\frac{a_k}{a_{k+1}}\right)^{\frac{n-1}{2}} \geqslant \sum_{k=1}^{n} \left(\frac{a_k^n}{\prod_{s=1}^{n} a_s}\right)^{\frac{1}{n}} = \left(\sum_{k=1}^{n} a_k\right) \prod_{k=1}^{n} a_k^{-\frac{1}{n}},$$

命题得证。

▶ **例 14** 给定整数 $n \geqslant 2$，求最大的常数 $C(n)$，使得不等式

$$\sum_{i=1}^{n} x_i \geqslant C(n) \sum_{1 \leqslant i < j \leqslant n} (2x_i x_j + \sqrt{x_i x_j})$$

对所有满足 $x_i \in (0,1)$，且 $(1-x_i)(1-x_j) \geqslant \frac{1}{4}$，$1 \leqslant i < j \leqslant n$ 都成立。

解

当 $x_1 = x_2 = \cdots = x_n = \frac{1}{2}$ 时，有

$$\frac{n}{2} \geqslant C(n) \cdot \left(2 \cdot \frac{1}{4} \cdot \frac{n(n-1)}{2} + \frac{1}{2} \cdot \frac{n(n-1)}{2}\right),$$

所以

$$C(n) \leqslant \frac{1}{n-1}.$$

下面证明不等式
$$(n-1)\sum_{i=1}^{n} x_i \geqslant \sum_{1 \leqslant i < j \leqslant n}(2x_i x_j + \sqrt{x_i x_j}).$$

由平均不等式
$$\sum_{1 \leqslant i < j \leqslant n}\sqrt{x_i x_j} \leqslant \frac{1}{2}\sum_{1 \leqslant i < j \leqslant n}(x_i + x_j) = \frac{n-1}{2}\sum_{i=1}^{n} x_i,$$

$$2\sum_{1 \leqslant i < j \leqslant n} x_i x_j = \left(\sum_{i=1}^{n} x_i\right)^2 - \sum_{i=1}^{n} x_i^2 \leqslant \left(\sum_{i=1}^{n} x_i\right)^2 - \frac{1}{n}\left(\sum_{i=1}^{n} x_i\right)^2 = \frac{n-1}{n}\left(\sum_{i=1}^{n} x_i\right)^2,$$

所以
$$\sum_{1 \leqslant i < j \leqslant n}(2x_i x_j + \sqrt{x_i x_j}) \leqslant \frac{n-1}{n}\left(\sum_{i=1}^{n} x_i\right)^2 + \frac{n-1}{2}\sum_{i=1}^{n} x_i,$$

于是只需证明 $(n-1)\sum_{i=1}^{n} x_i \geqslant \frac{n-1}{n}\left(\sum_{i=1}^{n} x_i\right)^2 + \frac{n-1}{2}\sum_{i=1}^{n} x_i,$

即
$$\sum_{i=1}^{n} x_i \leqslant \frac{n}{2}.$$

由平均不等式
$$2 - x_i - x_j = (1 - x_i) + (1 - x_j) \geqslant 2\sqrt{(1-x_i)(1-x_j)} \geqslant 1,$$

所以
$$1 - x_i - x_j \geqslant 0,$$

于是
$$\sum_{1 \leqslant i < j \leqslant n}(1 - x_i - x_j) \geqslant 0,$$

故
$$\sum_{i=1}^{n} x_i \leqslant \frac{n}{2}.$$

所以,$C(n)$ 的最大值为 $\frac{1}{n-1}$.

▶ **例 15** 设 a,b,c 为正实数,求证:
$$\frac{1}{a(1+b)} + \frac{1}{b(1+c)} + \frac{1}{c(1+a)} \geqslant \frac{3}{\sqrt[3]{abc}(1 + \sqrt[3]{abc})}.$$

证明

将不等式两边同乘 $1 + abc$,则原不等式等价于
$$\frac{1+abc}{a(1+b)} + \frac{1+abc}{b(1+c)} + \frac{1+abc}{c(1+a)} \geqslant \frac{3(1+abc)}{\sqrt[3]{abc}(1 + \sqrt[3]{abc})},$$

注意到 $1 + abc = (1 + \sqrt[3]{abc})(1 - \sqrt[3]{abc} + \sqrt[3]{a^2 b^2 c^2})$,上述不等式即为
$$\frac{1+abc}{a(1+b)} + \frac{1+abc}{b(1+c)} + \frac{1+abc}{c(1+a)} \geqslant 3\left(\sqrt[3]{abc} - 1 + \frac{1}{\sqrt[3]{abc}}\right),$$

两边同时加 3,上式等价于

$$\left[\frac{1+abc}{a(1+b)}+1\right]+\left[\frac{1+abc}{b(1+c)}+1\right]+\left[\frac{1+abc}{c(1+a)}+1\right]\geqslant 3\left(\sqrt[3]{abc}+\frac{1}{\sqrt[3]{abc}}\right).$$

又

$$\frac{1+abc}{a(1+b)}+1=\frac{1+a+ab+abc}{a(1+b)}=\frac{1+a}{a(1+b)}+\frac{b(1+c)}{1+b},$$

同理有

$$\frac{1+abc}{b(1+c)}+1=\frac{1+b}{b(1+c)}+\frac{c(1+a)}{1+c},$$

$$\frac{1+abc}{c(1+a)}+1=\frac{1+c}{c(1+a)}+\frac{a(1+b)}{1+a},$$

由平均不等式得

$$\frac{1+a}{a(1+b)}+\frac{1+b}{b(1+c)}+\frac{1+c}{c(1+a)}\geqslant\frac{3}{\sqrt[3]{abc}},$$

$$\frac{b(1+c)}{1+b}+\frac{c(1+a)}{1+c}+\frac{a(1+b)}{1+a}\geqslant 3\sqrt[3]{abc},$$

相加即可证得原不等式.

▶ **例 16** 给定整数 $n\geqslant 2$,正实数 $x_1,\cdots,x_n$ 满足 $\sum\limits_{i=1}^{n}x_i^{n-1}=1$. 求证:

$$\sum_{i=1}^{n}\frac{x_i^{n-2}}{1-x_i^{n-1}}\geqslant\frac{n\sqrt[n-1]{n}}{n-1}.$$

证明

先证如下的局部不等式

$$\frac{x_i^{n-2}}{1-x_i^{n-1}}\geqslant\frac{n\sqrt[n-1]{n}}{n-1}x_i^{n-1},$$

等价于

$$x_i(1-x_i^{n-1})\leqslant\frac{n-1}{n\sqrt[n-1]{n}},$$

两边同时 $n-1$ 次方,上式等价于

$$x_i^{n-1}(1-x_i^{n-1})^{n-1}\leqslant\frac{(n-1)^{n-1}}{n^n},$$

而由平均不等式,

$$(n-1)x_i^{n-1}(1-x_i^{n-1})^{n-1}\leqslant\left[\frac{(n-1)x_i^{n-1}+(n-1)(1-x_i^{n-1})}{n}\right]^n=\left(\frac{n-1}{n}\right)^n,$$

从而 $x_i^{n-1}(1-x_i^{n-1})^{n-1}\leqslant\dfrac{(n-1)^{n-1}}{n^n}$ 成立.

所以
$$\sum_{i=1}^{n} \frac{x_i^{n-2}}{1-x_i^{n-1}} \geq \frac{n\sqrt[n-1]{n}}{n-1} \sum_{i=1}^{n} x_i^{n-1} = \frac{n\sqrt[n-1]{n}}{n-1},$$
原命题获证.

1.2 加权平均不等式

知识桥

加权平均不等式：设 $a_1, a_2, \cdots, a_n$ 和 $\lambda_1, \lambda_2, \cdots, \lambda_n$ 是给定的正数组，且有 $\sum_{i=1}^{n} \lambda_i = 1$，则有

$$\prod_{i=1}^{n} a_i^{\lambda_i} \leqslant \sum_{i=1}^{n} \lambda_i a_i,$$

当且仅当 $a_1 = a_2 = \cdots = a_n$ 时等号成立．

训练营

▶ **例1** 设 a_{ij} 是非负实数 $(i=1,\cdots,n; j=1,\cdots,n)$，满足 $\sum_{i=1}^{n} a_{ij} = 1 (j=1,\cdots,n)$，$\sum_{j=1}^{n} a_{ij} = 1 (i=1,\cdots,n)$，$x_i \geqslant 0 (i=1,\cdots,n)$．证明：

$$\prod_{i=1}^{n} \left(\sum_{j=1}^{n} a_{ij} x_j \right) \geqslant \prod_{i=1}^{n} x_i.$$

证明

对任意的 $1 \leqslant i \leqslant n$，注意到 $\sum_{j=1}^{n} a_{ij} = 1$，由加权平均不等式

$$a_{i1} x_1 + a_{i2} x_2 + \cdots + a_{in} x_n \geqslant x_1^{a_{i1}} x_2^{a_{i2}} \cdots x_n^{a_{in}},$$

将这 n 个不等式相乘，结合 $\sum_{i=1}^{n} a_{ij} = 1 (i=1,\cdots,n)$ 知

$$\prod_{i=1}^{n} \left(\sum_{j=1}^{n} a_{ij} x_j \right) \geqslant \prod_{i=1}^{n} \left(\prod_{j=1}^{n} x_j^{a_{ij}} \right) = \prod_{j=1}^{n} x_j^{\sum_{i=1}^{n} a_{ij}} = \prod_{j=1}^{n} x_j.$$

故原命题获证．

▶ **例 2** 设 a,b,c 是正实数,且满足 $\dfrac{1}{a}+\dfrac{1}{b}+\dfrac{1}{c}=1$. 求证:
$$a^a bc + b^b ca + c^c ab \geqslant 27(ab+bc+ca).$$

证明

将不等式同除 abc, 注意到 $\dfrac{1}{a}+\dfrac{1}{b}+\dfrac{1}{c}=1$, 则原不等式等价于
$$\dfrac{1}{a}\cdot a^a + \dfrac{1}{b}\cdot b^b + \dfrac{1}{c}\cdot c^c \geqslant 27.$$

由加权平均不等式得
$$\dfrac{1}{a}\cdot a^a + \dfrac{1}{b}\cdot b^b + \dfrac{1}{c}\cdot c^c \geqslant (a^a)^{\frac{1}{a}}(b^b)^{\frac{1}{b}}(c^c)^{\frac{1}{c}} = abc.$$

由平均不等式得
$$1 = \dfrac{1}{a}+\dfrac{1}{b}+\dfrac{1}{c} \geqslant \dfrac{3}{\sqrt[3]{abc}},$$

即 $abc \geqslant 27$, 再结合前述不等式知结论成立.

▶ **例 3** 设实数 a,b,c,d 满足 $a\geqslant b\geqslant c\geqslant d>0$, 且 $a+b+c+d=1$. 证明:
$$(a+2b+3c+4d)a^a b^b c^c d^d < 1.$$

证明

由于 $a+b+c+d=1$, 由加权平均不等式可得
$$a^a b^b c^c d^d \leqslant a\cdot a + b\cdot b + c\cdot c + d\cdot d = a^2+b^2+c^2+d^2,$$

所以只需证明
$$(a+2b+3c+4d)(a^2+b^2+c^2+d^2) < 1.$$

因为 $a\geqslant b\geqslant c\geqslant d>0$, 所以
$$\begin{aligned}(a+b+c+d)^3 &= \sum a^3 + 3\sum a^2 b + 6\sum abc \\ &> a^2(a+3b+3c+3d) + b^2(3a+b+3c+3d) \\ &\quad + c^2(3a+3b+c+3d) + d^2(3a+3b+3c+d) \\ &\geqslant (a+2b+3c+4d)(a^2+b^2+c^2+d^2),\end{aligned}$$

即
$$(a+2b+3c+4d)(a^2+b^2+c^2+d^2) < 1,$$

从而命题得证.

点评

本题是 2020 年第 61 届国际数学奥林匹克竞赛的第 2 题, 证明本题的关键

是用加权平均不等式将 $a^a b^b c^c d^d$ 转化为 $a^2+b^2+c^2+d^2$,然后就是证明一个四元三次不等式问题.

1.3 幂平均不等式

知识桥

幂平均不等式：设 $a_1, a_2, \cdots, a_n$ 是正实数，$\alpha > \beta > 0$，则
$$\left(\frac{1}{n}\sum_{i=1}^{n} a_i^{\beta}\right)^{\frac{1}{\beta}} \leqslant \left(\frac{1}{n}\sum_{i=1}^{n} a_i^{\alpha}\right)^{\frac{1}{\alpha}},$$
当且仅当 $a_1 = a_2 = \cdots = a_n$ 时等号成立.

训练营

▶**例 1** 设 m, n 是大于 1 的整数，正实数 $a_1, a_2, \cdots, a_n$ 满足 $\sum_{i=1}^{n} a_i = 1$，求证：

$$\frac{a_1^{2-m} + a_2 + \cdots + a_{n-1}}{1-a_1} + \frac{a_2^{2-m} + a_3 + \cdots + a_n}{1-a_2} + \cdots + \frac{a_n^{2-m} + a_1 + \cdots + a_{n-2}}{1-a_n}$$

$$\geqslant n + \frac{n^m - n}{n-1}.$$

证明

因为
$$\frac{a_i^{2-m} + a_{i+1} + \cdots + a_{i-2}}{1-a_i} = \frac{a_i^{2-m} + 1 - a_{i-1} - a_i}{1-a_i} = \frac{a_i^{2-m} - a_{i-1}}{1-a_i} + 1,$$

所以原不等式等价于

$$\frac{a_1^{2-m} - a_n}{1-a_1} + \frac{a_2^{2-m} - a_1}{1-a_2} + \cdots + \frac{a_n^{2-m} - a_{n-1}}{1-a_n} \geqslant \frac{n^m - n}{n-1}. \tag{1}$$

当 $m=2$ 时，①式左边

$$= \frac{1-a_n}{1-a_1} + \frac{1-a_1}{1-a_2} + \cdots + \frac{1-a_{n-1}}{1-a_n} \geqslant n\sqrt[n]{\frac{1-a_n}{1-a_1} \cdot \frac{1-a_1}{1-a_2} \cdot \cdots \cdot \frac{1-a_{n-1}}{1-a_n}}$$

$$= n = \frac{n^2 - n}{n-1} = 右边.$$

当 $m>2$ 时,①式左边

$$= \frac{\frac{1}{a_1^{m-2}}-a_n}{1-a_1} + \frac{\frac{1}{a_2^{m-2}}-a_1}{1-a_2} + \cdots + \frac{\frac{1}{a_n^{m-2}}-a_{n-1}}{1-a_n}$$

$$= \frac{\left(\frac{1}{a_1^{m-2}}-1\right)+(1-a_n)}{1-a_1} + \frac{\left(\frac{1}{a_2^{m-2}}-1\right)+(1-a_1)}{1-a_2} + \cdots$$

$$+ \frac{\left(\frac{1}{a_n^{m-2}}-1\right)+(1-a_{n-1})}{1-a_n}$$

$$= \frac{1-a_1^{m-2}}{a_1^{m-2}(1-a_1)} + \frac{1-a_2^{m-2}}{a_2^{m-2}(1-a_2)} + \cdots + \frac{1-a_n^{m-2}}{a_n^{m-2}(1-a_n)}$$

$$+ \frac{1-a_n}{1-a_1} + \frac{1-a_1}{1-a_2} + \cdots + \frac{1-a_{n-1}}{1-a_n}$$

$$\geqslant \frac{1+a_1+\cdots+a_1^{m-3}}{a_1^{m-2}} + \frac{1+a_2+\cdots+a_2^{m-3}}{a_2^{m-2}} + \cdots + \frac{1+a_n+\cdots+a_n^{m-2}}{a_n^{m-2}} + n$$

$$= \left(\frac{1}{a_1^{m-2}} + \frac{1}{a_2^{m-2}} + \cdots + \frac{1}{a_n^{m-2}}\right) + \left(\frac{1}{a_1^{m-3}} + \frac{1}{a_2^{m-3}} + \cdots + \frac{1}{a_n^{m-3}}\right)$$

$$+ \cdots + \left(\frac{1}{a_1} + \frac{1}{a_2} + \cdots + \frac{1}{a_n}\right) + n,$$

由幂平均不等式

$$\frac{1}{n}\left(\frac{1}{a_1^k} + \frac{1}{a_2^k} + \cdots + \frac{1}{a_n^k}\right) \geqslant \left(\frac{1}{n}\left(\frac{1}{a_1} + \frac{1}{a_2} + \cdots + \frac{1}{a_n}\right)\right)^k$$

$$\geqslant \left(\frac{1}{n} \cdot n^2 \cdot \frac{1}{a_1+a_2+\cdots+a_n}\right)^k = n^k, 1 \leqslant k \leqslant m-2,$$

所以式(1)左边 $\geqslant n^{m-1} + n^{m-2} + \cdots + n^2 + n = \frac{n^m-n}{n-1}$.

于是式(1)得证,原命题得证.

演习场

习题 1

1. 设 $a \geqslant 0, n \in \mathbf{N}^*$. 求证：
$$n(n+1)a + 2n \geqslant 4\sqrt{a}(\sqrt{1}+\sqrt{2}+\cdots+\sqrt{n}).$$

2. 已知 $a, b, c \in \mathbf{R}^*$, 若 $3a^3 + 2b^3 + 6c^3 = 84$, 求证: $2a + 3b + c \leqslant 14$.

3. 已知 $1 < x < 13$, 求 $y = (1-x)^2(13-x)$ 的最大值.

4. 已知 a, b, c 均为非负实数, 求证：
$$\sqrt{a^2+b^2}+\sqrt{b^2+c^2}+\sqrt{c^2+a^2} \geqslant \sqrt{2}(a+b+c).$$

5. 设正实数 a, b, c 满足 $(a+2b)(b+2c) = 9$. 求证：
$$\sqrt{\frac{a^2+b^2}{2}} + 2\sqrt[3]{\frac{b^3+c^3}{2}} \geqslant 3.$$

6. 设非负实数 x, y 满足 $x^2 + y^3 \geqslant x^3 + y^4$. 求证: $x^3 + y^3 \leqslant 2$.

7. 求证: 对任意大于 1 的整数 n, 均有
$$2 \times \sqrt{3} \times \sqrt[3]{4} \times \cdots \times \sqrt[n-1]{n} > n.$$

8. 已知 $a+b+c=1$, 求证: $\sqrt{4a+1}+\sqrt{4b+1}+\sqrt{4c+1} < 5$.

9. 设非负实数 a, b, c 满足 $a+b+c=1$, 求 $\sqrt{2a}+\sqrt[3]{3b}+\sqrt[6]{6c}$ 的最小值与最大值.

10. 设 $a_1, a_2, \cdots, a_n$ 是 $1, 2, \cdots, n$ 的一个排列. 证明
$$\frac{1}{2}+\frac{2}{3}+\cdots+\frac{n-1}{n} \leqslant \frac{a_1}{a_2}+\frac{a_2}{a_3}+\cdots+\frac{a_{n-1}}{a_n}.$$

11. 设实数 $a_1, a_2, \cdots, a_{2016}$ 满足 $9a_i > 11a_{i+1}^2 (i=1,2,\cdots,2015)$. 求 $(a_1-a_2^2) \cdot (a_2-a_3^2) \cdots (a_{2015}-a_{2016}^2) \cdot (a_{2016}-a_1^2)$ 的最大值.

12. 对于 $\frac{1}{2} \leqslant x \leqslant 1$, 求 $(1+x)^5(1-x)(1-2x)^2$ 的最大值.

13. 设 $a_1, a_2, \cdots, a_n (n \geqslant 2)$ 是正实数, 且满足 $a_1+a_2+\cdots+a_n < 1$. 证明：
$$\frac{a_1 a_2 \cdots a_n [1-(a_1+a_2+\cdots+a_n)]}{(a_1+a_2+\cdots+a_n)(1-a_1)(1-a_2)\cdots(1-a_n)} \leqslant \frac{1}{n^{n+1}}.$$

14. 设 a, b, c 为正实数, 且满足 $a+b+c=1$. 求证：
$$\frac{1}{ab+2c^2+2c}+\frac{1}{bc+2a^2+2a}+\frac{1}{ca+2b^2+2b} \geqslant \frac{1}{ab+bc+ca}.$$

15. 设 $a, b, c \in \mathbf{R}^*$,求证:
$$\frac{ab}{a+b+2c} + \frac{bc}{b+c+2a} + \frac{ca}{c+a+2b} \leqslant \frac{1}{4}(a+b+c).$$

16. 设整数 $n \geqslant 3$,正实数 $a_2, a_3, \cdots, a_n$ 满足 $a_2 a_3 \cdots a_n = 1$. 证明:
$$(1+a_2)^2 (1+a_3)^3 \cdots (1+a_n)^n > n^n.$$

17. 设正实数 a, b, c, d 满足 $a+b+c+d=4$,求证:
$$\frac{a}{b^2+1} + \frac{b}{c^2+1} + \frac{c}{d^2+1} + \frac{d}{a^2+1} \geqslant 2.$$

18. 设正实数 a, b, c 满足 $abc=1$,求证:对于整数 $k \geqslant 2$,有
$$\frac{a^k}{a+b} + \frac{b^k}{b+c} + \frac{c^k}{c+a} \geqslant \frac{3}{2}.$$

19. 设正实数 x, y, z 满足 $9xyz + xy + yz + zx = 4$,求证:

(1) $xy + yz + zx \geqslant \dfrac{4}{3}$;

(2) $x + y + z \geqslant 2$.

20. 已知 $x_1, x_2, \cdots, x_{n+1}$ 是正实数. 求证:
$$\frac{1}{x_1} + \frac{x_1}{x_2} + \frac{x_1 x_2}{x_3} + \frac{x_1 x_2 x_3}{x_4} + \cdots + \frac{x_1 x_2 \cdots x_n}{x_{n+1}} \geqslant 4(1 - x_1 x_2 \cdots x_{n+1}).$$

21. 求所有的正整数 n,使得若 $a, b, c \geqslant 0$,且 $a+b+c=3$,则
$$abc(a^n + b^n + c^n) \leqslant 3.$$

22. 设正实数 x, y, z 满足 $x+y+z=3$. 求证:
$$\frac{x^3}{y^3+8} + \frac{y^3}{z^3+8} + \frac{z^3}{x^3+8} \geqslant \frac{1}{9} + \frac{2}{27}(xy+yz+zx).$$

23. 设正实数 $a_1, a_2, \cdots, a_n$ 满足 $\sum_{i=1}^{n} a_i = n$. 求
$$(n^{n-1} - 1)\sqrt[n]{a_1 \cdots a_n} + \sqrt[n]{\frac{a_1^n + \cdots + a_n^n}{n}}$$

的最大值.

第 2 讲　柯西不等式

知识桥

柯西(Cauchy)不等式：设 $a_i, b_i \in \mathbf{R}(i=1,2,\cdots,n)$，则
$$\left(\sum_{i=1}^{n} a_i b_i\right)^2 \leqslant \left(\sum_{i=1}^{n} a_i^2\right)\left(\sum_{i=1}^{n} b_i^2\right),$$
当数组 $a_1, a_2, \cdots, a_n; b_1, b_2, \cdots, b_n$ 不全为零时，当且仅当 $b_i = \lambda a_i (i=1,2,\cdots,n)$ 时等号成立.

下面给出两个比较经典的证法.

证明

方法一　因为
$$\left(\sum_{i=1}^{n} a_i b_i\right)^2 = \sum_{i=1}^{n} a_i^2 b_i^2 + 2\sum_{1 \leqslant i < j \leqslant n} a_i b_i a_j b_j, \tag{1}$$

$$\left(\sum_{i=1}^{n} a_i^2\right)\left(\sum_{i=1}^{n} b_i^2\right) = \sum_{i=1}^{n} a_i^2 b_i^2 + \sum_{i \neq j}(a_i^2 b_j^2 + a_j^2 b_i^2), \tag{2}$$

上面两式相减得
$$\left(\sum_{j=1}^{n} a_i^2\right)\left(\sum_{i=1}^{n} b_i^2\right) - \left(\sum_{i=1}^{n} a_i b_i\right)^2 = \sum_{1 \leqslant i < j \leqslant n}(a_i b_j - a_j b_i)^2 \geqslant 0, \tag{3}$$

当且仅当 $\dfrac{a_i}{b_i}$ = 定值 $(i=1,2,\cdots,n)$ 时, 等式成立.

其中式(3)称为拉格朗日(Lagrange)恒等式.

方法二　若 $\sum\limits_{i=1}^{n} a_i^2 = 0$, 则 $a_1 = a_2 = \cdots = a_n = 0$, 此时命题显然成立.

若 $\sum\limits_{i=1}^{n} a_i^2 \neq 0$, 构造一个二次函数
$$f(x) = \left(\sum_{i=1}^{n} a_i^2\right) x^2 - 2\left(\sum_{i=1}^{n} a_i b_i\right) x + \left(\sum_{i=1}^{n} b_i^2\right)$$
$$= \sum_{i=1}^{n}(a_i x - b_i)^2,$$

则二次函数 $f(x)$ 的图像是一条开口向上的抛物线,并且 $f(x) \geqslant 0$ 恒成立,所以它的判别式

$$\Delta = 4\left(\sum_{i=1}^{n} a_i b_i\right)^2 - 4\left(\sum_{i=1}^{n} a_i^2\right)\left(\sum_{i=1}^{n} b_i^2\right) \leqslant 0,$$

即

$$\left(\sum_{i=1}^{n} a_i b_i\right)^2 \leqslant \left(\sum_{i=1}^{n} a_i^2\right)\left(\sum_{i=1}^{n} b_i^2\right),$$

等号当且仅当 $b_i = \lambda a_i (i=1,2,\cdots,n)$ 时成立.

柯西不等式的几种变形:

由

$$\sqrt{\sum_{i=1}^{n} a_i^2 \cdot \sum_{i=1}^{n} b_i^2} \geqslant \sum_{i=1}^{n} a_i b_i,$$

知

变形 1
$$\left|\sqrt{\sum_{i=1}^{n} a_i^2} - \sqrt{\sum_{i=1}^{n} b_i^2}\right| \geqslant \sqrt{\sum_{i=1}^{n}(a_i - b_i)^2}. \tag{4}$$

变形 2
$$\sqrt{\sum_{i=1}^{n} a_i^2} + \sqrt{\sum_{i=1}^{n} b_i^2} \geqslant \sqrt{\sum_{i=1}^{n}(a_i + b_i)^2}. \tag{5}$$

变形 3 若 $b_i \in \mathbf{R}^*, i=1,2,\cdots,n$,则

$$\sum_{i=1}^{n} \frac{a_i^2}{b_i} \geqslant \frac{\left(\sum_{i=1}^{n} a_i\right)^2}{\sum_{i=1}^{n} b_i}. \tag{6}$$

变形 4
$$\sum_{i=1}^{n} \frac{a_i}{b_i} \geqslant \frac{\left(\sum_{i=1}^{n} a_i\right)^2}{\sum_{i=1}^{n} a_i b_i}. \tag{7}$$

柯西不等式的逆向不等式(波利亚—蔡戈 Polya-Szego 不等式): 已知实数 a_i, b_i 及 a, A 满足

$$0 < a \leqslant a_i \leqslant A, 0 < b \leqslant b_i \leqslant B, i=1,2,\cdots,n,$$

则

$$\left(\sum_{i=1}^{n} a_i^2\right)\left(\sum_{i=1}^{n} b_i^2\right) \leqslant \frac{1}{4}\left(\sqrt{\frac{AB}{ab}} + \sqrt{\frac{ab}{AB}}\right)^2 \left(\sum_{i=1}^{n} a_i b_i\right)^2,$$

等号当且仅当 $a = a_i = A, b = b_i = B$ 时成立.

证明

若 $\sum_{i=1}^{n} a_i^2 = 0$,则 $a_1 = a_2 = \cdots = a_n = 0$,此时命题显然成立.

若 $\sum_{i=1}^{n} a_i^2 \neq 0$,构造一个二次函数

$$f(x) = \left(\sum_{i=1}^{n} a_i^2\right) x^2 - \left[\left(\sqrt{\frac{AB}{ab}} + \sqrt{\frac{ab}{AB}}\right) \sum_{i=1}^{n} a_i b_i\right] x + \sum_{i=1}^{n} b_i^2$$

$$= \sum_{i=1}^{n} \left[a_i^2 x^2 - \left(\sqrt{\frac{AB}{ab}} + \sqrt{\frac{ab}{AB}}\right) a_i b_i \cdot x + b_i^2\right]$$

$$= \sum_{i=1}^{n} \left(a_i x - \sqrt{\frac{AB}{ab}} b_i\right)\left(a_i x - \sqrt{\frac{ab}{AB}} b_i\right),$$

$$f\left(\sqrt{\frac{bB}{aA}}\right) = \sum_{i=1}^{n} \left(\sqrt{\frac{bB}{aA}} a_i - \sqrt{\frac{AB}{ab}} b_i\right)\left(\sqrt{\frac{bB}{aA}} a_i - \sqrt{\frac{ab}{AB}} b_i\right)$$

$$= \sum_{i=1}^{n} \sqrt{\frac{B}{abA}}(ba_i - Ab_i) \cdot \sqrt{\frac{b}{aAB}}(Ba_i - ab_i)$$

$$= \frac{1}{aA} \sum_{i=1}^{n} (ba_i - Ab_i)(Ba_i - ab_i),$$

因为 $0 < a \leq a_i \leq A, 0 < b \leq b_i \leq B, i = 1, 2, \cdots, n$,所以

$$Ab_i - ba_i \geq 0, ab_i - Ba_i \leq 0,$$

于是 $f\left(\sqrt{\frac{bB}{aA}}\right) \leq 0$.

因为二次函数 $f(x)$ 的图像是一条开口向上的抛物线,并且 $f\left(\sqrt{\frac{bB}{aA}}\right) \leq 0$,故 $f(x)$ 的图像与 x 轴有交点,所以

$$\Delta = \left[\left(\sqrt{\frac{AB}{ab}} + \sqrt{\frac{ab}{AB}}\right) \sum_{i=1}^{n} a_i b_i\right]^2 - 4\left(\sum_{i=1}^{n} a_i^2\right)\left(\sum_{i=1}^{n} b_i^2\right) \geq 0,$$

即

$$\left(\sum_{i=1}^{n} a_i^2\right)\left(\sum_{i=1}^{n} b_i^2\right) \leq \frac{1}{4}\left(\sqrt{\frac{AB}{ab}} + \sqrt{\frac{ab}{AB}}\right)^2 \left(\sum_{i=1}^{n} a_i b_i\right)^2,$$

其中等号当且仅当 $a = a_i = A, b = b_i = B(i = 1, 2, \cdots, n)$ 时成立.

反向的柯西不等式给出了 $\left(\sum_{i=1}^{n} a_i^2\right)\left(\sum_{i=1}^{n} b_i^2\right)$ 的一个上界,其证明思路是与上面柯西不等式的证法 2 类似.

柯西不等式是非常著名的不等式,它可推广到复数情形.

事实上,柯西不等式有着明确的几何意义,从 n 维空间两向量的夹角的余弦,以及 n 维空间中以有公共端点的两向量为边的三角形面积,都可以得出柯西不等式.

训练营

▶ 例1 设 a,b,c,d 是实数,求证:
$$(a+b+c+d)^2 \leqslant 3(a^2+b^2+c^2+d^2)+6ab.$$

证明

由柯西不等式得
$$\begin{aligned}(a+b+c+d)^2 &= (1\cdot(a+b)+1\cdot c+1\cdot d)^2 \\ &\leqslant (1^2+1^2+1^2)((a+b)^2+c^2+d^2) \\ &\leqslant 3(a^2+b^2+c^2+d^2)+6ab,\end{aligned}$$

命题得证.

点评

欲证的不等式不是关于 a,b,c,d 对称的,而是关于 a,b 对称的,关于 c,d 是对称的,又考虑到欲证的不等式右边 $a^2+b^2+c^2+d^2$ 的系数是3,所以,我们把左边的 $a+b+c+d$ 写成3项,这样的技巧是非常有用的.

▶ 例2 求函数 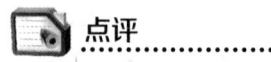 的最大值.

解

由柯西不等式得

$$(\sqrt{2x-7}+\sqrt{12-x}+\sqrt{44-x})^2 = \left(\sqrt{3}\cdot\sqrt{\frac{2x-7}{3}}+\sqrt{2}\cdot\sqrt{\frac{12-x}{2}}+\sqrt{6}\cdot\sqrt{\frac{44-x}{6}}\right)^2$$
$$\leqslant (3+2+6)\left(\frac{2x-7}{3}+\frac{12-x}{2}+\frac{44-x}{6}\right)=11^2.$$

当且仅当
$$\frac{\sqrt{3}}{\sqrt{\frac{2x-7}{3}}}=\frac{\sqrt{2}}{\sqrt{\frac{12-x}{2}}}=\frac{\sqrt{6}}{\sqrt{\frac{44-x}{6}}},$$

即
$$\frac{9}{2x-7}=\frac{4}{12-x}=\frac{36}{44-x}$$

时等号成立,解得 $x=8$.

所以,$f(x)$ 的最大值为 11.

点评

如果我们这样用柯西不等式

$$(\sqrt{2x-7}+\sqrt{12-x}+\sqrt{44-x})^2=3((2x-7)+(12-x)+(44-x))=3\times49,$$

于是 $f(x)\leqslant 7\sqrt{3}$,但是 $f(x)$ 取不到 $7\sqrt{3}$,因为不存在 x 使得

$$\sqrt{2x-7}=\sqrt{12-x}=\sqrt{44-x}.$$

所以,系数的选取很重要,可以用待定系数法.

▶ **例 3** 设 $x_1,x_2,\cdots,x_n(n>1)$ 是正实数,且满足 $x_1+x_2+\cdots+x_n=1$,求证:

$$\frac{x_1}{\sqrt{1-x_1}}+\frac{x_2}{\sqrt{1-x_2}}+\cdots+\frac{x_n}{\sqrt{1-x_n}}\geqslant\sqrt{\frac{n}{n-1}}.$$

证明

由柯西不等式得

$$(x_1\sqrt{1-x_1}+x_2\sqrt{1-x_2}+\cdots+x_n\sqrt{1-x_n})\left(\frac{x_1}{\sqrt{1-x_1}}+\frac{x_2}{\sqrt{1-x_2}}+\cdots+\frac{x_n}{\sqrt{1-x_n}}\right)$$
$$\geqslant(x_1+x_2+\cdots+x_n)^2=1,$$

所以

$$\frac{x_1}{\sqrt{1-x_1}}+\frac{x_2}{\sqrt{1-x_2}}+\cdots+\frac{x_n}{\sqrt{1-x_n}}$$
$$\geqslant\frac{1}{x_1\sqrt{1-x_1}+x_2\sqrt{1-x_2}+\cdots+x_n\sqrt{1-x_n}}.$$

再由柯西不等式

$$(x_1\sqrt{1-x_1}+x_2\sqrt{1-x_2}+\cdots+x_n\sqrt{1-x_n})^2$$
$$=(\sqrt{x_1}\cdot\sqrt{x_1(1-x_1)}+\sqrt{x_2}\cdot\sqrt{x_2(1-x_2)}+\cdots+\sqrt{x_n}\cdot\sqrt{x_n(1-x_n)})^2$$
$$\leqslant(x_1+x_2+\cdots+x_n)(x_1-x_1^2+x_2-x_2^2+\cdots+x_n-x_n^2)$$
$$=1-(x_1^2+x_2^2+\cdots+x_n^2)$$
$$\leqslant1-\frac{1}{n}(x_1+x_2+\cdots+x_n)^2$$
$$=1-\frac{1}{n}=\frac{n-1}{n},$$

从而
$$\frac{x_1}{\sqrt{1-x_1}}+\frac{x_2}{\sqrt{1-x_2}}+\cdots+\frac{x_n}{\sqrt{1-x_n}}\geqslant\sqrt{\frac{n}{n-1}}.$$

点评

本题的关键是处理左边 $\sum_{i=1}^{n}\frac{x_i}{\sqrt{1-x_i}}$ 的分母 $\sqrt{1-x_i}$，又要利用条件 $\sum_{i=1}^{n}x_i=1$，而 $(x_i\sqrt{1-x_i})^{\frac{1}{2}}\cdot\left(\frac{x_i}{\sqrt{1-x_i}}\right)^{\frac{1}{2}}=x_i$，所以，左边乘 $\sum_{i=1}^{n}x_i\sqrt{1-x_i}$，既可以解决分母的问题，又利用了已知条件.

▶ **例 4** 已知实数 w,x,y,z,u 满足 $w^2+x^2+y^2+z^2+u^2=16$，求 $u=8-w-x-y-z$ 的最大值.

解

由柯西不等式得
$$(u-8)^2=(w+x+y+z)^2$$
$$\leqslant(1^2+1^2+1^2+1^2)\cdot(w^2+x^2+y^2+z^2)=4(16-u^2),$$
所以
$$u(5u-16)\leqslant 0,$$
解得
$$0\leqslant u\leqslant \frac{16}{5}, \tag{8}$$
因此 $u\leqslant\frac{16}{5}$.

利用柯西不等式中等号成立的条件可得，当 $w=x=y=z=\frac{6}{5}$ 时，$u=\frac{16}{5}$，因此式(8)等号成立，所以 u 的最大值是 $\frac{16}{5}$.

点评

欲求 u 的最大值，我们把 u 放到不等式中去，然后得到 u 的上界，由已知条件及柯西不等式可以做到.

▶ **例 5** 已知正实数 a,b,c,d 满足 $\frac{1}{a+1}+\frac{1}{b+1}+\frac{1}{c+1}+\frac{1}{d+1}=2$，求证：
$$\sqrt{\frac{a^2+1}{2}}+\sqrt{\frac{b^2+1}{2}}+\sqrt{\frac{c^2+1}{2}}+\sqrt{\frac{d^2+1}{2}}\geqslant 3(\sqrt{a}+\sqrt{b}+\sqrt{c}+\sqrt{d})-8.$$

证明

由柯西不等式得

$$\sqrt{\frac{a^2+1}{2}}+\sqrt{a}\leqslant\sqrt{2\left(\frac{a^2+1}{2}+a\right)}=a+1,$$

所以

$$\sum\left(\sqrt{\frac{a^2+1}{2}}-\sqrt{a}\right)=\sum\frac{\frac{a^2+1}{2}-a}{\sqrt{\frac{a^2+1}{2}}+\sqrt{a}}=\frac{1}{2}\sum\frac{(a-1)^2}{\sqrt{\frac{a^2+1}{2}}+\sqrt{a}}$$

$$\geqslant\frac{1}{2}\sum\frac{(a-1)^2}{a+1}=\frac{1}{2}\sum\left(a-3+\frac{4}{a+1}\right)$$

$$=\left(2\sum\frac{1}{a+1}\right)-4\times\frac{1}{2}\times 3+\frac{1}{2}\sum a$$

$$=-2+\frac{1}{2}\sum a,$$

所以只需证

$$\frac{1}{2}\sum a-2\geqslant 2\sum\sqrt{a}-8,$$

即证明

$$\frac{1}{4}\sum a+3\geqslant\sum\sqrt{a},$$

因为 $3+\frac{1}{4}\sum a=\sum\left(\frac{a}{a+1}+\frac{a+1}{4}\right)\geqslant\sum\sqrt{a}$,所以命题得证.

▶ **例6** 给定正实数 $a_1,a_2,\cdots,a_n$. 证明:存在正实数 $x_1,x_2,\cdots,x_n$,满足 $\sum\limits_{i=1}^{n}x_i=1$,且对任何满足 $\sum\limits_{i=1}^{n}y_i=1$ 的正实数 $y_1,y_2,\cdots,y_n$,均有

$$\sum_{i=1}^{n}\frac{a_ix_i}{x_i+y_i}\geqslant\frac{1}{2}\sum_{i=1}^{n}a_i.$$

证明

令 $x_i=\dfrac{a_i}{\sum\limits_{i=1}^{n}a_i}$,则 $\sum\limits_{i=1}^{n}x_i=1$. 将 x_i 代入不等式,得

$$\sum_{i=1}^{n}\frac{a_ix_i}{x_i+y_i}=\sum_{i=1}^{n}a_i\sum_{i=1}^{n}\frac{x_i^2}{x_i+y_i}.$$

因为对任意正实数 $y_1,y_2,\cdots,y_n$, $\sum\limits_{i=1}^{n}y_i=1$,故由柯西不等式可得

$$2\sum_{i=1}^{n}\frac{x_i^2}{x_i+y_i}=\sum_{i=1}^{n}(x_i+y_i)\sum_{i=1}^{n}\frac{x_i^2}{x_i+y_i}\geqslant\left(\sum_{i=1}^{n}x_i\right)^2=1,$$

于是

$$\sum_{i=1}^{n} \frac{a_i x_i}{x_i + y_i} = \sum_{i=1}^{n} a_i \sum_{i=1}^{n} \frac{x_i^2}{x_i + y_i} \geq \frac{1}{2} \sum_{i=1}^{n} a_i,$$

命题得证.

▶ **例7** 设正实数 a, b, c 满足 $abc = 1$, 求证:

$$\frac{1}{(a+1)^2 + \sqrt{2(b^4+1)}} + \frac{1}{(b+1)^2 + \sqrt{2(c^4+1)}} + \frac{1}{(c+1)^2 + \sqrt{2(a^4+1)}} \leq \frac{1}{2}.$$

证明

由柯西不等式得

$$(a+1)^2 + \sqrt{2(b^4+1)} \geq (a+1)^2 + b^2 + 1 = a^2 + b^2 + 2a + 2$$
$$\geq 2ab + 2a + 2,$$

同理
$$(b+1)^2 + \sqrt{2(c^4+1)} \geq 2bc + 2b + 2,$$
$$(c+1)^2 + \sqrt{2(a^4+1)} \geq 2ca + 2c + 2,$$

所以 $\frac{1}{(a+1)^2 + \sqrt{2(b^4+1)}} + \frac{1}{(b+1)^2 + \sqrt{2(c^4+1)}} + \frac{1}{(c+1)^2 + \sqrt{2(a^4+1)}}$

$$\leq \frac{1}{2}\left(\frac{1}{ab+a+1} + \frac{1}{bc+b+1} + \frac{1}{ca+c+1}\right)$$

$$= \frac{1}{2}\left(\frac{1}{ab+a+1} + \frac{a}{abc+ab+a} + \frac{ab}{abc \cdot a + abc + ab}\right) = \frac{1}{2}.$$

点评

不等式的左边含有根式,所以我们先设法用柯西不等式把根号去掉.

▶ **例8** 设正实数 $x_1, x_2, \cdots, x_{10}$ 满足 $x_8 = 1, x_9 = 2, x_{10} = 2$, 求 $\sum_{i \neq j} \frac{x_i}{x_j}$ 的最小值.

解

因为 $x_8 + x_9 + x_{10} = 5, \frac{1}{x_8} + \frac{1}{x_9} + \frac{1}{x_{10}} = 2$, 所以由柯西不等式可得

$$\sum_{i \neq j} \frac{x_i}{x_j} = (x_1 + x_2 + \cdots + x_7 + x_8 + x_9 + x_{10})\left(\frac{1}{x_1} + \frac{1}{x_2} + \cdots + \frac{1}{x_7} + \frac{1}{x_8} + \frac{1}{x_9} + \frac{1}{x_{10}}\right) - 10$$

$$= (x_1 + x_2 + \cdots + x_7 + 5)\left(\frac{1}{x_1} + \frac{1}{x_2} + \cdots + \frac{1}{x_7} + 2\right) - 10$$

$$\geqslant (7+\sqrt{10})^2 - 10 = 49 + 14\sqrt{10},$$

当且仅当 $x_1 = x_2 = \cdots = x_7 = \dfrac{\sqrt{10}}{2}$ 时等号成立.

所以 $\sum\limits_{i \neq j} \dfrac{x_i}{x_j}$ 的最小值为 $49 + 14\sqrt{10}$.

点评

一般地,对于正实数 $x_1, x_2, \cdots, x_n$,有

$$\sum_{1 \leqslant i \neq j \leqslant n} \dfrac{x_i}{x_j} = (x_1 + x_2 + \cdots + x_n)\left(\dfrac{1}{x_1} + \dfrac{1}{x_2} + \cdots + \dfrac{1}{x_n}\right) - n.$$

▶ **例 9** 设 a, b, c, d 是非负实数,$a + b + c + d = 12$,求
$$\sqrt{a+1} + \sqrt{2b+1} + \sqrt{3c+1} + \sqrt{6d+1}$$
的最大值和最小值.

解

先求最大值. 由柯西不等式

$$(1+2+3+6)\left((a+1) + \left(b+\dfrac{1}{2}\right) + \left(c+\dfrac{1}{3}\right) + \left(d+\dfrac{1}{6}\right)\right)$$
$$\geqslant (\sqrt{a+1} + \sqrt{2b+1} + \sqrt{3c+1} + \sqrt{6d+1})^2,$$

所以 $\sqrt{a+1} + \sqrt{2b+1} + \sqrt{3c+1} + \sqrt{6d+1} \leqslant 2\sqrt{42}$,

当 $\dfrac{a+1}{1} = \dfrac{b+\frac{1}{2}}{2} = \dfrac{c+\frac{1}{3}}{3} = \dfrac{d+\frac{1}{6}}{6}$ 时,即当 $a = \dfrac{1}{6}, b = \dfrac{11}{6}, c = \dfrac{19}{6}, d = \dfrac{41}{6}$ 时等号成立,故最大值为 $2\sqrt{42}$.

下面来求最小值. 先证明:又对任意 $x, y \geqslant 0, k \geqslant 1$,有

$$\sqrt{x+1} + \sqrt{ky+1} \geqslant \sqrt{x+y+1} + 1. \tag{9}$$

式 (9) 等价于

$$(k-1)y + 2\sqrt{(x+1)(ky+1)} \geqslant 2\sqrt{x+y+1} \quad (\text{两边平方}), \tag{10}$$

因为 $(x+1)(ky+1) = kxy + x + ky + 1 \geqslant x + y + 1$,

所以式 (10) 成立,从而式 (9) 成立.

由式 (9) 可得

$$\sqrt{a+1} + \sqrt{2b+1} + \sqrt{3c+1} + \sqrt{6d+1} \geqslant \sqrt{a+b+1} + 1 + \sqrt{3c+1} + \sqrt{6d+1}$$

$$\geqslant \sqrt{a+b+c+1}+2+\sqrt{6d+1} \geqslant \sqrt{a+b+c+d+1}+3 = 3+\sqrt{13},$$

当 $a=12, b=c=d=0$ 时等号成立,故最小值为 $3+\sqrt{13}$.

点评

求最大值时,用柯西不等式把根号去掉,又要利用 $a+b+c+d=12$ 这个已知条件,所以要配置合适的系数,系数的配置可以用待定系数法来确定.

对于最小值,猜测在边界取到,于是通过式(9),把 b,c,d 调整到 0.

▶ **例 10** 实数 $a_1, a_2, \cdots, a_n$ 满足 $a_1+a_2+\cdots+a_n=0$,求证:

$$\max_{1\leqslant k\leqslant n}(a_k^2) \leqslant \frac{n}{3}\sum_{i=1}^{n-1}(a_i-a_{i+1})^2.$$

证明

只需对任意 $1\leqslant k\leqslant n$,证明不等式成立即可.

记 $d_k=a_k-a_{k+1}, k=1,2,\cdots,n-1$,则

$a_k=a_k$,

$a_{k+1}=a_k-d_k, a_{k+2}=a_k-d_k-d_{k+1}, \cdots, a_n=a_k-d_k-d_{k+1}-\cdots-d_{n-1}$,

$a_{k-1}=a_k+d_{k-1}, a_{k-2}=a_k+d_{k-1}+d_{k-2}, \cdots, a_1=a_k+d_{k-1}+d_{k-2}+\cdots+d_1$,

把上面这 n 个等式相加,并利用 $a_1+a_2+\cdots+a_n=0$ 可得

$na_k-(n-k)d_k-(n-k-1)d_{k+1}-\cdots-d_{n-1}+(k-1)d_{k-1}+(k-2)d_{k-2}+\cdots+d_1=0$.

由柯西不等式可得

$$(na_k)^2 = ((n-k)d_k+(n-k-1)d_{k+1}+\cdots$$
$$+d_{n-1}-(k-1)d_{k-1}-(k-2)d_{k-2}-\cdots-d_1)^2$$
$$\leqslant \left(\sum_{i=1}^{k-1}i^2+\sum_{i=1}^{n-k}i^2\right)\left(\sum_{i=1}^{n-1}d_i^2\right)$$
$$\leqslant \left(\sum_{i=1}^{n-1}i^2\right)\left(\sum_{i=1}^{n-1}d_i^2\right) = \frac{n(n-1)(2n-1)}{6}\left(\sum_{i=1}^{n-1}d_i^2\right)$$
$$\leqslant \frac{n^3}{3}\left(\sum_{i=1}^{n-1}d_i^2\right),$$

所以 $a_k^2 \leqslant \frac{n}{3}\sum_{i=1}^{n-1}(a_i-a_{i+1})^2$.

点评

涉及 $a_i - a_{i+1}$ 或者 $a_{i+1} - a_i$ 时，常常令 $d_i = a_i - a_{i+1}$，可以将 a_i 用若干个 d_i 来表示，从而解决问题。

▶ **例 11** 设 n 是正整数，$a_{ij}(i,j=1,2,\cdots,n)$ 是 n^2 个正实数，满足
$$a_{ij} \cdot a_{ji} = 1, i,j \in \{1,2,\cdots,n\}.$$

记 $c_i = a_{1i} + a_{2i} + \cdots + a_{ni}, i=1,2,\cdots,n$，求证：$\sum_{i=1}^{n} \frac{1}{c_i} \leq 1$.

证明

设 $c = \sum_{i=1}^{n} \frac{1}{c_i}$. 由柯西不等式得

$$\sum_{j=1}^{n} \frac{x_j^2}{a_{ji}} \geq \frac{\left(\sum_{j=1}^{n} x_j\right)^2}{\sum_{j=1}^{n} a_{ji}}, i=1,2,\cdots,n. \tag{11}$$

令 $x_j = \frac{1}{c_j}$，由 $a_{ij} \cdot a_{ji} = 1$，则可得

$$\sum_{j=1}^{n} \frac{a_{ij}}{c_j^2} \geq \frac{c^2}{c_i}, i=1,2,\cdots,n. \tag{12}$$

将式(12)对 i 求和，

$$\sum_{i=1}^{n} \sum_{j=1}^{n} \frac{a_{ij}}{c_j^2} \geq \sum_{i=1}^{n} \frac{c^2}{c_i} = c^3. \tag{13}$$

另一方面，因为

$$\sum_{i=1}^{n} \sum_{j=1}^{n} \frac{a_{ij}}{c_j^2} = \sum_{j=1}^{n} \sum_{i=1}^{n} \frac{a_{ij}}{c_j^2} \geq \sum_{j=1}^{n} \frac{1}{c_j^2} \sum_{i=1}^{n} a_{ij}$$
$$= \sum_{j=1}^{n} \frac{1}{c_j^2} \cdot c_j = \sum_{j=1}^{n} \frac{1}{c_j} = c, \tag{14}$$

所以，由式(13)(14)可得 $c \geq c^3$，因为 $c > 0$，故 $c \leq 1$，命题得证。

▶ **例 12** 求最大的常数 T，使得对所有满足 $a+b=c+d+e$ 的非负实数 a, b, c, d, e，均有

$$\sqrt{a^2+b^2+c^2+d^2+e^2} \geq T(\sqrt{a}+\sqrt{b}+\sqrt{c}+\sqrt{d}+\sqrt{e})^2.$$

解

令 $a=b=\frac{1}{2}, c=d=e=\frac{1}{3}$，则 $T \leqslant \sqrt{\frac{5}{6}}(\sqrt{3}-\sqrt{2})^2$. 下面证明不等式在 $T=\sqrt{\frac{5}{6}}(\sqrt{3}-\sqrt{2})^2$ 时成立.

由柯西不等式得

$$\sqrt{a^2+b^2+c^2+d^2+e^2} \geqslant \sqrt{\frac{(a+b)^2}{2}+\frac{(c+d+e)^2}{3}} = \sqrt{\frac{5}{6}}(a+b),$$

$$(\sqrt{a}+\sqrt{b}+\sqrt{c}+\sqrt{d}+\sqrt{e})^2$$
$$= \left(\frac{1}{\sqrt[4]{2}} \cdot \sqrt[4]{2a^2} + \frac{1}{\sqrt[4]{2}} \cdot \sqrt[4]{2b^2} + \frac{1}{\sqrt[4]{3}} \cdot \sqrt[4]{3c^2} + \frac{1}{\sqrt[4]{3}} \cdot \sqrt[4]{3d^2} + \frac{1}{\sqrt[4]{3}} \cdot \sqrt[4]{3e^2}\right)^2$$
$$\leqslant \left(\frac{1}{\sqrt{2}}+\frac{1}{\sqrt{2}}+\frac{1}{\sqrt{3}}+\frac{1}{\sqrt{3}}+\frac{1}{\sqrt{3}}\right)(\sqrt{2}a+\sqrt{2}b+\sqrt{3}c+\sqrt{3}d+\sqrt{3}e)$$
$$= (\sqrt{2}+\sqrt{3})^2(a+b),$$

于是 $T(\sqrt{a}+\sqrt{b}+\sqrt{c}+\sqrt{d}+\sqrt{e})^2 \leqslant T(\sqrt{2}+\sqrt{3})^2(a+b)$
$$= \sqrt{\frac{5}{6}}(\sqrt{3}-\sqrt{2})^2(\sqrt{2}+\sqrt{3})^2(a+b) = \sqrt{\frac{5}{6}}(a+b) \leqslant \sqrt{a^2+b^2+c^2+d^2+e^2}.$$

当且仅当 $a=b=\frac{3}{2}c=\frac{3}{2}d=\frac{3}{2}e$ 时等号成立.

点评

本题的不等式既关于 a,b 对称，又关于 c,d,e 对称，所以不等式等号成立时应该 $a=b, c=d=e$，进而可以得到 $T \leqslant \sqrt{\frac{5}{6}}(\sqrt{3}-\sqrt{2})^2$.

▶ **例 13** 给定正整数 $n \geqslant 3$，求最大的实数 λ，只要正实数 $a_1, a_2, \cdots, a_n$ 满足

$$\sum_{i=1}^{n} a_i^2 < \lambda \left(\sum_{i=1}^{n} a_i\right)^2,$$

那么 $a_1, a_2, \cdots, a_n$ 中任意 3 个数均可作为某个三角形的三边长.

解

实数 λ 的最大值为 $\frac{3}{3n-1}$.

取 $a_1=4, a_2=2, a_3=2, a_4=a_5=\cdots=a_n=3$，则 $a_1=4, a_2=2, a_3=2$ 不能构

成三角形,而由 $\sum_{i=1}^{n} a_i^2 < \lambda \left(\sum_{i=1}^{n} a_i\right)^2$ 知
$$16+4+4+9(n-3) < \lambda[4+2+2+3(n-3)]^2$$
$$\Leftrightarrow \lambda > \frac{3}{3n-1},$$
故 $\lambda \leqslant \frac{3}{3n-1}$.

另一方面,当 $\lambda = \frac{3}{3n-1}$ 时,我们证明 $a_1, a_2, \cdots, a_n$ 存在 3 个数不可作为任意一个三角形的三边长,则
$$\sum_{i=1}^{n} a_i^2 \geqslant \frac{3}{3n-1} \left(\sum_{i=1}^{n} a_i\right)^2.$$

不妨设 $a_1 \geqslant a_2 + a_3$,由柯西不等式知
$$(4^2+2^2+2^2+3^2+3^2+\cdots+3^2)\left(\sum_{i=1}^{n} a_i^2\right) \geqslant \left(4a_1+2a_2+2a_3+\sum_{i=4}^{n} 3a_i\right)^2$$
$$\geqslant \left(3a_1+3a_2+3a_3+\sum_{i=4}^{n} 3a_i\right)^2 = 9\left(\sum_{i=1}^{n} a_i\right)^2,$$
即
$$\sum_{i=1}^{n} a_i^2 \geqslant \frac{3}{3n-1}\left(\sum_{i=1}^{n} a_i\right)^2.$$

综上所述,λ 的最大值为 $\frac{3}{3n-1}$.

▶ **例 14** 设 $x_1, x_2, \cdots, x_n \in (0,1), n \geqslant 2$. 求证:
$$\frac{\sqrt{1-x_1}}{x_1} + \frac{\sqrt{1-x_2}}{x_2} + \cdots + \frac{\sqrt{1-x_n}}{x_n} < \frac{\sqrt{n-1}}{x_1 x_2 \cdots x_n}.$$

证明

方法一 对 n 用数学归纳法.

当 $n=2$ 时,由柯西不等式可得
$$\frac{\sqrt{1-x_1}}{x_1} + \frac{\sqrt{1-x_2}}{x_2} = \frac{x_2\sqrt{1-x_1}+x_1\sqrt{1-x_2}}{x_1 x_2} \leqslant \frac{\sqrt{1-x_1+x_1^2}\sqrt{1-x_2+x_2^2}}{x_1 x_2} < \frac{1}{x_1 x_2}.$$

假设命题在 $n-1 (n \geqslant 3)$ 时成立. 由归纳假设和柯西不等式得
$$\frac{\sqrt{1-x_1}}{x_1} + \frac{\sqrt{1-x_2}}{x_2} + \cdots + \frac{\sqrt{1-x_n}}{x_n} < \frac{\sqrt{n-2}}{x_1 x_2 \cdots x_{n-1}} + \frac{\sqrt{1-x_n}}{x_n}$$
$$= \frac{\sqrt{n-2} \cdot x_n + x_1 x_2 \cdots x_{n-1} \sqrt{1-x_n}}{x_1 x_2 \cdots x_n}$$
$$\leqslant \frac{\sqrt{n-2+(x_1 x_2 \cdots x_{n-1})^2} \sqrt{1-x_n+x_n^2}}{x_1 x_2 \cdots x_n}$$

$$< \frac{\sqrt{n-1}}{x_1 x_2 \cdots x_n},$$

即命题对 n 也成立.

从而由数学归纳法知,命题得证.

方法二 设 $A = x_1 x_2 \cdots x_n (x_1^{-1} + x_2^{-1} + \cdots + x_n^{-1})$, $B = x_1 x_2 \cdots x_n$. 两边同乘 B,只需证明

$$\sqrt{1-x_1} x_2 \cdots x_n + \sqrt{1-x_2} x_3 x_4 \cdots x_n x_1 + \cdots + \sqrt{1-x_n} x_1 x_2 \cdots x_{n-1} < \sqrt{n-1}.$$

由柯西不等式得

$$左边 \leqslant \sqrt{x_2 \cdots x_n + x_3 x_4 \cdots x_n x_1 + \cdots + x_1 x_2 \cdots x_{n-1}} \cdot$$
$$\sqrt{(1-x_1) x_2 \cdots x_n + (1-x_2) x_3 x_4 \cdots x_n x_1 + \cdots + (1-x_n) x_1 x_2 \cdots x_{n-1}} = \sqrt{A(A-nB)}.$$

故只需证明 $A(A-nB) < n-1$.

下面先证明 $A < 1 + (n-1)B$. 事实上,

$$1 + (n-1)B - A = (1-x_1)(1-x_2 x_3 \cdots x_n) + x_1(1-x_2)(1-x_3 x_4 \cdots x_n) +$$
$$x_1 x_2 (1-x_3)(1-x_4 x_5 \cdots x_n) + \cdots + x_1 x_2 \cdots x_{n-2}(1-x_{n-1})(1-x_n) > 0,$$

所以

$$A(A-nB) < (1+(n-1)B)(1+(n-1)B-nB)$$
$$= (1+(n-1)B)(1-B)$$
$$= -(n-1)B^2 + (n-2)B + 1$$
$$= -(n-1)\left(B - \frac{n-2}{2(n-1)}\right)^2 + \left(1 + \frac{(n-2)^2}{4(n-1)}\right)$$
$$\leqslant 1 + \frac{(n-2)^2}{4(n-1)} \leqslant 1 + (n-2) = n-1,$$

命题得证.

▶ **例 15** 设 n 是给定的大于 1 的整数. 正实数 $a_1, a_2, \cdots, a_n$ 满足 $a_1 a_2 \cdots a_n = 1$. 求证:

$$\sum_{i=1}^{n} \frac{1}{\sqrt{\sum_{k=1}^{n-1} k a_{i+k-1} + \frac{1}{2} n(n-1)}} \leqslant \sqrt{\frac{n}{n-1}},$$

这里下标按模 n 意义下理解.

证明

先证一个引理.

引理:设 $x_i>0(i=1,2,\cdots,n)$,$x_1x_2\cdots x_n=1$,则

$$\sum_{i=1}^{n}\frac{1}{1+\sum_{k=1}^{n-1}\prod_{j=1}^{k}x_{i+j-1}}=1.$$

引理的证明:因为 $x_1x_2\cdots x_n=1$,则存在 $y_i\in \mathbf{R}^*(i=1,2,\cdots,n)$,使得 $x_i=\dfrac{y_{i+1}}{y_i}(y_{n+1}=y_1)$. 于是 $\prod_{j=1}^{k}x_{i+j-1}=\prod_{j=1}^{k}\dfrac{y_{i+j}}{y_{i+j-1}}=\dfrac{y_{i+k}}{y_i}$. 所以

$$\sum_{i=1}^{n}\frac{1}{1+\sum_{k=1}^{n-1}\prod_{j=1}^{k}x_{i+j-1}}=\sum_{i=1}^{n}\frac{1}{1+\sum_{k=1}^{n-1}\frac{y_{i+k}}{y_i}}=\sum_{i=1}^{n}\frac{y_i}{y_1+y_2+\cdots+y_n}=1,$$

引理获证.

回到原题,由柯西不等式得

$$\left[\sum_{i=1}^{n}\frac{1}{\sqrt{\sum_{k=1}^{n-1}ka_{i+k-1}+\frac{1}{2}n(n-1)}}\right]^2\leqslant n\sum_{i=1}^{n}\frac{1}{\sum_{k=1}^{n-1}ka_{i+k-1}+\frac{1}{2}n(n-1)}.$$

又由平均不等式得

$$\sum_{k=1}^{n-1}ka_{i+k-1}+\frac{1}{2}n(n-1)=n-1+\sum_{k=1}^{n-1}\left(\sum_{j=1}^{k}a_{n-1+i-j}+(n-1-k)\right)$$

$$\geqslant n-1+\sum_{k=1}^{n-1}(n-1)\prod_{j=1}^{k}a_{n-1+i-j}^{\frac{1}{n-1}}$$

$$=(n-1)\left(1+\sum_{k=1}^{n-1}\prod_{j=1}^{k}a_{n-1+i-j}^{\frac{1}{n-1}}\right),$$

结合上式及引理可得

$$\sum_{i=1}^{n}\frac{1}{\sum_{k=1}^{n-1}ka_{i+k-1}+\frac{1}{2}n(n-1)}\leqslant\frac{1}{n-1}\sum_{i=1}^{n}\frac{1}{1+\sum_{k=1}^{n-1}\prod_{j=1}^{k}a_{n-1+i-j}^{\frac{1}{n-1}}}=\frac{1}{n-1},$$

所以

$$\left[\sum_{i=1}^{n}\frac{1}{\sqrt{\sum_{k=1}^{n-1}ka_{i+k-1}+\frac{1}{2}n(n-1)}}\right]^2\leqslant\frac{n}{n-1},$$

命题获证.

▶ **例 16** 设 $2n$ 个实数 $a_1,a_2,\cdots,a_{2n}$ 满足 $\sum_{i=1}^{2n-1}(a_{i+1}-a_i)^2=1$,求 $(a_{n+1}+a_{n+2}+\cdots+a_{2n})-(a_1+a_2+\cdots+a_n)$

的最大值.

解

当 $n=1$ 时,$(a_2-a_1)^2=1$,故 $a_2-a_1=\pm 1$,易知此时欲求的最大值为 1.

当 $n \geqslant 2$ 时,设 $x_1=a_1, x_{i+1}=a_{i+1}-a_i, i=1,2,\cdots,2n-1$,则 $\sum_{i=2}^{2n} x_i^2=1$,且
$$a_k=x_1+\cdots+x_k, k=1,2,\cdots,2n.$$

所以,由柯西不等式得

$(a_{n+1}+a_{n+2}+\cdots+a_{2n})-(a_1+a_2+\cdots+a_n)$
$=n(x_1+\cdots+x_n)+nx_{n+1}+(n-1)x_{n+2}+\cdots+x_{2n}-[nx_1+(n-1)x_2+\cdots+x_n]$
$=x_2+2x_3+\cdots+(n-1)x_n+nx_{n+1}+(n-1)x_{n+2}+\cdots+x_{2n}$
$\leqslant (1^2+2^2+\cdots+(n-1)^2+n^2+(n-1)^2+\cdots+1^2)^{\frac{1}{2}}(x_2^2+x_3^2+\cdots+x_{2n}^2)^{\frac{1}{2}}$
$=(n^2+2\times\frac{1}{6}(n-1)n(2(n-1)+1))^{\frac{1}{2}}=\sqrt{\dfrac{n(2n^2+1)}{3}}$,

当 $a_k=\dfrac{\sqrt{3}k(k-1)}{2\sqrt{n(2n^2+1)}}, k=1,\cdots,n+1, a_{n+k+1}=\dfrac{\sqrt{3}(2n^2-(n-k)(n-k+1))}{2\sqrt{n(2n^2+1)}}, k=1,\cdots,n-1$ 时,上述不等式的等号成立.

所以,$(a_{n+1}+a_{n+2}+\cdots+a_{2n})-(a_1+a_2+\cdots+a_n)$ 的最大值为 $\sqrt{\dfrac{n(2n^2+1)}{3}}$.

演习场

习题 2

1. 设实数 a,b,c,d 满足 $a+b+c+d=3, a^2+2b^2+3c^2+6d^2=5$，求证：$1 \leqslant a \leqslant 2$.

2. 若 a,b,c,x,y 和 z 均为实数，且 $a^2+b^2+c^2=25, x^2+y^2+z^2=36, ax+by+cz=30$. 求 $\dfrac{a+b+c}{x+y+z}$ 的值.

3. 设 a,b,c 是正实数，求证：
$$\frac{a}{b+c}+\frac{b}{c+a}+\frac{c}{a+b} \geqslant \frac{3}{2}.$$

4. 设 a,b,c,d 满足 $1 \leqslant a \leqslant b \leqslant c \leqslant 4$，求 $(a-1)^2+\left(\dfrac{b}{a}-1\right)^2+\left(\dfrac{c}{b}-1\right)^2+\left(\dfrac{4}{c}-1\right)^2$ 的最小值.

5. 设 a,b,c 为正实数，求证：$\dfrac{a}{b+2c}+\dfrac{b}{c+2a}+\dfrac{c}{a+2b} \geqslant 1$.

6. 设 $a_1, a_2, \cdots, a_n (n>1)$ 是实数，且
$$A + \sum_{i=1}^{n} a_i^2 < \frac{1}{n-1}\left(\sum_{i=1}^{n} a_i\right)^2.$$
求证：$A < 2a_i a_j, 1 \leqslant i < j \leqslant n$.

7. 设 x_1, x_2, x_3 是非负实数，满足 $x_1+x_2+x_3=1$，求
$$(x_1+3x_2+5x_3)\left(x_1+\frac{x_2}{3}+\frac{x_3}{5}\right)$$
的最小值和最大值.

8. 若 n 是不小于 2 的正整数，求证：
$$\frac{4}{7} < 1-\frac{1}{2}+\frac{1}{3}-\frac{1}{4}+\cdots+\frac{1}{2n-1}-\frac{1}{2n} < \frac{\sqrt{2}}{2}.$$

9. 设 a,b,c 为三角形的三边长，求证：
$$\frac{(a+c-b)^4}{a(a+b-c)}+\frac{(a+b-c)^4}{b(b+c-a)}+\frac{(b+c-a)^4}{c(c+a-b)} \geqslant ab+bc+ca.$$

10. 设 n 是大于 2 的整数，$a_i \in [1,+\infty), i=1,2,\cdots,n$，求证：
$$\sum_{i=1}^{n} a_i \sum_{i=1}^{n} \frac{1}{a_i} \leqslant n^2 + \sum_{1 \leqslant i<j \leqslant n} |a_i - a_j|.$$

11. 若 $x, y, z > 0$，求证：

$$\frac{(x+1)(y+1)^2}{3\sqrt[3]{z^2x^2}+1} + \frac{(y+1)(z+1)^2}{3\sqrt[3]{x^2y^2}+1} + \frac{(z+1)(x+1)^2}{3\sqrt[3]{y^2z^2}+1} \geq x+y+z+3.$$

12. 已知 $n(n \geq 3)$ 为正整数，a, b 为给定的实数，实数 $x_0, x_1, x_2, \cdots, x_n$ 满足

$$x_0 + x_1 + x_2 + \cdots + x_n = a,$$

$$x_0^2 + x_1^2 + x_2^2 + \cdots + x_n^2 = b.$$

试求 x_0 的取值范围.

13. 若正数 a, b, c 及常数 k 满足不等式 $\dfrac{kabc}{a+b+c} \leq (a+b)^2 + (a+b+4c)^2$，求常数 k 的最大值.

14. 设 $a_1, a_2, \cdots, a_n (n \geq 2)$ 是实数，证明：可以选取 $\varepsilon_1, \varepsilon_2, \cdots, \varepsilon_n \in \{1, -1\}$，使得

$$\left(\sum_{i=1}^{n} a_i\right)^2 + \left(\sum_{i=1}^{n} \varepsilon_i a_i\right)^2 \leq (n+1)\left(\sum_{i=1}^{n} a_i^2\right).$$

15. 设 n 是正整数，$a_1, a_2, \cdots, a_n$ 是正实数，求证：

$$\frac{1}{a_1^2} + \frac{1}{a_2^2} + \cdots + \frac{1}{a_n^2} + \frac{1}{(a_1 + a_2 + \cdots + a_n)^2}$$

$$\geq \frac{n^3 + 1}{(n + 2021)^2} \left(\frac{1}{a_1} + \frac{1}{a_2} + \cdots + \frac{1}{a_n} + \frac{2021}{a_1 + a_2 + \cdots + a_n}\right)^2.$$

16. 设 a, b, c 为正实数，满足 $abc = 1$，求证：

$$\frac{1}{a^3(b+c)} + \frac{1}{b^3(a+c)} + \frac{1}{c^3(a+b)} \geq \frac{3}{2}.$$

17. 对所有整数 $n \geq 2$ 和满足 $a_1 + a_2 + \cdots + a_n = 1$ 的所有实数 $a_1, a_2, \cdots, a_n$，令 $b_k = \sqrt{1 - \dfrac{1}{4^k}} \cdot \sqrt{a_1^2 + a_2^2 + \cdots + a_k^2}, k = 1, 2, \cdots, n$. 求 $b_1 + b_2 + \cdots + b_{n-1} + 2b_n$ 的最小值.

18. 设 n 是大于 1 的整数，正实数 $x_1, x_2, \cdots, x_n$ 满足 $x_1 + x_2 + \cdots + x_n = 1$. 求证：$\sum\limits_{i=1}^{n} \dfrac{x_i}{x_{i+1} - x_{i+1}^3} \geq \dfrac{n^3}{n^2 - 1}$，其中 $x_{n+1} = x_1$.

19. 设非负实数 $a_1, a_2, \cdots, a_n$ 与 $b_1, b_2, \cdots, b_n$ 同时满足以下条件：

(1) $\sum\limits_{i=1}^{n}(a_i + b_i) = 1$；

(2) $\sum\limits_{i=1}^{n} i(a_i - b_i) = 0$；

(3) $\sum_{i=1}^{n} i^2(a_i+b_i)=10.$

求证:对任意 $1\leqslant k\leqslant n$,都有 $\max\{a_k,b_k\}\leqslant\dfrac{10}{10+k^2}.$

20. 设 n 是正整数,实数 $x_1,x_2,\cdots,x_n$ 满足 $x_1\leqslant x_2\leqslant\cdots\leqslant x_n.$

(1) 证明:
$$\Big(\sum_{i=1}^{n}\sum_{j=1}^{n}|x_i-x_j|\Big)^2\leqslant\dfrac{2(n^2-1)}{3}\sum_{i=1}^{n}\sum_{j=1}^{n}(x_i-x_j)^2;$$

(2) 证明:等号成立的充要条件是 $x_1,x_2,\cdots,x_n$ 成等差数列.

21. 设正实数 $a_1,a_2,\cdots,a_n$ 满足 $a_1+a_2+\cdots+a_n=1$,求证:
$$(a_1a_2+a_2a_3+\cdots+a_na_1)\Big(\dfrac{a_1}{a_2^2+a_2}+\dfrac{a_2}{a_3^2+a_3}+\cdots+\dfrac{a_n}{a_1^2+a_1}\Big)\geqslant\dfrac{n}{n+1}.$$

22. 设 $a_1,a_2,\cdots,a_n\in[1,+\infty),n>1.A=1+a_1+a_2+\cdots+a_n.$ 定义 $x_0=1,$
$x_k=\dfrac{1}{1+a_kx_{k-1}}(k=1,2,\cdots,n).$ 求证:
$$x_1+x_2+\cdots+x_n>\dfrac{n^2A}{n^2+A^2}.$$

23. 设 $a_1,a_2,\cdots,a_n\in\mathbf{R}^*,$ 求证:
$$\dfrac{1}{a_1}+\dfrac{2}{a_1+a_2}+\cdots+\dfrac{n}{a_1+a_2+\cdots+a_n}<2\sum_{i=1}^{n}\dfrac{1}{a_i}.$$

24. (Aczel 不等式)设实数 $a_i,b_i(i=1,2,\cdots,n)$ 满足 $a_1^2>\sum_{k=2}^{n}a_k^2,b_1^2>\sum_{k=2}^{n}b_k^2,$ 求证:
$$\Big(a_1^2-\sum_{k=2}^{n}a_k^2\Big)\cdot\Big(b_1^2-\sum_{k=2}^{n}b_k^2\Big)\leqslant\Big(a_1b_1-\sum_{k=2}^{n}a_kb_k\Big)^2.$$

25. 给定整数 $n>1$,求最大的正实数 c,使得对所有满足 $\sum_{k=1}^{n}z_k=0$ 的复数 $z_1,z_2,\cdots,z_n,$ 均有
$$\sum_{k=1}^{n}|z_{k+1}-z_k|\geqslant c\cdot\max_{1\leqslant k\leqslant n}|z_k|^2,$$
其中 $z_{n+1}=z_1.$

第3讲 排序不等式和切比雪夫不等式

3.1 排序不等式

知识桥

排序不等式：设 $a_1,a_2,\cdots,a_n,b_1,b_2,\cdots,b_n\in\mathbf{R}$，且满足以下条件：
$$a_1\leqslant a_2\leqslant\cdots\leqslant a_n,b_1\leqslant b_2\leqslant\cdots\leqslant b_n,$$
则
$$a_1b_n+a_2b_{n-1}+\cdots+a_nb_1\leqslant a_1b_{t_1}+a_2b_{t_2}+\cdots+a_nb_{t_n}$$
$$\leqslant a_1b_1+a_2b_2+\cdots+a_nb_n,$$
即
$$\text{"倒序和"}\leqslant\text{"乱序和"}\leqslant\text{"顺序和"},$$
其中 $\{t_1,t_2,\cdots,t_n\}=\{1,2,\cdots,n\}$.

当且仅当 $a_1=a_2=\cdots=a_n$，或者 $b_1=b_2=\cdots=b_n$ 时等号成立.

证明

记 $S=a_1b_{t_1}+a_2b_{t_2}+\cdots+a_nb_{t_n}$. 若对于 $i<j$，有 $b_{t_i}>b_{t_j}$，因为
$$(a_i-a_j)(b_{t_i}-b_{t_j})\leqslant 0,$$
即
$$a_1b_{t_i}+a_jb_{t_j}\leqslant a_1b_{t_j}+a_jb_{t_i},$$
于是把 b_{t_i} 与 b_{t_j} 交换位置，则 S 变大，所以，当 $b_{t_1},b_{t_2},\cdots,b_{t_n}$ 递增时，S 取到最大；当 $b_{t_1},b_{t_2},\cdots,b_{t_n}$ 递减时，S 取到最小.

训练营

▶ **例 1** 设 a,b,c,d,e 是 $1,2,3,4,5$ 的一个排列，求证：
$$105\leqslant a^2+2b^2+3c^2+4d^2+5e^2\leqslant 225.$$

证明

因为 a,b,c,d,e 是 $1,2,3,4,5$ 的一个排列,所以 a^2,b^2,c^2,d^2,e^2 是 $1^2,2^2,3^2,4^2,5^2$ 的一个排列,于是由排序不等式得

$$1\cdot 5^2+2\cdot 4^2+3\cdot 3^2+4\cdot 2^2+5\cdot 1^2 \leqslant a^2+2b^2+3c^2+4d^2+5e^2$$
$$\leqslant 1\cdot 1^2+2\cdot 2^2+3\cdot 3^2+4\cdot 4^2+5\cdot 5^2,$$

故 $\quad 105 \leqslant a^2+2b^2+3c^2+4d^2+5e^2 \leqslant 225.$

点评

a^2,b^2,c^2,d^2,e^2 恰好是系数 $1,2,3,4,5$ 的平方的一个排列,所以很自然地用排序不等式来估计上界和下界.

▶**例 2** 设 a,b,c 是正实数,求证:
$$\frac{a^3}{bc}+\frac{b^3}{ca}+\frac{c^3}{ab} \geqslant a+b+c.$$

证明

不妨设 $a \leqslant b \leqslant c$,则
$$a^3 \leqslant b^3 \leqslant c^3, \frac{1}{bc} \leqslant \frac{1}{ca} \leqslant \frac{1}{ab},$$

于是由排序不等式得

$$a^3 \cdot \frac{1}{bc}+b^3 \cdot \frac{1}{ca}+c^3 \cdot \frac{1}{ab} \geqslant a^3 \cdot \frac{1}{ac}+b^3 \cdot \frac{1}{ab}+c^3 \cdot \frac{1}{bc}$$
$$=\frac{a^2}{c}+\frac{b^2}{a}+\frac{c^2}{b}.$$

由柯西不等式

$$\frac{a^2}{c}+\frac{b^2}{a}+\frac{c^2}{b} \geqslant \frac{(a+b+c)^2}{(a+b+c)}=a+b+c,$$

所以 $\quad \dfrac{a^3}{bc}+\dfrac{b^3}{ca}+\dfrac{c^3}{ab} \geqslant a+b+c.$

点评

因为欲证的不等式是关于 a,b,c 对称的,所以可以不妨设 $a \leqslant b \leqslant c$,把 $\dfrac{a^3}{bc}+\dfrac{b^3}{ca}+\dfrac{c^3}{ab}$ 看成 $a^3 \cdot \dfrac{1}{bc}+b^3 \cdot \dfrac{1}{ca}+c^3 \cdot \dfrac{1}{ab}$,可以用排序不等式来尝试证明.

▶ **例3** 用排序不等式证明平均不等式：
$$\sqrt[n]{a_1 a_2 \cdots a_n} \leq \frac{a_1+a_2+\cdots+a_n}{n}.$$

证明

不妨设 $0 < a_1 \leq a_2 \leq \cdots \leq a_n$，令 $G = \sqrt[n]{a_1 a_2 \cdots a_n}$，

$$x_k = \frac{a_1 a_2 \cdots a_k}{G^k}, k=1,2,\cdots,n.$$

因为 $(x_1, x_2, \cdots, x_n)$ 与 $\left(\frac{1}{x_1}, \frac{1}{x_2}, \cdots, \frac{1}{x_n}\right)$ 成反序，所以由排序不等式

$$n = x_1 \cdot \frac{1}{x_1} + x_2 \cdot \frac{1}{x_2} + \cdots + x_n \cdot \frac{1}{x_n} \leq \frac{x_1}{x_n} + \frac{x_2}{x_1} + \cdots + \frac{x_n}{x_{n-1}},$$

即

$$n \leq \frac{a_1}{G} + \frac{a_2}{G} + \cdots + \frac{a_n}{G},$$

故

$$\sqrt[n]{a_1 a_2 \cdots a_n} \leq \frac{a_1+a_2+\cdots+a_n}{n}.$$

▶ **例4** 设 a, b, c 是非负实数，满足 $a+b+c=1$，求证：
$$a^2 b + b^2 c + c^2 a \leq \frac{4}{27}.$$

证明

设 (x, y, z) 是 (a, b, c) 的某个排列，使得 $x \geq y \geq z$，则 $xy \geq xz \geq yz$，由于 x, y, z 是 a, b, c 的一个排列，xy, yz, zx 是 ab, bc, ca 的一个排列，于是由排序不等式可得

$$a^2 b + b^2 c + c^2 a = a \cdot ab + b \cdot bc + c \cdot ca$$
$$\leq x \cdot xy + y \cdot xz + z \cdot yz$$
$$= y(x^2 + z^2 + xz) \leq y(x+z)^2$$
$$\leq \frac{1}{2}\left(\frac{2y+x+z+x+z}{3}\right)^3 = \frac{4}{27}.$$

点评

本题欲证的不等式不是关于 a, b, c 对称的，所以不能直接设 $a \leq b \leq c$。

▶ **例5** 设 a, b, c 是正实数，求证：

$$\frac{a+b}{b+c}+\frac{b+c}{c+a}+\frac{c+a}{a+b}\leqslant\frac{(a+b+c)^2}{ab+bc+ca}.$$

证明

原不等式等价于

$$\frac{(a+b)(a(b+c)+bc)}{b+c}+\frac{(b+c)(b(c+a)+ca)}{c+a}+\frac{(c+a)(c(a+b)+ab)}{a+b}$$
$$\leqslant(a+b+c)^2,$$

即

$$\frac{bc(a+b)}{b+c}+\frac{ca(b+c)}{c+a}+\frac{ab(c+a)}{a+b}\leqslant ab+bc+ca.$$

设 (x,y,z) 是 (a,b,c) 的某个排列, 使得 $x\geqslant y\geqslant z$, 则

$$x+y\geqslant z+x\geqslant y+z, \frac{xy}{x+y}\geqslant\frac{zx}{z+x}\geqslant\frac{yz}{y+z},$$

于是由排序不等式可得

$$ab+bc+ca=xy+yz+zx$$
$$=(x+y)\cdot\frac{xy}{x+y}+(z+x)\cdot\frac{zx}{z+x}+(y+z)\cdot\frac{yz}{y+z}$$
$$\geqslant(c+a)\cdot\frac{ab}{a+b}+(b+c)\cdot\frac{ca}{c+a}+(a+b)\cdot\frac{bc}{b+c}$$
$$=\frac{bc(a+b)}{b+c}+\frac{ca(b+c)}{c+a}+\frac{ab(c+a)}{a+b},$$

命题得证.

▶ **例6** 设非负实数 a,b,c,d 满足 $a+b+c+d=4$, 求证:

$$a\sqrt{bc}+b\sqrt{cd}+c\sqrt{da}+d\sqrt{ab}\leqslant 2(1+\sqrt{abcd}).$$

证明

设 x,y,z,w 是 a,b,c,d 的一个排列, 满足 $x\leqslant y\leqslant z\leqslant w$, 则

$$\sqrt{x}\leqslant\sqrt{y}\leqslant\sqrt{z}\leqslant\sqrt{w}, \sqrt{xyz}\leqslant\sqrt{xyw}\leqslant\sqrt{xzw}\leqslant\sqrt{yzw}.$$

而 $\sqrt{x},\sqrt{y},\sqrt{z},\sqrt{w}$ 是 $\sqrt{a},\sqrt{b},\sqrt{c},\sqrt{d}$ 的一个排列; $\sqrt{xyz},\sqrt{xyw},\sqrt{xzw},\sqrt{yzw}$ 是 $\sqrt{abc},\sqrt{bcd},\sqrt{cda},\sqrt{dab}$ 的一个排列, 于是由排序不等式可得

$$\sqrt{x}\cdot\sqrt{xyz}+\sqrt{y}\cdot\sqrt{xyw}+\sqrt{z}\cdot\sqrt{xzw}+\sqrt{w}\cdot\sqrt{yzw}$$
$$\geqslant\sqrt{a}\cdot\sqrt{abc}+\sqrt{b}\cdot\sqrt{bcd}+\sqrt{c}\cdot\sqrt{cda}+\sqrt{d}\cdot\sqrt{dab}$$
$$=a\sqrt{bc}+b\sqrt{cd}+c\sqrt{da}+d\sqrt{ab},$$

故只需证 $\sqrt{x}\cdot\sqrt{xyz}+\sqrt{y}\cdot\sqrt{xyw}+\sqrt{z}\cdot\sqrt{xzw}+\sqrt{w}\cdot\sqrt{yzw}\leqslant 2(1+\sqrt{xyzw}).$

因为 $\sqrt{x} \cdot \sqrt{xyz} + \sqrt{y} \cdot \sqrt{xyw} + \sqrt{z} \cdot \sqrt{xzw} + \sqrt{w} \cdot \sqrt{yzw}$

$$= (\sqrt{xy} + \sqrt{zw})(\sqrt{xz} + \sqrt{yw})$$

$$\leq \frac{(\sqrt{xy} + \sqrt{zw})^2 + (\sqrt{xz} + \sqrt{yw})^2}{2},$$

故只需证  $\leq 2(1 + \sqrt{xyzw})$

$$\Leftrightarrow xy + zw + xz + yw \leq 4$$

$$\Leftrightarrow (x+w)(y+z) \leq 4, \tag{1}$$

因为 $(x+w)(y+z) \leq \dfrac{((x+w)+(y+z))^2}{4} = 4,$

所以式(1)成立,命题得证.

点评

本题欲证的不等式不是关于 a,b,c,d 对称的,所以不能直接设 $a \leq b \leq c \leq d$,同例 4 一样,我们设 x,y,z,w 是 a,b,c,d 的一个排列,满足 $x \leq y \leq z \leq w$,然后就可以用排序不等式证明了.

3.2 切比雪夫不等式

知识桥

切比雪夫(Chebyshev)不等式：设 $a_1, a_2, \cdots, a_n, b_1, b_2, \cdots, b_n \in \mathbf{R}$，且满足以下条件：
$$a_1 \leqslant a_2 \leqslant \cdots \leqslant a_n, b_1 \leqslant b_2 \leqslant \cdots \leqslant b_n,$$
则
$$n \sum_{i=1}^{n} a_i b_{n+1-i} \leqslant \left(\sum_{i=1}^{n} a_i \right) \left(\sum_{i=1}^{n} b_i \right) \leqslant n \sum_{i=1}^{n} a_i b_i.$$

证明

记 $A = \sum_{i=1}^{n} a_i b_{n+1-i}, B = \sum_{i=1}^{n} a_i b_i$，由排序不等式
$$A \leqslant a_1 b_1 + a_2 b_2 + \cdots + a_{n-1} b_{n-1} + a_n b_n = B,$$
$$A \leqslant a_1 b_2 + a_2 b_3 + \cdots + a_{n-1} b_n + a_n b_1 \leqslant B,$$
$$A \leqslant a_1 b_3 + a_2 b_4 + \cdots + a_{n-1} b_1 + a_n b_2 \leqslant B,$$
$$\cdots\cdots$$
$$A \leqslant a_1 b_n + a_2 b_1 + \cdots + a_{n-1} b_{n-2} + a_n b_{n-1} \leqslant B,$$

将上面的这些式子相加，便得
$$nA \leqslant \left(\sum_{i=1}^{n} a_i \right) \left(\sum_{i=1}^{n} b_i \right) \leqslant nB.$$

训练营

▶ **例 1** 设非负实数 a, b, c, d 满足 $ab + bc + cd + da = 1$，求证：
$$\frac{a^3}{b+c+d} + \frac{b^3}{c+d+a} + \frac{c^3}{d+a+b} + \frac{d^3}{a+b+c} \geqslant \frac{1}{3}.$$

证明

不妨设 $0 \leqslant a \leqslant b \leqslant c \leqslant d$，则

$$a^3 \leqslant b^3 \leqslant c^3 \leqslant d^3,$$

$$\frac{1}{b+c+d} \leqslant \frac{1}{c+d+a} \leqslant \frac{1}{d+a+b} \leqslant \frac{1}{a+b+c},$$

由切比雪夫不等式可得

$$\frac{a^3}{b+c+d}+\frac{b^3}{c+d+a}+\frac{c^3}{d+a+b}+\frac{d^3}{a+b+c}$$

$$\geqslant \frac{1}{4}(a^3+b^3+c^3+d^3)\left(\frac{1}{a+b+c}+\frac{1}{b+c+d}+\frac{1}{c+d+a}+\frac{1}{d+a+b}\right),$$

再由切比雪夫不等式可得

$$a^3+b^3+c^3+d^3 \geqslant \frac{1}{4}(a^2+b^2+c^2+d^2)(a+b+c+d),$$

由排序不等式可得

$$a^2+b^2+c^2+d^2 \geqslant ab+bc+cd+da=1,$$

所以 $\dfrac{a^3}{b+c+d}+\dfrac{b^3}{c+d+a}+\dfrac{c^3}{d+a+b}+\dfrac{d^3}{a+b+c}$

$$\geqslant \frac{1}{16}(a+b+c+d)\left(\frac{1}{a+b+c}+\frac{1}{b+c+d}+\frac{1}{c+d+a}+\frac{1}{d+a+b}\right)$$

$$\geqslant \frac{1}{48}(3a+3b+3c+3d)\left(\frac{1}{a+b+c}+\frac{1}{b+c+d}+\frac{1}{c+d+a}+\frac{1}{d+a+b}\right)$$

$$\geqslant \frac{1}{48} \cdot 16 = \frac{1}{3},$$

命题得证.

点评

$\sum \dfrac{a^3}{b+c+d} = \sum a^3 \cdot \dfrac{1}{b+c+d}$,而 $\sum a^3$ 与 $\sum \dfrac{1}{b+c+d}$ 比 $\sum \dfrac{a^3}{b+c+d}$ 更容易处理,所以用排序不等式,把 $\sum \dfrac{a^3}{b+c+d}$ 转化为 $\sum a^3$ 与 $\sum \dfrac{1}{b+c+d}$.

▶**例2** 设正实数 x,y,z 满足 $x+y+z=1$,求证:

$$\frac{1-2x}{\sqrt{x(1-x)}}+\frac{1-2y}{\sqrt{y(1-y)}}+\frac{1-2z}{\sqrt{z(1-z)}} \geqslant \sqrt{\frac{x}{1-x}}+\sqrt{\frac{y}{1-y}}+\sqrt{\frac{z}{1-z}}.$$

证明

原不等式等价于

$$\sum \left[\frac{1-2x}{\sqrt{x(1-x)}}+2\sqrt{\frac{x}{1-x}}\right] \geqslant 3\sum \sqrt{\frac{x}{1-x}},$$

$$\sum \frac{1}{\sqrt{x(1-x)}} \geqslant 3 \sum \sqrt{\frac{x}{1-x}}.$$

因为(x,y,z)与$\left(\dfrac{1}{\sqrt{x(1-x)}}, \dfrac{1}{\sqrt{y(1-y)}}, \dfrac{1}{\sqrt{z(1-z)}}\right)$反序(事实上,若$x \leqslant y$,则$\dfrac{1}{\sqrt{x(1-x)}} \geqslant \dfrac{1}{\sqrt{y(1-y)}} \Leftrightarrow \sqrt{x(1-x)} \leqslant \sqrt{y(1-y)} \Leftrightarrow x-x^2 \leqslant y-y^2$

$$\Leftrightarrow (x-y)(1-x-y) \leqslant 0),$$

所以,由切比雪夫不等式可得

$$(x+y+z)\left(\frac{1}{\sqrt{x(1-x)}} + \frac{1}{\sqrt{y(1-y)}} + \frac{1}{\sqrt{z(1-z)}}\right) \geqslant 3\left(\sqrt{\frac{x}{1-x}} + \sqrt{\frac{y}{1-y}} + \sqrt{\frac{z}{1-z}}\right),$$

故原不等式得证.

▶ **例3** 正实数a,b,c满足$abc \geqslant 1$,求证:

$$\frac{1}{a+b^{2008}+c^{2008}} + \frac{1}{b+c^{2008}+a^{2008}} + \frac{1}{c+a^{2008}+b^{2008}} \leqslant 1.$$

证明

取一个p,使得$1+\dfrac{p}{2}=2008-p$. 由

$$b^{2008}+c^{2008} \geqslant b^p c^{2008-p} + b^{2008-p} c^p,$$

所以 $b^{2008}+c^{2008} \geqslant \dfrac{b^p+c^p}{2}(b^{2008-p}+c^{2008-p}) \geqslant (bc)^{\frac{p}{2}}(b^{2008-p}+c^{2008-p})$

$$\geqslant \frac{b^{2008-p}+c^{2008-p}}{a^{\frac{p}{2}}},$$

记$1+\dfrac{p}{2}=2008-p=r$,则

$$\frac{1}{a+b^{2008}+c^{2008}} \leqslant \frac{a^{r-1}}{a^r+b^r+c^r},$$

同理 $\dfrac{1}{b+c^{2008}+a^{2008}} \leqslant \dfrac{b^{r-1}}{a^r+b^r+c^r}, \dfrac{1}{c+a^{2008}+b^{2008}} \leqslant \dfrac{c^{r-1}}{a^r+b^r+c^r},$

所以 $\dfrac{1}{a+b^{2008}+c^{2008}} + \dfrac{1}{b+c^{2008}+a^{2008}} + \dfrac{1}{c+a^{2008}+b^{2008}}$

$$\leqslant \frac{a^{r-1}+b^{r-1}+c^{r-1}}{a^r+b^r+c^r}.$$

由平均不等式得

$$a+b+c \geqslant 3\sqrt[3]{abc} \geqslant 3,$$

于是由切比雪夫不等式得

$$a^{r-1}+b^{r-1}+c^{r-1} \leqslant \frac{(a+b+c)(a^{r-1}+b^{r-1}+c^{r-1})}{3} \leqslant a \cdot a^{r-1}+b \cdot b^{r-1}+c \cdot c^{r-1}$$

$$=a^r+b^r+c^r,$$

于是
$$\frac{1}{a+b^{2008}+c^{2008}}+\frac{1}{b+c^{2008}+a^{2008}}+\frac{1}{c+a^{2008}+b^{2008}} \leqslant 1.$$

▶**例 4** 设 $x_1<x_2<\cdots<x_n, y_1<y_2<\cdots<y_n$ 使得 $\sum_{i=1}^{n} x_i=0, \sum_{i=1}^{n} y_i=0.$ 求证:

$$(n-1)^2 \Big(\sum_{i=1}^{n} x_i y_i\Big)^2 \geqslant \Big(\sum_{i=1}^{n} x_i^2\Big)\Big(\sum_{i=1}^{n} y_i^2\Big).$$

证明

由切比雪夫不等式得

$$\sum_{i=1}^{n} x_i y_i = x_1 y_1+\cdots+x_{n-1}y_{n-1}+x_n y_n \geqslant \frac{1}{n-1}(x_1+\cdots+x_{n-1})(y_1+\cdots+y_{n-1})+x_n y_n$$

$$=\frac{1}{n-1}(-x_n)(-y_n)+x_n y_n = \frac{n}{n-1}x_n y_n,$$

$$\sum_{i=1}^{n} x_i y_i = x_1 y_1+x_2 y_2+\cdots+x_n y_n \geqslant x_1 y_1+\frac{1}{n-1}(x_2+\cdots+x_n)(y_2+\cdots+y_n)$$

$$=\frac{n}{n-1}x_1 y_1,$$

易知 $x_1<0, x_n>0, y_1<0, y_n>0$,所以

$$(n-1)^2 \Big(\sum_{i=1}^{n} x_i y_i\Big)^2 \geqslant n^2 x_1 x_n y_1 y_n. \tag{1}$$

因为 $(x_1-x_k)(x_n-x_k) \leqslant 0, k=1,2,\cdots,n$,所以

$$x_1 x_n+x_k^2 \leqslant (x_1+x_n)x_k, k=1,2,\cdots,n,$$

于是
$$n x_1 x_n+\sum_{k=1}^{n} x_k^2 \leqslant (x_1+x_n)\sum_{k=1}^{n} x_k = 0,$$

即
$$\sum_{k=1}^{n} x_k^2 \leqslant -n x_1 x_n,$$

同理可得
$$\sum_{k=1}^{n} y_k^2 \leqslant -n y_1 y_n,$$

所以
$$\Big(\sum_{i=1}^{n} x_i^2\Big)\Big(\sum_{i=1}^{n} y_i^2\Big) \leqslant n^2 x_1 x_n y_1 y_n. \tag{2}$$

由式(1)(2)便知欲证的不等式成立.

点评

本题欲证的不等式中含有系数 $(n-1)^2$, 如何配出这个 $(n-1)^2$? 一方面, 我们要利用条件 $\sum_{i=1}^{n} x_i = 0$, $\sum_{i=1}^{n} y_i = 0$; 另一方面, 我们要把 $\sum_{i=1}^{n} x_i y_i$ 与 $\sum_{i=1}^{n} x_i = 0$, $\sum_{i=1}^{n} y_i = 0$ 联系起来, 所以对 $2(n-1)$ 个数用切比雪夫不等式, 可以得到系数 $(n-1)$, 又可以利用 $\sum_{i=1}^{n} x_i = 0$, $\sum_{i=1}^{n} y_i = 0$ 得到.

▶ **例5** 给定整数 $n \geqslant 2$, 设 $x_1, x_2, \cdots, x_n$ 是单调不减的正数序列, 并使 x_1, $\dfrac{x_2}{2}, \cdots, \dfrac{x_n}{n}$ 构成一个单调不增的序列. 证明: $\dfrac{A_n}{G_n} \leqslant \dfrac{n+1}{2 \cdot \sqrt[n]{n!}}$, 其中 A_n, G_n 分别是 $x_1, x_2, \cdots, x_n$ 的算术平均值与几何平均值.

证明

由条件知 $x_1 \leqslant x_2 \leqslant \cdots \leqslant x_n$, 以及 $x_1 \geqslant \dfrac{x_2}{2} \geqslant \cdots \geqslant \dfrac{x_n}{n}$, 可得

$$\dfrac{1}{x_1} \leqslant \dfrac{2}{x_2} \leqslant \cdots \leqslant \dfrac{n}{x_n}.$$

由切比雪夫不等式得

$$A_n \cdot \left(\dfrac{1}{n} \sum_{i=1}^{n} \dfrac{i}{x_i} \right) = \left(\dfrac{1}{n} \sum_{i=1}^{n} x_i \right) \cdot \left(\dfrac{1}{n} \sum_{i=1}^{n} \dfrac{i}{x_i} \right) \leqslant \dfrac{1}{n} \sum_{i=1}^{n} x_i \cdot \dfrac{i}{x_i} = \dfrac{n+1}{2}.$$

又由平均不等式得

$$\dfrac{1}{n} \sum_{i=1}^{n} \dfrac{i}{x_i} \geqslant \sqrt[n]{\dfrac{n!}{x_1 x_2 \cdots x_n}} = \dfrac{\sqrt[n]{n!}}{G_n}.$$

于是 $$A_n \cdot \dfrac{\sqrt[n]{n!}}{G_n} \leqslant \dfrac{n+1}{2}.$$

所以 $$\dfrac{A_n}{G_n} \leqslant \dfrac{n+1}{2 \cdot \sqrt[n]{n!}}.$$

点评

由于题目条件给定了关于 $x_1, x_2, \cdots, x_n$ 的两个序列关系: $x_1 \leqslant x_2 \leqslant \cdots \leqslant x_n$, $x_1 \geqslant \dfrac{x_2}{2} \geqslant \cdots \geqslant \dfrac{x_n}{n}$, 容易想到需要使用排序不等式或切比雪夫不等式, 而题目需要证明的是关于 A_n, G_n 的不等式, 所以联想到平均不等式.

▶ **例6** 已知正实数 $x_1, x_2, \cdots, x_n$ 满足 $\sum_{i=1}^{n} \frac{1}{1+x_i} = 1$，求证：

$$\sum_{i=1}^{n} \sqrt{x_i} \geqslant (n-1) \sum_{i=1}^{n} \frac{1}{\sqrt{x_i}}.$$

证明

不妨设 $0 < x_1 \leqslant x_2 \leqslant \cdots \leqslant x_n$. 我们只需证明

$$\left(\sum_{i=1}^{n} \frac{x_i+1}{\sqrt{x_i}} \right) \left(\sum_{i=1}^{n} \frac{1}{x_i+1} \right) \geqslant n \sum_{i=1}^{n} \frac{1}{\sqrt{x_i}}.$$

考虑函数 $f(x) = \frac{x+1}{\sqrt{x}}, x \in (0, +\infty)$，则 $f(x)$ 在 $[1, +\infty)$ 上是严格递增的，且 $f(x) = f\left(\frac{1}{x}\right)$.

若 $x_1 \geqslant 1$，则

$$\frac{x_1+1}{\sqrt{x_1}} \leqslant \frac{x_2+1}{\sqrt{x_2}} \leqslant \cdots \leqslant \frac{x_n+1}{\sqrt{x_n}},$$

于是由切比雪夫不等式可得

$$\left(\sum_{i=1}^{n} \frac{x_i+1}{\sqrt{x_i}} \right) \left(\sum_{i=1}^{n} \frac{1}{x_i+1} \right) \geqslant n \sum_{i=1}^{n} \frac{1}{\sqrt{x_i}}.$$

若 $x_1 < 1$，则 $x_2 > 1$，且 $\frac{1}{x_2+1} \leqslant 1 - \frac{1}{x_1+1} = \frac{x_1}{x_1+1}$，所以 $x_2 \geqslant \frac{1}{x_1}$，故 $f(x_1) = f\left(\frac{1}{x_1}\right) \leqslant f(x_2) \leqslant \cdots \leqslant f(x_n)$，于是由切比雪夫不等式得

$$\left(\sum_{i=1}^{n} \frac{x_i+1}{\sqrt{x_i}} \right) \left(\sum_{i=1}^{n} \frac{1}{x_i+1} \right) \geqslant n \sum_{i=1}^{n} \frac{1}{\sqrt{x_i}}.$$

当 $x_1 = x_2 = \cdots = x_n = n-1$ 时等号成立.

演习场

习题 3

1. 在 $\triangle ABC$ 中，$\angle A, \angle B, \angle C$ 所对应的边为 a, b, c，求证：
$$\frac{\pi}{3} \leq \frac{aA + bB + cC}{a + b + c} < \frac{\pi}{2}.$$

2. 若 $a_1, a_2, \cdots, a_k, \cdots$ 为两两不同的正整数，求证：对任何正整数 n，有不等式
$$\sum_{k=1}^{n} \frac{a_k}{k^2} \geq \sum_{k=1}^{n} \frac{1}{k}.$$

3. 设正实数 a, b, c 满足 $a + b + c = 1$，求证：
$$\frac{a^2 + b^2}{c} + \frac{b^2 + c^2}{a} + \frac{c^2 + a^2}{b} \geq 2.$$

4. 已知 $x_i, y_i (i = 1, 2, \cdots, n)$ 是实数，且
$$x_1 \geq x_2 \geq x_3 \geq \cdots \geq x_n,$$
$$y_1 \geq y_2 \geq y_3 \geq \cdots \geq y_n.$$
又 $z_1, z_2, z_3, \cdots, z_n$ 为 $y_1, y_2, y_3, \cdots, y_n$ 的任一排列，求证：
$$\sum_{i=1}^{n} (x_i - y_i)^2 \leq \sum_{i=1}^{n} (x_i - z_i)^2.$$

5. 将 $1, 2, \cdots, 2021$ 这 2021 个正整数任意排列可得 2021! 个不同的数列，其中是否存在 4 个数列：$a_1, a_2, \cdots, a_{2021}$；$b_1, b_2, \cdots, b_{2021}$；$c_1, c_2, \cdots, c_{2021}$；$d_1, d_2, \cdots, d_{2021}$，使得
$$a_1 b_1 + a_2 b_2 + \cdots + a_{2021} b_{2021} = 2(c_1 d_1 + c_2 d_2 + \cdots + c_{2021} d_{2021})$$
证明你的结论.

6. 设非负实数 a, b, c, d 满足 $a^2 + b^2 + c^2 + d^2 = 1$，求证：
$$\frac{a^2}{b+c+d} + \frac{b^2}{c+d+a} + \frac{c^2}{d+a+b} + \frac{d^2}{a+b+c} \geq \frac{2}{3}.$$

7. 设 a, b, c 是正实数，且满足 $abc = 1$. 求证：
$$\frac{1}{a^3(b+c)} + \frac{1}{b^3(c+a)} + \frac{1}{c^3(a+b)} \geq \frac{3}{2}.$$

8. 已知实数 a, b, c, d, e 满足 $a \leq b \leq c \leq d \leq e$，且 $a + b + c + d + e = 1$，求 $ad + dc + cb + be + ea$ 的最大值.

9. 设 a, b, c 是正实数，求证：

$$\frac{a}{\sqrt{b+c}}+\frac{b}{\sqrt{c+a}}+\frac{c}{\sqrt{a+b}} \geqslant \sqrt{\frac{3}{2}}\sqrt{a+b+c}.$$

10. 设正实数 a,b,c 满足：$a^4+b^4+c^4=3$，求证：

$$\frac{1}{4-ab}+\frac{1}{4-bc}+\frac{1}{4-ca} \leqslant 1.$$

11. 设非负实数 $x_1,x_2,\cdots,x_n$ 满足 $\frac{1}{n-1+x_1}+\frac{1}{n-1+x_2}+\cdots+\frac{1}{n-1+x_n}=1$，求证：

$$\frac{x_1}{n-1+x_1^2}+\frac{x_2}{n-1+x_2^2}+\cdots+\frac{x_n}{n-1+x_n^2} \leqslant 1.$$

12. 给定整数 $n \geqslant 2$，求具有下述性质的最大常数 $\lambda(n)$：若实数序列 $a_0,a_1,a_2,\cdots,a_n$ 满足 $0=a_0 \leqslant a_1 \leqslant a_2 \leqslant \cdots \leqslant a_n$ 及 $a_i \geqslant \frac{1}{2}(a_{i+1}+a_{i-1})$，$i=1,2,\cdots,n-1$，则有

$$\left(\sum_{i=1}^{n} i a_i\right)^2 \geqslant \lambda(n)\sum_{i=1}^{n} a_i^2.$$

第 4 讲 赫尔德不等式

知识桥

赫尔德(Hölder)不等式：设 $w_1, w_2, \cdots, w_n$ 是正实数，$w_1 + w_2 + \cdots + w_n = 1$，对任意正实数 a_{ij} 有

$$(a_{11}+a_{12}+\cdots+a_{1m})^{w_1}(a_{21}+a_{22}+\cdots+a_{2m})^{w_2}\cdots(a_{n1}+a_{n2}+\cdots+a_{nm})^{w_n} \tag{1}$$
$$\geqslant a_{11}^{w_1}a_{21}^{w_2}\cdots a_{n1}^{w_n} + a_{12}^{w_1}a_{22}^{w_2}\cdots a_{n2}^{w_n} + \cdots + a_{1m}^{w_1}a_{2m}^{w_2}\cdots a_{nm}^{w_n},$$

即

$$\prod_{i=1}^{n}\left(\sum_{j=1}^{m}a_{ij}\right)^{w_i} \geqslant \sum_{j=1}^{m}\prod_{i=1}^{n}a_{ij}^{w_i},$$

等号成立的条件是 $(a_{i1}, a_{i2}, \cdots, a_{im})(i=1,2,\cdots,m)$ 是同向的向量。

证明

记 $A_\alpha = \sum_{j=1}^{m} a_{\alpha j}(\alpha=1,2,\cdots,n)$，则式(1)为

$$(A_1^{w_1}A_2^{w_2}\cdots A_n^{w_n})^{-1}\sum_{j=1}^{m}a_{1j}^{w_1}a_{2j}^{w_2}\cdots a_{nj}^{w_n} \leqslant 1,$$

即

$$\sum_{j=1}^{m}\left(\frac{a_{1j}}{A_1}\right)^{w_1}\left(\frac{a_{2j}}{A_2}\right)^{w_2}\cdots\left(\frac{a_{nj}}{A_n}\right)^{w_n} \leqslant 1.$$

因为 $f(x) = \ln x (x > 0)$ 是向上的凸函数（因为 $f''(x) = -\dfrac{1}{x^2} < 0$），由加权的詹生不等式，可得

$$w_1 \ln \frac{a_{1j}}{A_1} + w_2 \ln \frac{a_{2j}}{A_2} + \cdots + w_n \ln \frac{a_{nj}}{A_n}$$

$$= \frac{1}{w_1 + w_2 + \cdots + w_n}\left(w_1 \ln \frac{a_{1j}}{A_1} + w_2 \ln \frac{a_{2j}}{A_2} + \cdots + w_n \ln \frac{a_{nj}}{A_n}\right)$$

$$\leqslant \ln \frac{w_1 \dfrac{a_{1j}}{A_1} + w_2 \dfrac{a_{2j}}{A_2} + \cdots + w_n \dfrac{a_{nj}}{A_n}}{w_1 + w_2 + \cdots + w_n}$$

$$\leqslant \ln\left(w_1 \frac{a_{1j}}{A_1} + w_2 \frac{a_{2j}}{A_2} + \cdots + w_n \frac{a_{nj}}{A_n}\right),$$

所以

$$\left(\frac{a_{1j}}{A_1}\right)^{w_1}\left(\frac{a_{2j}}{A_2}\right)^{w_2}\cdots\left(\frac{a_{nj}}{A_n}\right)^{w_n}\leqslant w_1\frac{a_{1j}}{A_1}+w_2\frac{a_{2j}}{A_2}+\cdots+w_n\frac{a_{nj}}{A_n},$$

把上式对 j 从 1 到 m 求和,得

$$\sum_{j=1}^{m}\left(\frac{a_{1j}}{A_1}\right)^{w_1}\left(\frac{a_{2j}}{A_2}\right)^{w_2}\cdots\left(\frac{a_{nj}}{A_n}\right)^{w_n}\leqslant w_1+w_2+\cdots+w_n=1,$$

等号成立的条件是 $(a_{i1},a_{i2},\cdots,a_{im})(i=1,2,\cdots,m)$ 是同向的向量.

从而命题得证.

特别地:当 $w_1=w_2=\cdots=w_n=\dfrac{1}{n}$ 时,有

$$(a_{11}^n+a_{12}^n+\cdots+a_{1m}^n)(a_{21}^n+a_{22}^n+\cdots+a_{2m}^n)\cdots(a_{n1}^n+a_{n2}^n+\cdots+a_{nm}^n)$$
$$\geqslant(a_{11}a_{21}\cdots a_{n1}+a_{12}a_{22}\cdots a_{n2}+\cdots+a_{1m}a_{2m}\cdots a_{nm})^n. \tag{2}$$

在式(2)中,取 $n=3,m=3$,有

$$(a_{11}^3+a_{12}^3+a_{13}^3)(a_{21}^3+a_{22}^3+a_{23}^3)(a_{31}^3+a_{32}^3+a_{33}^3)$$
$$\geqslant(a_{11}a_{21}a_{31}+a_{12}a_{22}a_{32}+a_{13}a_{23}a_{33})^3. \tag{3}$$

在式(2)中,取 $n=3,m=2$,有

$$(a_{11}^3+a_{12}^3)(a_{21}^3+a_{22}^3)(a_{31}^3+a_{32}^3)\geqslant(a_{11}a_{21}a_{31}+a_{12}a_{22}a_{32})^3. \tag{4}$$

在式(1)中,取 $n=2$,有

$$\left(\sum_{i=1}^{m}a_i\right)^{\alpha}\left(\sum_{i=1}^{m}b_i\right)^{\beta}\geqslant\sum_{i=1}^{m}a_i^{\alpha}b_i^{\beta}, \tag{5}$$

其中 α,β 是正实数,且 $\alpha+\beta=1$. 当 $\alpha=\beta=\dfrac{1}{2}$ 时,式(5)即为柯西不等式.

在式(5)中,令 $m=n,a_i^{\alpha}=x_i,b_i^{\beta}=y_i,\alpha=\dfrac{1}{p},\beta=\dfrac{1}{q}$,则式(5)为

$$\sum_{i=1}^{n}x_iy_i\leqslant\left(\sum_{i=1}^{n}x_i^p\right)^{\frac{1}{p}}\left(\sum_{i=1}^{n}y_i^q\right)^{\frac{1}{q}}, \tag{6}$$

其中 $p>0,q>0,\dfrac{1}{p}+\dfrac{1}{q}=1$. 等号成立的充要条件是 $x_i^p=\lambda y_i^q(i=1,2,\cdots,n,\lambda>0)$.

式(6)可以有如下的变形

$$\sum_{i=1}^{n}\frac{x_i^{m+1}}{y_i^m}\geqslant\frac{\left(\sum\limits_{i=1}^{n}x_i\right)^{m+1}}{\left(\sum\limits_{i=1}^{n}y_i\right)^m}, \tag{7}$$

其中 $x_i>0,y_i>0(i=1,2,\cdots,n),m>0$ 或 $m<-1$. 等号成立的充要条件是 $x_i=$

$\lambda y_i (i=1,2,\cdots,n)$.

▶ 例1 设 a,b 是正实数.

(1) 求 $S=\dfrac{(a+1)^2}{b}+\dfrac{(b+3)^2}{a}$ 的最小值;

(2) 求 $T=\dfrac{(a+1)^3}{b^2}+\dfrac{(b+3)^3}{a^2}$ 的最小值.

解

(1) 由柯西不等式得
$$S\cdot(b+a)\geqslant (a+1+b+3)^2,$$
所以
$$S\geqslant \dfrac{(a+b+4)^2}{a+b}=(a+b)+\dfrac{16}{a+b}+8$$
$$\geqslant 2\sqrt{16}+8=16,$$
当 $a=\dfrac{7}{3},b=\dfrac{5}{3}$ 时等号成立.

故 S 的最小值为 16.

(2) 由赫尔德不等式,有
$$\left(\dfrac{(a+1)^3}{b^2}+\dfrac{(b+3)^3}{a^2}\right)(b+a)(b+a)\geqslant (a+1+b+3)^3,$$
所以
$$T\geqslant \dfrac{(a+b+4)^3}{(a+b)^2}=x+12+\dfrac{48}{x}+\dfrac{64}{x^2}\text{（记 }a+b=x\text{）}$$
$$=x+\dfrac{64}{x}+\left(\dfrac{64}{x^2}-\dfrac{16}{x}+1\right)+11$$
$$=\left(x+\dfrac{64}{x}\right)+\left(\dfrac{8}{x}-1\right)^2+11\geqslant 2\sqrt{64}+0+11$$
$$=27.$$
当 $a=\dfrac{22}{5},b=\dfrac{18}{5}$ 时等号成立.

所以 T 的最小值为 27.

点评

对于(1),通过柯西不等式,把原式转化为关于 $x(=a+b)$ 的一元函数,然后

不等式的证明

求最小值就容易了;同样地,对于(2),通过赫尔德不等式,把原式转化为关于 $x(=a+b)$ 的一元函数,然后再求最小值.

▶ **例2** 设 a,b,c 是正实数,求证:
$$\frac{a}{\sqrt{a^2+8bc}}+\frac{b}{\sqrt{b^2+8ca}}+\frac{c}{\sqrt{c^2+8ab}}\geqslant 1.$$

证明

由式(7),取 $m=\frac{1}{2}$,得

$$\frac{a}{\sqrt{a^2+8bc}}+\frac{b}{\sqrt{b^2+8ca}}+\frac{c}{\sqrt{c^2+8ab}}=\frac{a^{\frac{3}{2}}}{\sqrt{a^3+8abc}}+\frac{b^{\frac{3}{2}}}{\sqrt{b^3+8abc}}+\frac{c^{\frac{3}{2}}}{\sqrt{c^3+8abc}}$$
$$\geqslant \frac{(a+b+c)^{\frac{3}{2}}}{(a^3+b^3+c^3+24abc)^{\frac{1}{2}}},$$

故只需证明

$$\frac{(a+b+c)^{\frac{3}{2}}}{(a^3+b^3+c^3+24abc)^{\frac{1}{2}}}\geqslant 1$$
$$\Leftrightarrow (a+b+c)^3\geqslant a^3+b^3+c^3+24abc$$
$$\Leftrightarrow a^2b+a^2c+b^2a+b^2c+c^2a+c^2b\geqslant 6abc,$$

由平均不等式知上式成立.从而不等式获证.

点评

本题使用赫尔德不等式分式形式解决问题.

▶ **例3** 设 a,b,c 是正实数,求证:
$$\frac{1}{a(b+c)}+\frac{1}{b(c+a)}+\frac{1}{c(a+b)}\geqslant \frac{27}{2(a+b+c)^2}.$$

证明

由赫尔德不等式得,

$$(a+b+c)[(b+c)+(c+a)+(a+b)]\left[\frac{1}{a(b+c)}+\frac{1}{b(c+a)}+\frac{1}{c(a+b)}\right]\geqslant 3^3=27,$$

整理可得

$$\frac{1}{a(b+c)}+\frac{1}{b(c+a)}+\frac{1}{c(a+b)}\geqslant \frac{27}{2(a+b+c)^2}.$$

 点评

本题也可以用柯西不等式,因为
$$(a(b+c)+b(c+a)+c(a+b))\left(\frac{1}{a(b+c)}+\frac{1}{b(c+a)}+\frac{1}{c(a+b)}\right)\geq 9,$$
所以
$$\frac{1}{a(b+c)}+\frac{1}{b(c+a)}+\frac{1}{c(a+b)}\geq \frac{9}{2(ab+bc+ca)},$$
只需证
$$\frac{9}{2(ab+bc+ca)}\geq \frac{27}{2(a+b+c)^2},$$
即
$$(a+b+c)^2\geq 3(ab+bc+ca),$$
这个不等式是成立的.

考虑到不等式右边的 $27=3^3$ 以及 $a+b+c$,所以我们乘
$$(a+b+c)[(b+c)+(c+a)+(a+b)]=2(a+b+c)^2,$$
利用赫尔德不等式马上就可以得到欲证的不等式了.

▶ **例 4** 设 $a,b,c\in \mathbf{R}^*$,且 $abc=1$,求证:
$$\frac{1}{a^5(b+2c)^2}+\frac{1}{b^5(c+2a)^2}+\frac{1}{c^5(a+2b)^2}\geq \frac{1}{3}.$$

证明

由赫尔德不等式得
$$[a(b+2c)+b(c+2a)+c(a+2b)]^2\left[\frac{1}{a^5(b+2c)^2}+\frac{1}{b^5(c+2a)^2}+\frac{1}{c^5(a+2b)^2}\right]$$
$$\geq \left(\frac{1}{a}+\frac{1}{b}+\frac{1}{c}\right)^3$$
$$=(ab+bc+ca)^3.$$

注意到 $a(b+2c)+b(c+2a)+c(a+2b)=3(ab+bc+ca)$,可得
$$\frac{1}{a^5(b+2c)^2}+\frac{1}{b^5(c+2a)^2}+\frac{1}{c^5(a+2b)^2}\geq \frac{1}{9}(ab+bc+ca),$$
由平均不等式得
$$ab+bc+ca\geq 3\sqrt[3]{a^2b^2c^2}=3,$$
故
$$\frac{1}{a^5(b+2c)^2}+\frac{1}{b^5(c+2a)^2}+\frac{1}{c^5(a+2b)^2}\geq \frac{1}{3}.$$

 点评

使用赫尔德不等式的关键在于乘合适的项进行凑配.

▶ **例5** 设 $a,b,c\in \mathbf{R}^*$,求证:
$$\frac{a+b+c}{3}\geqslant \sqrt[3]{\frac{(a+b)(b+c)(c+a)}{8}}\geqslant \frac{\sqrt{ab}+\sqrt{bc}+\sqrt{ca}}{3}.$$

证明

由平均不等式得
$$\frac{(a+b)+(b+c)+(c+a)}{3}\geqslant \sqrt[3]{(a+b)(b+c)(c+a)},$$

所以
$$\frac{a+b+c}{3}\geqslant \sqrt[3]{\frac{(a+b)(b+c)(c+a)}{8}}.$$

由赫尔德不等式,有
$$\frac{(a+b)(b+c)(c+a)}{8}=\frac{1}{27}\left(\frac{a+b}{2}+b+a\right)\left(b+\frac{b+c}{2}+c\right)\left(a+c+\frac{a+c}{2}\right)$$

$$\geqslant \frac{1}{27}\left(\sqrt[3]{\frac{a+b}{2}\cdot b\cdot a}+\sqrt[3]{b\cdot \frac{b+c}{2}\cdot c}+\sqrt[3]{a\cdot c\cdot \frac{a+c}{2}}\right)^3$$

$$\geqslant \frac{1}{27}\left(\sqrt[3]{\sqrt{ab}\cdot a\cdot b}+\sqrt[3]{\sqrt{bc}\cdot b\cdot c}+\sqrt[3]{\sqrt{ca}\cdot c\cdot a}\right)^3$$

$$=\frac{1}{27}(\sqrt{ab}+\sqrt{bc}+\sqrt{ca})^3,$$

所以
$$\sqrt[3]{\frac{(a+b)(b+c)(c+a)}{8}}\geqslant \frac{\sqrt{ab}+\sqrt{bc}+\sqrt{ca}}{3}.$$

▶ **例6** 设 $a,b,c\in \mathbf{R}^*$,求证:
$$\frac{a+\sqrt{ab}+\sqrt[3]{abc}}{3}\leqslant \sqrt[3]{a\cdot \frac{a+b}{2}\cdot \frac{a+b+c}{3}}.$$

证明

由赫尔德不等式与平均不等式,得
$$(a+a+a)\left(a+\frac{a+b}{2}+b\right)(a+b+c)$$

$$\geqslant \left(a+\sqrt[3]{\frac{ab(a+b)}{2}}+\sqrt[3]{abc}\right)^3$$

$$\geqslant (a+\sqrt{ab}+\sqrt[3]{abc})^3.$$

整理即得
$$\frac{a+\sqrt{ab}+\sqrt[3]{abc}}{3}\leqslant \sqrt[3]{a\cdot \frac{a+b}{2}\cdot \frac{a+b+c}{3}}.$$

▶ **例7** 设 $a,b,c,d \in \mathbf{R}^*$，求证：
$$\frac{a+\sqrt{ab}+\sqrt[3]{abc}+\sqrt[4]{abcd}}{4} \leqslant \sqrt[4]{a \cdot \frac{a+b}{2} \cdot \frac{a+b+c}{3} \cdot \frac{a+b+c+d}{4}}.$$

证明

由赫尔德不等式与平均不等式得
$$(a+a+a+a)(a+a+b+b)\left(a+b+\frac{a+b+c}{3}+c\right)(a+b+c+d)$$
$$\geqslant \left(a+\sqrt{ab}+\sqrt[4]{\frac{abc(a+b+c)}{3}}+\sqrt[4]{abcd}\right)^4$$
$$\geqslant (a+\sqrt{ab}+\sqrt[3]{abc}+\sqrt[4]{abcd})^4.$$

整理即得
$$\frac{a+\sqrt{ab}+\sqrt[3]{abc}+\sqrt[4]{abcd}}{4} \leqslant \sqrt[4]{a \cdot \frac{a+b}{2} \cdot \frac{a+b+c}{3} \cdot \frac{a+b+c+d}{4}}.$$

▶ **例8** 求最大的正实数 A，使得不等式
$$\left(\sum_{i=1}^{3} x_i^3 + 1\right)\left(\sum_{i=1}^{3} y_i^3 + 1\right)\left(\sum_{i=1}^{3} z_i^3 + 1\right) \geqslant A \prod_{i=1}^{3}(x_i+y_i+z_i)$$
对任意 $x_i, y_i, z_i \in \mathbf{R}^*$ $(i=1,2,3)$ 都成立.

解

取 $x_i = y_i = z_i = \frac{1}{\sqrt[3]{6}}$ $(i=1,2,3)$，可得 $A \leqslant \frac{3}{4}$.

下证当 $A \leqslant \frac{3}{4}$ 时，不等式成立. 即证
$$\left(\sum_{i=1}^{3} x_i^3 + 1\right)\left(\sum_{i=1}^{3} y_i^3 + 1\right)\left(\sum_{i=1}^{3} z_i^3 + 1\right) \geqslant \frac{3}{4} \prod_{i=1}^{3}(x_i+y_i+z_i).$$

由赫尔德不等式与平均不等式得
$$\left(\sum_{i=1}^{3} x_i^3 + \underbrace{\frac{1}{6}+\cdots+\frac{1}{6}}_{6\text{个}}\right)\left(\underbrace{\frac{1}{6}+\cdots+\frac{1}{6}}_{3\text{个}} + \sum_{i=1}^{3} y_i^3 + \underbrace{\frac{1}{6}+\cdots+\frac{1}{6}}_{3\text{个}}\right)\left(\underbrace{\frac{1}{6}+\cdots+\frac{1}{6}}_{6\text{个}} + \sum_{i=1}^{3} z_i^3\right) \geqslant \left[\frac{1}{\sqrt[3]{36}}\left(\sum_{i=1}^{3} x_i + \sum_{i=1}^{3} y_i + \sum_{i=1}^{3} z_i\right)\right]^3$$
$$= \frac{1}{36}\left[\sum_{i=1}^{3}(x_i+y_i+z_i)\right]^3$$
$$\geqslant \frac{3}{4} \prod_{i=1}^{3}(x_i+y_i+z_i),$$

综上可知，A 的最大值为 $\dfrac{3}{4}$.

点评

左边含有项 x_i^3, y_i^3, z_i^3，右边含有项 $x_i+y_i+z_i$，很自然地想到用赫尔德不等式进行凑配，其中 x_i^3, y_i^3, z_i^3 对应的项要有两项是常数，故将 1 折成 6 个 $\dfrac{1}{6}$.

▶ **例9** 已知 $5n$ 个实数 r_i, s_i, t_i, u_i, v_i 都大于 $1(1\leqslant i\leqslant n)$，记 $R=\dfrac{1}{n}\cdot\sum\limits_{i=1}^{n}r_i$，$S=\dfrac{1}{n}\cdot\sum\limits_{i=1}^{n}s_i, T=\dfrac{1}{n}\cdot\sum\limits_{i=1}^{n}t_i, U=\dfrac{1}{n}\cdot\sum\limits_{i=1}^{n}u_i, V=\dfrac{1}{n}\cdot\sum\limits_{i=1}^{n}v_i$. 求证：

$$\prod_{i=1}^{n}\left(\frac{r_i s_i t_i u_i v_i+1}{r_i s_i t_i u_i v_i-1}\right)\geqslant\left(\frac{RSTUV+1}{RSTUV-1}\right)^n.$$

证明

我们需要证明如下两个引理：

引理 1 设 $x_i>0$，则有

$$\prod_{i=1}^{n}(x_i+1)\geqslant\left(\sqrt[n]{\prod_{i=1}^{n}x_i}+1\right)^n.$$

证明

由赫尔德不等式可以证明结论.

引理 2 设 $x_i>1$，则有

$$\prod_{i=1}^{n}(x_i-1)\leqslant\left(\sqrt[n]{\prod_{i=1}^{n}x_i}-1\right)^n.$$

证明

由引理 1，得

$$\prod_{i=1}^{n}x_i=\prod_{i=1}^{n}[(x_i-1)+1]\geqslant\left(\sqrt[n]{\prod_{i=1}^{n}(x_i-1)}+1\right)^n,$$

整理即得

$$\prod_{i=1}^{n}(x_i-1)\leqslant\left(\sqrt[n]{\prod_{i=1}^{n}x_i}-1\right)^n.$$

回到原题，记

$$R'=\sqrt[n]{\prod_{i=1}^{n}r_i}, S'=\sqrt[n]{\prod_{i=1}^{n}s_i}, T'=\sqrt[n]{\prod_{i=1}^{n}t_i}, U'=\sqrt[n]{\prod_{i=1}^{n}u_i}, V'=\sqrt[n]{\prod_{i=1}^{n}v_i}.$$

由引理 1 和引理 2,得

$$\prod_{i=1}^{n}(r_is_it_iu_iv_i+1)\geqslant(R'S'T'U'V'+1)^n,$$

$$\prod_{i=1}^{n}(r_is_it_iu_iv_i-1)\leqslant(R'S'T'U'V'-1)^n,$$

从而

$$\prod_{i=1}^{n}\left(\frac{r_is_it_iu_iv_i+1}{r_is_it_iu_iv_i-1}\right)\geqslant\left(\frac{R'S'T'U'V'+1}{R'S'T'U'V'-1}\right)^n.$$

令 $f(x)=\dfrac{x+1}{x-1}$,则 $f(x)$ 在 $(1,+\infty)$ 上单调递减,由平均不等式有 $RSTUV\geqslant R'S'T'U'V'$,那么

$$\frac{R'S'T'U'V'+1}{R'S'T'U'V'-1}\geqslant\frac{RSTUV+1}{RSTUV-1},$$

从而

$$\prod_{i=1}^{n}\left(\frac{r_is_it_iu_iv_i+1}{r_is_it_iu_iv_i-1}\right)\geqslant\left(\frac{RSTUV+1}{RSTUV-1}\right)^n.$$

点评

本题主要是用赫尔德不等式得到引理 1 和引理 2,再结合函数的单调性来证明结论.

▶ **例 10** 设 n 是给定的不小于 3 的整数,求最大的正实数 $C=C(n)$,使得不等式

$$\prod_{i=1}^{n}(a_i^{n-1}+n-1)\geqslant C\left(\sum_{i=1}^{n}a_i\right)^{n-1}$$

对任意正实数 $a_1,a_2,\cdots,a_n$ 均成立.

解

当 $a_1=a_2=\cdots=a_n=1$ 时,可得 $C\leqslant n$.

下证 $C=n$ 时,不等式成立. 即证

$$\prod_{i=1}^{n}(a_i^{n-1}+n-1)\geqslant n\left(\sum_{i=1}^{n}a_i\right)^{n-1}. \tag{8}$$

由于 $n\geqslant 3$,那么 $a_1,a_2,\cdots,a_n$ 中至少有两个数在 1 的同一侧,不妨设为 a_1,a_2.

由赫尔德不等式得,

不等式的证明

$$(a_1^{n-1}+a_2^{n-1}+\underbrace{1+\cdots+1}_{n-2})(1+1+a_3^{n-1}+\underbrace{1+\cdots+1}_{n-3})\cdots(\underbrace{1+\cdots+1}_{n-1}+a_n^{n-1}) \geq$$

$$\left(\sum_{i=1}^{n} a_i\right)^{n-1},$$

故欲证明式(8)，只需证

$$(a_1^{n-1}+n-1)(a_2^{n-1}+n-1) \geq n(a_1^{n-1}+a_2^{n-1}+n-2),$$

这等价于

$$(a_1^{n-1}-1)(a_2^{n-1}-1) \geq 0.$$

由 a_1, a_2 在 1 的同一侧知上式成立，从而式(8)获证。

综上可知，所求的最大正实数 $C = n$。

点评

先猜测 C 的最大值，简单尝试后可得 $C \leq n$。对于证明式(8)，由于不等式右边有 $n-1$ 次方，所以我们先凑 $n-1$ 个式子的乘积，然后再进一步证明结论。

演习场

习题 4

1. 设 a,b,c 是正实数,求证:
$$(a^2+ab+b^2)(b^2+bc+c^2)(c^2+ca+a^2) \geqslant (ab+bc+ca)^3.$$

2. 设正实数 a,b,c 满足 $ab+bc+ca=3$,求证:
$$(1+a^2)(1+b^2)(1+c^2) \geqslant 8.$$

3. 设 a,b,c 是正实数,k 是正整数,求证:
$$\frac{a^{k+1}}{b^k}+\frac{b^{k+1}}{c^k}+\frac{c^{k+1}}{a^k} \geqslant \frac{a^k}{b^{k-1}}+\frac{b^k}{c^{k-1}}+\frac{c^k}{a^{k-1}}.$$

4. 设 a,b,c 是正实数,求证:
$$(a^5-a^2+3)(b^5-b^2+3)(c^5-c^2+3) \geqslant (a+b+c)^3.$$

5. 设 $a,b,c,d,e \geqslant 0$,$a^3+b^3=c^3+d^3+e^3+28$,求 $25a+16b-9c-4d-e$ 的最小值.

6. 设 $n(n \geqslant 2)$ 是整数,$a_1,a_2,\cdots,a_n \in \mathbf{R}^*$,求证:
$$(a_1^3+1)(a_2^3+1)\cdots(a_n^3+1) \geqslant (a_1^2 a_2+1)(a_2^2 a_3+1)\cdots(a_n^2 a_1+1).$$

7. 已知正数 a,b,c 满足 $abc=8$,求证:
$$\sqrt{\frac{a^3}{(1+b^3)(1+c^3)}}+\sqrt{\frac{b^3}{(1+c^3)(1+a^3)}}+\sqrt{\frac{c^3}{(1+a^3)(1+b^3)}} \geqslant \frac{2\sqrt{2}}{3}.$$

8. 设 $a_i,b_i,c_i>0$,且满足 $a_i b_i - c_i^2 > 0$,$i=1,2,\cdots,n$,求证:
$$\frac{n^3}{\left(\sum_{i=1}^n a_i\right)\left(\sum_{i=1}^n b_i\right)-\left(\sum_{i=1}^n c_i\right)^2} \leqslant \sum_{i=1}^n \frac{1}{a_i b_i - c_i^2}.$$

9. 设正实数 a,b,c,d 满足 $a+b+c+d=4$,求证:
$$\frac{a}{b^2+b}+\frac{b}{c^2+c}+\frac{c}{d^2+d}+\frac{d}{a^2+a} \geqslant \frac{8}{(a+c)(b+d)}.$$

10. 设正实数 $a_1,a_2,\cdots,a_n,b_1,b_2,\cdots,b_n$ 满足 $a_i > b_i$,$i=1,2,\cdots,n$,且 $\prod_{i=1}^n a_i b_i = 1$,求证:
$$\prod_{i=1}^n a_i - \prod_{i=1}^n b_i \geqslant n \sqrt[n]{\prod_{i=1}^n (a_i-b_i)}.$$

第 5 讲 詹生不等式

5.1 詹生不等式

知识桥

凸函数：设 $f(x)$ 是定义在区间 $[a,b]$ 上的连续函数，若对于任意的 $x_1,x_2 \in [a,b]$，都有

$$f\left(\frac{x_1+x_2}{2}\right) \leqslant (或者 \geqslant) \frac{f(x_1)+f(x_2)}{2},$$

则称 $f(x)$ 是 $[a,b]$ 上的向下凸（或者向上凸）的函数.

若 $f''(x)$ 存在，且 $f''(x) \geqslant 0$（或 $\leqslant 0$），$x \in [a,b]$，则 $f(x)$ 是 $[a,b]$ 上的向下凸（或者向上凸）的函数.

若 $f(x)$ 是 $[a,b]$ 上的向下凸（或者向上凸）的函数，则对任意 $x_1,x_2 \in [a,b]$，$\lambda \in [0,1]$，都有

$$f(\lambda x_1 + (1-\lambda)x_2) \leqslant (或者 \geqslant) \lambda f(x_1) + (1-\lambda) f(x_2).$$

詹生 (Jensen) 不等式：设 $f(x)$ 是 $[a,b]$ 上的向下凸（或者向上凸）的函数，则对任意 $x_1,x_2,\cdots,x_n \in [a,b]$，不等式

$$f\left(\frac{x_1+x_2+\cdots+x_n}{n}\right) \leqslant (或者 \geqslant) \frac{f(x_1)+f(x_2)+\cdots+f(x_n)}{n}$$

成立，其中等号成立的条件是 $x_1 = x_2 = \cdots = x_n$.

一般地，设 $f(x)$ 是 $[a,b]$ 上的向下凸（或者向上凸）的函数，则对任意 $x_1,x_2,\cdots,x_n \in [a,b]$，及满足 $\lambda_1 + \lambda_2 + \cdots + \lambda_n = 1$ 的任意非负实数 $\lambda_1,\lambda_2,\cdots,\lambda_n$，都有

$$f(\lambda_1 x_1 + \lambda_2 x_2 + \cdots + \lambda_n x_n) \leqslant (或者 \geqslant) \lambda_1 f(x_1) + \lambda_2 f(x_2) + \cdots + \lambda_n f(x_n).$$

训练营

例 1 在 $\triangle ABC$ 中,求证:$\cos A+\cos B+\cos C\leqslant\dfrac{3}{2}$.

证明

不妨设 $A\leqslant B\leqslant C$,则 $0<A\leqslant B<\dfrac{\pi}{2}$. 因为 $f(x)=\cos x$ 在 $\left[0,\dfrac{\pi}{2}\right]$ 上是向上凸的函数,所以
$$\cos A+\cos B\leqslant 2\cos\dfrac{A+B}{2}=2\sin\dfrac{C}{2},$$
故只需证
$$2\sin\dfrac{C}{2}+\cos C\leqslant\dfrac{3}{2},$$
即
$$-\dfrac{1}{2}\left(2\sin\dfrac{C}{2}-1\right)^2\leqslant 0,$$
命题得证.

点评

因为 $f(x)=\cos x$ 在 $[0,\pi]$ 上不是向上凸的函数,所以,不能直接用
$$\cos A+\cos B+\cos C\leqslant 3\cos\dfrac{A+B+C}{3}.$$

例 2 设正实数 p,q 满足 $p+q=1$,求证:对任意正实数 x,y,有
$$xy\leqslant px^{\frac{1}{p}}+qy^{\frac{1}{q}}.$$

证明

令 $f(x)=e^x,x\in(-\infty,+\infty)$,则 $f''(x)=e^x>0$,所以 $f(x)$ 是向下凸的函数,于是对正实数 $p,q,p+q=1$ 及实数 x_1,x_2,由詹生不等式得
$$pf(x_1)+qf(x_2)\geqslant f(px_1+qx_2)$$
即
$$pe^{x_1}+qe^{x_2}\geqslant e^{px_1+qx_2},$$
所以,对任意正实数 x,y,令 $x_1=\dfrac{\ln x}{p},x_2=\dfrac{\ln y}{q}$,则
$$pe^{\frac{\ln x}{p}}+qe^{\frac{\ln y}{q}}\geqslant e^{\ln x+\ln y},$$
所以
$$px^{\frac{1}{p}}+qy^{\frac{1}{q}}\geqslant xy.$$

不等式的证明

▶ **例 3** 设 n 是正整数,求证:
$$\sqrt{n}+\sqrt{n+1}+\sqrt{n+2}+\sqrt{n+4}<\sqrt{16n+24}.$$

证明

令 $f(x)=\sqrt{x}$,则 $f''(x)=-\dfrac{1}{4\sqrt{x^3}}<0$,故 $f(x)$ 是向上凸的函数,于是由詹生不等式可得

$$\frac{1}{4}(\sqrt{n}+\sqrt{n+1}+\sqrt{n+2}+\sqrt{n+3})=\frac{1}{4}(f(n)+f(n+1)+f(n+2)+f(n+3))$$

$$<f\left(\frac{n+n+1+n+2+n+3}{4}\right)$$

$$=f\left(n+\frac{3}{2}\right)=\sqrt{n+\frac{3}{2}},$$

所以 $\sqrt{n}+\sqrt{n+1}+\sqrt{n+2}+\sqrt{n+4}<\sqrt{16n+24}.$

▶ **例 4** 设 a,b,x,y,z 都是正实数,满足 $x+y+z=1$,求证:
$$\left(a+\frac{b}{x}\right)\left(a+\frac{b}{y}\right)\left(a+\frac{b}{z}\right)\geqslant(a+3b)^3.$$

证明

令 $f(x)=\ln\left(a+\dfrac{b}{x}\right)$,$x\in(0,+\infty)$,则 $f''(x)=\dfrac{2abx+b^2}{(ax^2+bx)^2}>0$,故 $f(x)$ 是向下凸的函数,于是由詹生不等式得

$$f(x)+f(y)+f(z)\geqslant 3f\left(\frac{x+y+z}{3}\right),$$

即 $\ln\left(a+\dfrac{b}{x}\right)+\ln\left(a+\dfrac{b}{y}\right)+\ln\left(a+\dfrac{b}{z}\right)\geqslant 3\ln\left(a+\dfrac{3b}{x+y+z}\right),$

所以 $\left(a+\dfrac{b}{x}\right)\left(a+\dfrac{b}{y}\right)\left(a+\dfrac{b}{z}\right)\geqslant(a+3b)^3.$

点评

因为欲证的不等式等价于

$$\ln\left(a+\frac{b}{x}\right)+\ln\left(a+\frac{b}{y}\right)+\ln\left(a+\frac{b}{z}\right)\geqslant 3\ln(a+3b),$$

所以很自然地构造函数 $f(x)=\ln\left(a+\dfrac{b}{x}\right)$. 在处理一些"乘积"形式的不等式时,常常可以先两边取对数,再化成"和"的形式.

▶ **例 5** 设 a,b,c 是正实数,求证:
$$\frac{a}{\sqrt{a^2+8bc}}+\frac{b}{\sqrt{b^2+8ca}}+\frac{c}{\sqrt{c^2+8ab}}\geqslant 1.$$

证明

不妨设 $a+b+c=1$,令 $f(x)=\dfrac{1}{\sqrt{x}}$,则 $f(x)$ 是向上凸的函数,于是由詹生不等式
$$af(a^2+8bc)+bf(b^2+8ca)+cf(c^2+8ab)$$
$$\geqslant f(a(a^2+8bc)+b(b^2+8ca)+c(c^2+8ab)),$$
于是只需证明 $a(a^2+8bc)+b(b^2+8ca)+c(c^2+8ab)\leqslant 1$,

上式等价于 $a(a^2+8bc)+b(b^2+8ca)+c(c^2+8ab)\leqslant (a+b+c)^3$
$$\Leftrightarrow a(b-c)^2+b(c-a)^2+c(a-b)^2\geqslant 0,$$
此即舒尔不等式,故原命题得证.

点评

不妨设 $a+b+c=1$,相当于增加了一个条件,又可以用詹生不等式. 事实上,我们是做了代换,令 $a'=\dfrac{a}{a+b+c}, b'=\dfrac{b}{a+b+c}, c'=\dfrac{c}{a+b+c}.$

▶ **例 6** 设 $a,b,c\in(0,1)$,求证:
$$\sqrt{a-a^2}+\sqrt{2b-b^2}+\sqrt{3c-c^2}\leqslant\sqrt{6(a+b+c)-(a+b+c)^2}.$$

证明

令 $a=x, b=2y, c=3z$,则原不等式为
$$\sqrt{x-x^2}+2\sqrt{y-y^2}+3\sqrt{z-z^2}\leqslant 6\sqrt{\frac{x+2y+3z}{6}-\left(\frac{x+2y+3z}{6}\right)^2}.$$

令 $f(x)=\sqrt{x-x^2}$,则 $f(x)$ 是向上凸的函数,注意到 $\dfrac{1}{6}+\dfrac{1}{3}+\dfrac{1}{2}=1$,由詹生不等式可得
$$\frac{1}{6}f(x)+\frac{1}{3}f(y)+\frac{1}{2}f(z)\leqslant f\left(\frac{1}{6}x+\frac{1}{3}y+\frac{1}{2}z\right),$$
即 $\dfrac{1}{6}\sqrt{x-x^2}+\dfrac{1}{3}\sqrt{y-y^2}+\dfrac{1}{2}\sqrt{z-z^2}\leqslant\sqrt{\dfrac{x+2y+3z}{6}-\left(\dfrac{x+2y+3z}{6}\right)^2},$
命题得证.

点评

本题的代换很重要,帮助我们构造函数 $f(x)=\sqrt{x-x^2}$.

▶ **例7** 设正实数 $a_1, a_2, \cdots, a_n$ 满足 $a_1+a_2+\cdots+a_n=1$, $x_1, x_2, \cdots, x_n \in (0,1]$,求证:

$$\frac{a_1}{1+x_1}+\frac{a_2}{1+x_2}+\cdots+\frac{a_n}{1+x_n} \leqslant \frac{1}{1+x_1^{a_1} x_2^{a_2} \cdots x_n^{a_n}}.$$

证明

令 $f(x)=\dfrac{1}{1+e^x}$, $x\in(-\infty,0]$,则

$$f'(x)=-\frac{e^x}{(1+e^x)^2},\quad f''(x)=\frac{e^x(e^x-1)}{(1+e^x)^3}<0,$$

所以 $f(x)$ 是向上凸的函数,于是由詹生不等式

$$\frac{a_1}{1+x_1}+\frac{a_2}{1+x_2}+\cdots+\frac{a_n}{1+x_n}=a_1 f(\ln x_1)+a_2 f(\ln x_2)+\cdots+a_n f(\ln x_n)$$

$$\leqslant f(a_1 \ln x_1+a_2 \ln x_2+\cdots+a_n \ln x_n)$$

$$= f(\ln x_1^{a_1} x_2^{a_2} \cdots x_n^{a_n})=\frac{1}{1+x_1^{a_1} x_2^{a_2} \cdots x_n^{a_n}}.$$

▶ **例8** 设 $x_1, x_2, \cdots, x_n \in \left(\dfrac{1}{2}, 1\right]$,求证:

$$\frac{x_1 x_2 \cdots x_n}{(x_1+x_2+\cdots+x_n)^n} \geqslant \frac{(1-x_1)(1-x_2)\cdots(1-x_n)}{(n-x_1-x_2-\cdots-x_n)^n}.$$

证明

若存在某个 $x_i=1$,则命题显然成立,下设 $x_i<1$, $i=1,2,\cdots,n$. 原不等式等价于

$$\frac{x_1 x_2 \cdots x_n}{(1-x_1)(1-x_2)\cdots(1-x_n)} \geqslant \left(\frac{x_1+x_2+\cdots+x_n}{n-x_1-x_2-\cdots-x_n}\right)^n.$$

令 $f(x)=\ln\dfrac{x}{1-x}$, $x\in\left(\dfrac{1}{2},1\right)$,则

$$f'(x)=\frac{1}{x}+\frac{1}{1-x},\quad f''(x)=-\frac{1}{x^2}+\frac{1}{(1-x)^2}>0,$$

所以,$f(x)$ 是向下凸的函数,于是由詹生不等式得

$$\ln\frac{x_1 x_2 \cdots x_n}{(1-x_1)(1-x_2)\cdots(1-x_n)} = f(x_1) + f(x_2) + \cdots + f(x_n)$$

$$\geqslant nf\left(\frac{x_1+x_2+\cdots+x_n}{n}\right)$$

$$= n\ln\frac{\dfrac{x_1+x_2+\cdots+x_n}{n}}{1-\dfrac{x_1+x_2+\cdots+x_n}{n}}$$

$$= \ln\left(\frac{x_1+x_2+\cdots+x_n}{n-x_1-x_2-\cdots-x_n}\right)^n,$$

所以 $$\frac{x_1 x_2 \cdots x_n}{(1-x_1)(1-x_2)\cdots(1-x_n)} \geqslant \left(\frac{x_1+x_2+\cdots+x_n}{n-x_1-x_2-\cdots-x_n}\right)^n.$$

点评

同例 4 一样,欲证

$$\frac{x_1 x_2 \cdots x_n}{(1-x_1)(1-x_2)\cdots(1-x_n)} \geqslant \left(\frac{x_1+x_2+\cdots+x_n}{n-x_1-x_2-\cdots-x_n}\right)^n,$$

两边取对数,就是要证

$$\ln\frac{x_1}{1-x_1} + \ln\frac{x_2}{1-x_2} + \cdots + \ln\frac{x_n}{1-x_n} \geqslant n\ln\frac{x_1+x_2+\cdots+x_n}{(1-x_1)+(1-x_2)+\cdots+(1-x_n)},$$

所以,构造函数 $f(x) = \ln\dfrac{x}{1-x}$, $x \in \left(\dfrac{1}{2}, 1\right)$.

▶ **例 9** 在 $\triangle ABC$ 中,m_a, m_b, m_c 分别为边 BC, CA, AB 上的中线长,半周长为 s,求证:

$$\sqrt{3}(am_a + bm_b + cm_c) \leqslant 2s^2.$$

证明

方法一 由中线长公式,原不等式等价于

$$\sqrt{3}(a+b+c)\sum\frac{a}{a+b+c} \cdot \sqrt{\frac{2b^2+2c^2-a^2}{4}} \leqslant \frac{(a+b+c)^2}{2}. \tag{1}$$

令 $f(x) = \sqrt{x}$,则 $f(x)$ 为向上凸的函数,由詹生不等式可得

$$\frac{a}{a+b+c}f\left(\frac{2b^2+2c^2-a^2}{4}\right) + \frac{b}{a+b+c}f\left(\frac{2c^2+2a^2-b^2}{4}\right) + \frac{c}{a+b+c}f\left(\frac{2a^2+2b^2-c^2}{4}\right)$$

$$\leqslant f\left(\frac{a}{a+b+c} \cdot \frac{2b^2+2c^2-a^2}{4} + \frac{b}{a+b+c} \cdot \frac{2c^2+2a^2-b^2}{4} + \frac{c}{a+b+c} \cdot \frac{2a^2+2b^2-c^2}{4}\right),$$

即

$$\sum\frac{a}{a+b+c}\sqrt{\frac{2b^2+2c^2-a^2}{4}} \leqslant \sqrt{\sum\frac{a}{a+b+c} \cdot \frac{2b^2+2c^2-a^2}{4}},$$

故只需证明
$$3\sum a(2b^2+2c^2-a^2) \leqslant (a+b+c)^3. \tag{2}$$

令 $a=y+z, b=z+x, c=x+y$,则②等价于
$$\sum (2x^3+3x^2y+3xy^2) \geqslant 24xyz.$$

由平均不等式
$$\sum (2x^3+3x^2y+3xy^2)$$
$$\geqslant 24\sqrt[24]{x^3 \cdot x^3 \cdot x^2y \cdot x^2y \cdot x^2y \cdot xy^2 \cdot xy^2 \cdot xy^2 \cdot y^3 \cdot \cdots \cdot zx^2}$$
$$=24xyz,$$

故原不等式成立.

方法二 令 $f(x)=\sqrt{K-x^2}$,其中 $K=\dfrac{a^2+b^2+c^2}{2}$,则
$$m_a=f\left(\dfrac{\sqrt{3}}{2}a\right), m_b=f\left(\dfrac{\sqrt{3}}{2}b\right), m_c=f\left(\dfrac{\sqrt{3}}{2}c\right).$$

因为 $f'(x)=-\dfrac{x}{\sqrt{K-x^2}}, f''(x)=-\dfrac{K}{(\sqrt{K-x^2})^3}<0$. 所以,$f(x)$ 为向上凸的函数,由詹生不等式可得
$$\dfrac{a}{a+b+c}m_a+\dfrac{b}{a+b+c}m_b+\dfrac{c}{a+b+c}m_c$$
$$=\dfrac{a}{a+b+c}f\left(\dfrac{\sqrt{3}}{2}a\right)+\dfrac{b}{a+b+c}f\left(\dfrac{\sqrt{3}}{2}b\right)+\dfrac{c}{a+b+c}f\left(\dfrac{\sqrt{3}}{2}c\right)$$
$$\leqslant f\left(\dfrac{a}{a+b+c}\cdot\dfrac{\sqrt{3}}{2}a+\dfrac{b}{a+b+c}\cdot\dfrac{\sqrt{3}}{2}b+\dfrac{c}{a+b+c}\cdot\dfrac{\sqrt{3}}{2}c\right),$$

即
$$\sqrt{3}(am_a+bm_b+cm_c) \leqslant \sqrt{3}(a+b+c)f\left(\dfrac{\sqrt{3}(a^2+b^2+c^2)}{2(a+b+c)}\right)$$
$$=\sqrt{12Ks^2-9K^2},$$

当且仅当 $a=b=c$ 时等号成立.

又
$$\sqrt{12Ks^2-9K^2} \leqslant 2s^2 \Leftrightarrow 4s^4-12Ks^2+9K^2 \geqslant 0$$
$$\Leftrightarrow (2s^2-3K)^2 \geqslant 0,$$

故原不等式成立.

▶ **例10** 设 $x_1, x_2, \cdots, x_n (n \geqslant 2)$ 都是正数,且 $\sum\limits_{i=1}^{n} x_i=1$,求证:

$$\sum_{i=1}^{n} \frac{x_i}{\sqrt{1-x_i}} \geqslant \frac{\sum_{i=1}^{n} \sqrt{x_i}}{\sqrt{n-1}}.$$

证明

令 $f(x) = \frac{x}{\sqrt{1-x}}, x \in (0,1)$. 由于 $f''(x) > 0 (x \in (0,1))$, 所以, $f(x)$ 在 $(0, 1)$ 上是向下凸的函数. 因此对于 $x_1, x_2, \cdots, x_n$, 由詹生不等式有

$$f\left(\frac{x_1 + x_2 + \cdots + x_n}{n}\right) \leqslant \frac{1}{n}(f(x_1) + f(x_2) + \cdots + f(x_n)),$$

因而题中的不等式左边

$$\sum_{i=1}^{n} \frac{x_i}{\sqrt{1-x_i}} = \sum_{i=1}^{n} f(x_i) \geqslant n \cdot f\left(\frac{\sum_{i=1}^{n} x_i}{n}\right)$$

$$= n \cdot f\left(\frac{1}{n}\right) = n \cdot \frac{1}{n} \cdot \frac{\sqrt{n}}{\sqrt{n-1}}$$

$$= \frac{\sqrt{n}}{\sqrt{n-1}} = 右边.$$

5.2 詹生不等式的变形

知识桥

定理 设 $f(x)$ 是定义在区间 $[a,b]$ 上的连续函数,若对于任意的 $x_1,x_2 \in [a,b]$,都有

$$f(x_1)+f(x_2) \geqslant 2f(\sqrt{x_1 x_2}),$$

则对任意 $x_1,x_2,\cdots,x_n \in [a,b]$,均有

$$f(x_1)+f(x_2)+\cdots+f(x_n) \geqslant nf(\sqrt[n]{x_1 x_2 \cdots x_n}).$$

证明

对 n 用数学归纳法.

当 $n=2$ 时,命题成立.

假设命题对 $n=2^k$(k 是正整数)成立,则当 $n=2^{k+1}$ 时,由归纳假设及 $n=2$ 时的结论可得

$$f(x_1)+f(x_2)+\cdots+f(x_n) = f(x_1)+\cdots+f(x_{2^k})+f(x_{2^k+1})+\cdots+f(x_{2^{k+1}})$$

$$\geqslant 2^k f(\sqrt[2^k]{x_1 \cdots x_{2^k}}) + 2^k f(\sqrt[2^k]{x_{2^k+1} \cdots x_{2^{k+1}}})$$

$$= 2^k(f(\sqrt[n]{x_1 \cdots x_{2^k}}) + f(\sqrt[n]{x_{2^k+1} \cdots x_{2^{k+1}}}))$$

$$\geqslant 2^k \cdot 2f(\sqrt{\sqrt[2^k]{x_1 \cdots x_{2^k}} \cdot \sqrt[2^k]{x_{2^k+1} \cdots x_{2^{k+1}}}})$$

$$= 2^{k+1} f(\sqrt[2^{k+1}]{x_1 x_2 \cdots x_{2^{k+1}}}),$$

从而命题对具有 $n=2^k$(k 是正整数)形式的正整数 n 成立.

现假设命题对 $n=m+1$(m 是正整数)时成立. 当 $n=m$ 时,令 $x_{m+1} = \sqrt[m]{x_1 x_2 \cdots x_m}$,由归纳假设可得

$$f(x_1)+f(x_2)+\cdots+f(x_{m+1}) \geqslant (m+1)f(\sqrt[m+1]{x_1 x_2 \cdots x_m x_{m+1}})$$

所以

$$f(x_1)+f(x_2)+\cdots+f(\sqrt[m]{x_1 x_2 \cdots x_m}) \geqslant (m+1)f(\sqrt[m+1]{x_1 x_2 \cdots x_m \sqrt[m]{x_1 x_2 \cdots x_m}})$$

$$= (m+1)f(\sqrt[m]{x_1 x_2 \cdots x_m}),$$

所以 $f(x_1)+f(x_2)+\cdots+f(x_m) \geqslant m f(\sqrt[m]{x_1 x_2 \cdots x_m})$.

故当 $n=m$ 时,命题也成立.

所以,由数学归纳法知命题成立.

这里用的数学归纳法称为"反向数学归纳法",即先证明命题对无穷多个正整数成立,然后假设命题对 $n=k+1$ 时成立,进而推出命题在 $n=k$ 时也成立,故命题对所有的正整数成立. 我们在第 1 章中证明平均不等式时也用过这个方法.

训练营

▶**例 1** 设 $x_1,x_2,\cdots,x_n \in [1,+\infty)(n \geqslant 2)$,求证:

$$\frac{1}{1+x_1}+\frac{1}{1+x_2}+\cdots+\frac{1}{1+x_n} \geqslant \frac{n}{1+\sqrt[n]{x_1 x_2 \cdots x_n}}.$$

证明

令 $f(x)=\dfrac{1}{1+x}$,因为

$$\frac{1}{1+x_1}+\frac{1}{1+x_2}-\frac{2}{1+\sqrt{x_1 x_2}}=\frac{(2+x_1+x_2)(1+\sqrt{x_1 x_2})-2(1+x_1)(1+x_2)}{(1+x_1)(1+x_2)(1+\sqrt{x_1 x_2})}$$

$$=\frac{(\sqrt{x_1}-\sqrt{x_2})^2(\sqrt{x_1 x_2}-1)}{(1+x_1)(1+x_2)(1+\sqrt{x_1 x_2})} \geqslant 0,$$

即 $f(x_1)+f(x_2) \geqslant 2 f(\sqrt{x_1 x_2})$,

从而 $f(x_1)+f(x_2)+\cdots+f(x_n) \geqslant n f(\sqrt[n]{x_1 x_2 \cdots x_n})$,

故 $\dfrac{1}{1+x_1}+\dfrac{1}{1+x_2}+\cdots+\dfrac{1}{1+x_n} \geqslant \dfrac{n}{1+\sqrt[n]{x_1 x_2 \cdots x_n}}.$

演习场

习题 5

1. 在 $\triangle ABC$ 中,证明:$\sin A + \sin B + \sin C \leqslant \dfrac{3\sqrt{3}}{2}$.

2. 在 $\triangle ABC$ 中,证明:$\sin\dfrac{A}{2}\sin\dfrac{B}{2}\sin\dfrac{C}{2} \leqslant \dfrac{1}{8}$.

3. 在 $\triangle ABC$ 中,求证:

$$\sqrt{\tan\dfrac{A}{2}\tan\dfrac{B}{2}+5} + \sqrt{\tan\dfrac{B}{2}\tan\dfrac{C}{2}+5} + \sqrt{\tan\dfrac{C}{2}\tan\dfrac{A}{2}+5} \leqslant 4\sqrt{3}.$$

4. 在 $\triangle ABC$ 中,求证:$\dfrac{1}{\sin A} + \dfrac{1}{\sin B} + \dfrac{1}{\sin C} \geqslant 2\sqrt{3}$.

5. 设 m 是大于 2 的实数,在 $\triangle ABC$ 中,求证:

$$\tan\dfrac{A}{m} + \tan\dfrac{B}{m} + \tan\dfrac{C}{m} \geqslant 3\tan\dfrac{\pi}{3m}.$$

6. 设 a,b,k 都是正实数,$a+b=1$,求证:

$$\left(a+\dfrac{1}{a}\right)^k + \left(b+\dfrac{1}{b}\right)^k \geqslant \dfrac{5^k}{2^{k-1}}.$$

7. 正实数 x,y,z 满足 $x+y+z=1$,求证:

$$\left(x+\dfrac{1}{x^2}\right)\left(y+\dfrac{1}{y^2}\right)\left(z+\dfrac{1}{z^2}\right) \geqslant \left(\dfrac{28}{3}\right)^3.$$

8. 设正实数 a,b,c 满足 $abc=1$,求证:

$$\dfrac{a^2}{\sqrt{1+a}} + \dfrac{b^2}{\sqrt{1+b}} + \dfrac{c^2}{\sqrt{1+c}} \geqslant 2.$$

9. 设正实数 a,b,c,d 满足 $a+b+c+d=4$,求证:

$$\dfrac{a}{b^2+b} + \dfrac{b}{c^2+c} + \dfrac{c}{d^2+d} + \dfrac{d}{a^2+a} \geqslant \dfrac{8}{(a+c)(b+d)}.$$

10. 设半径为 1 的半圆周上依次有 $n+1(n\geqslant 2)$ 个点 $A_1, A_2, \cdots, A_{n+1}$,线段 A_iA_{i+1} 的长度分别是 $a_i, i=1,2,\cdots,n$,求证:

$$\sum_{i=1}^{n} a_i^2 + \sum_{i=1}^{n} a_i a_{i+1} a_{i+2} < 2(n+\pi),$$

其中 $a_{n+1}=a_1, a_{n+2}=a_2$.

11. 设整数 $n \geqslant 2, a_1, a_2, \cdots, a_n$ 为正实数,证明:
$$\left[\frac{\sum\limits_{j=1}^{n} \sqrt[j]{a_1 \cdots a_j}}{\sum\limits_{j=1}^{n} a_j}\right]^{\frac{1}{n}} + \frac{\sqrt[n]{a_1 a_2 \cdots a_n}}{\sum\limits_{j=1}^{n} \sqrt[j]{a_1 \cdots a_j}} \leqslant \frac{n+1}{n}.$$

第 6 讲　其他初等不等式

6.1　阿贝尔不等式

知识桥

阿贝尔(Abel)变换：设 $a_1,a_2,\cdots,a_n$ 和 $b_1,b_2,\cdots,b_n$ 是两个实数列，记
$$S_k=a_1+\cdots+a_k, k=1,2,\cdots,n,$$
则
$$\sum_{k=1}^{n}a_kb_k=b_nS_n+\sum_{k=1}^{n-1}(b_k-b_{k+1})S_k.$$

证明

因为
$$b_nS_n+\sum_{k=1}^{n-1}(b_k-b_{k+1})S_k$$
$$=b_nS_n+(b_{n-1}-b_n)S_{n-1}+(b_{n-2}-b_{n-1})S_{n-2}+\cdots+(b_1-b_2)S_1$$
$$=b_n(S_n-S_{n-1})+b_{n-1}(S_{n-1}-S_{n-2})+\cdots+b_2(S_2-S_1)+b_1S_1$$
$$=a_nb_n+a_{n-1}b_{n-1}+\cdots+a_2b_2+a_1b_1,$$
故
$$\sum_{k=1}^{n}a_kb_k=b_nS_n+\sum_{k=1}^{n-1}(b_k-b_{k+1})S_k.$$

阿贝尔不等式：设 $a_1,a_2,\cdots,a_n,b_1,b_2,\cdots,b_n$ 是实数，满足 $b_1\geqslant b_2\geqslant\cdots\geqslant b_n>0$，
$$m\leqslant\sum_{i=1}^{t}a_i\leqslant M, t=1,2,\cdots,n,$$
则
$$b_1m\leqslant\sum_{k=1}^{n}a_kb_k\leqslant b_1M.$$

证明

令 $S_k = a_1 + \cdots + a_k, k = 1, 2, \cdots, n$,则由阿贝尔公式

$$\sum_{k=1}^{n} a_k b_k = b_n S_n + \sum_{k=1}^{n-1} (b_k - b_{k+1}) S_k$$

$$\geq b_n m + \sum_{k=1}^{n-1} (b_k - b_{k+1}) m = b_1 m,$$

$$\sum_{k=1}^{n} a_k b_k = b_n S_n + \sum_{k=1}^{n-1} (b_k - b_{k+1}) S_k$$

$$\geq b_n M + \sum_{k=1}^{n-1} (b_k - b_{k+1}) M = b_1 M,$$

故命题得证.

训练营

▶ **例 1** 已知整数 $n > 1$,实数 $x_1, x_2, \cdots, x_n$ 满足

$$x_1 + x_2 + \cdots + x_n = 0, |x_1| + |x_2| + \cdots + |x_n| = 1,$$

求证:
$$\left| x_1 + \frac{x_2}{2} + \cdots + \frac{x_n}{n} \right| \leq \frac{1}{2}.$$

证明

令 $S_k = x_1 + \cdots + x_k, k = 1, 2, \cdots, n$. 设 $x_1, x_2, \cdots, x_n$ 中负实数的和为 a,正实数的和为 b,则由题设条件知

$$a + b = 0, -a + b = 1,$$

所以 $a = -\frac{1}{2}, b = \frac{1}{2}$. 于是

$$-\frac{1}{2} \leq S_k \leq \frac{1}{2},$$

即
$$|S_k| \leq \frac{1}{2}, k = 1, 2, \cdots, n.$$

由阿贝尔变换可得

$$x_1 + \frac{x_2}{2} + \cdots + \frac{x_n}{n} = \sum_{i=1}^{n} \frac{1}{i} \cdot x_i = \frac{1}{n} S_n + \sum_{i=1}^{n-1} \left(\frac{1}{i} - \frac{1}{i+1} \right) S_i,$$

所以
$$\left| x_1 + \frac{x_2}{2} + \cdots + \frac{x_n}{n} \right| = \left| \sum_{i=1}^{n-1} \left(\frac{1}{i} - \frac{1}{i+1} \right) S_i \right|$$

$$\leq \sum_{i=1}^{n-1} \left(\frac{1}{i} - \frac{1}{i+1} \right) |S_i|$$

$$\leqslant \frac{1}{2}\sum_{i=1}^{n-1}\left(\frac{1}{i}-\frac{1}{i+1}\right)$$
$$=\frac{1}{2}\left(1-\frac{1}{n}\right)<\frac{1}{2},$$

从而命题得证.

点评

本题主要是用阿贝尔变换把 $x_1+\frac{x_2}{2}+\cdots+\frac{x_n}{n}$ 变形成关于 S_i 的式子,再利用 $|S_i|\leqslant \frac{1}{2}$ 这个性质进行放缩.

▶**例2** 设实数 $a_1,a_2,\cdots,a_n$ 和 $b_1,b_2,\cdots,b_n$ 满足 $b_1\leqslant b_2\leqslant\cdots\leqslant b_n$,且
$$a_1^2+a_2^2+\cdots+a_k^2\leqslant b_1^2+b_2^2+\cdots+b_k^2, k=1,2,\cdots,n,$$

求证:
$$b_1+b_2+\cdots+b_n\geqslant\frac{a_1^2}{b_1}+\frac{a_2^2}{b_2}+\cdots+\frac{a_n^2}{b_n}.$$

证明

由阿贝尔变换可得
$$\frac{a_1^2}{b_1}+\frac{a_2^2}{b_2}+\cdots+\frac{a_n^2}{b_n}=\sum_{i=1}^{n}\frac{1}{b_i}\cdot a_i^2$$
$$=\frac{1}{n}\sum_{i=1}^{n}a_i^2+\sum_{k=1}^{n-1}\left(\frac{1}{b_k}-\frac{1}{b_{k+1}}\right)\left(\sum_{i=1}^{k}a_i^2\right)$$
$$\leqslant \frac{1}{n}\sum_{i=1}^{n}b_i^2+\sum_{k=1}^{n-1}\left(\frac{1}{b_k}-\frac{1}{b_{k+1}}\right)\left(\sum_{i=1}^{k}b_i^2\right)$$
$$=\sum_{i=1}^{n}\frac{1}{b_i}\cdot b_i^2$$
$$=b_1+b_2+\cdots+b_n.$$

点评

用阿贝尔变换来处理 $\sum_{k=1}^{n}a_k b_k$,关键是选择合适的 $a_i,b_i,i=1,2,\cdots,n$,使得 $b_1\geqslant b_2\geqslant\cdots\geqslant b_n>0$,且 $\sum_{i=1}^{k}a_i,k=1,2,\cdots,n$ 任意计算.

▶**例3** 设实数 $a_1,a_2,\cdots,a_n$ 和 $b_1,b_2,\cdots,b_n$ 满足 $a_1\geqslant a_2\geqslant\cdots\geqslant a_n>0$,且

$$\sum_{i=1}^{k} a_i \leqslant \sum_{i=1}^{k} b_i, k=1,2,\cdots,n,$$

求证：

(1) $\sum_{i=1}^{n} a_i^2 \leqslant \sum_{i=1}^{n} b_i^2$；

(2) $\sum_{i=1}^{n} a_i^3 \leqslant \sum_{i=1}^{n} a_i b_i^2$.

证明

(1) 由阿贝尔变换可得

$$\sum_{i=1}^{n} a_i^2 = a_n \sum_{i=1}^{n} a_i + \sum_{k=1}^{n-1} (a_k - a_{k+1})\left(\sum_{i=1}^{k} a_i\right)$$

$$\leqslant a_n \sum_{i=1}^{n} b_i + \sum_{k=1}^{n-1} (a_k - a_{k+1})\left(\sum_{i=1}^{k} b_i\right)$$

$$= \sum_{i=1}^{n} a_i b_i.$$

由柯西不等式得

$$\left(\sum_{i=1}^{n} a_i^2\right)\left(\sum_{i=1}^{n} b_i^2\right) \geqslant \left(\sum_{i=1}^{n} a_i b_i\right)^2,$$

所以

$$\left(\sum_{i=1}^{n} a_i^2\right)\left(\sum_{i=1}^{n} b_i^2\right) \geqslant \left(\sum_{i=1}^{n} a_i^2\right)^2,$$

于是

$$\sum_{i=1}^{n} a_i^2 \leqslant \sum_{i=1}^{n} b_i^2.$$

(2) 由阿贝尔变换可得

$$\sum_{i=1}^{n} a_i^3 = a_n^2 \sum_{i=1}^{n} a_i + \sum_{k=1}^{n-1} (a_k^2 - a_{k+1}^2)\left(\sum_{i=1}^{k} a_i\right)$$

$$\leqslant a_n^2 \sum_{i=1}^{n} b_i + \sum_{k=1}^{n-1} (a_k^2 - a_{k+1}^2)\left(\sum_{i=1}^{k} b_i\right)$$

$$= \sum_{i=1}^{n} a_i^2 b_i = \sum_{i=1}^{n} a_i^{\frac{3}{2}} \cdot a_i^{\frac{1}{2}} b_i.$$

由柯西不等式得

$$\left(\sum_{i=1}^{n} a_i^{\frac{3}{2}} \cdot a_i^{\frac{1}{2}} b_i\right)^2 \leqslant \left(\sum_{i=1}^{n} a_i^3\right)\left(\sum_{i=1}^{n} a_i b_i^2\right),$$

所以

$$\sum_{i=1}^{n} a_i^3 \leqslant \sum_{i=1}^{n} a_i b_i^2.$$

点评

这是著名的钟开莱不等式. 本题主要是通过阿贝尔变换并结合柯西不等式进行证明.

▶ **例 4** 设 $-1 < x_1 < x_2 < \cdots < x_n < 1, y_1 < y_2 < \cdots < y_n$,且满足:
$$x_1 + x_2 + \cdots + x_n = x_1^{13} + x_2^{13} + \cdots + x_n^{13},$$
求证: $x_1^{13} y_1 + x_2^{13} y_2 + \cdots + x_n^{13} y_n < x_1 y_1 + x_2 y_2 + \cdots + x_n y_n.$

证明

欲证的原不等式等价于
$$\sum_{i=1}^{n} y_i (x_i^{13} - x_i) < 0.$$

先证 $x_1^{13} + x_2^{13} + \cdots + x_k^{13} \geqslant x_1 + x_2 + \cdots + x_k, k = 1, 2, \cdots, n.$

设 $-1 < x_1 < \cdots < x_j < 0 \leqslant x_{j+1} < \cdots < x_n < 1$,因为
$$x_k^{13} + \cdots + x_n^{13} \leqslant x_k + \cdots + x_n, k = j+1, \cdots, n,$$
所以 $x_1^{13} + x_2^{13} + \cdots + x_{k-1}^{13} \geqslant x_1 + x_2 + \cdots + x_{k-1}, k = j+1, \cdots, n.$

对于 $k = 1, \cdots, j$,由阿贝尔公式
$$\sum_{i=1}^{k} x_i (x_i^{12} - 1) = x_k \sum_{i=1}^{k} (x_i^{12} - 1) + \sum_{i=1}^{k-1} (x_i - x_{i+1})(x_1^{12} + \cdots + x_i^{12} - i).$$

因为 $-1 < x_1 < x_2 < \cdots < x_k < 0$,所以 $x_1^{12} + x_2^{12} + \cdots + x_i^{12} - i < 0, i = 1, \cdots, k.$
于是
$$\sum_{i=1}^{k} x_i (x_i^{12} - 1) \geqslant 0,$$
即 $x_1^{13} + x_2^{13} + \cdots + x_k^{13} \geqslant x_1 + x_2 + \cdots + x_k, k = 1, \cdots, j.$

故 $x_1^{13} + x_2^{13} + \cdots + x_k^{13} \geqslant x_1 + x_2 + \cdots + x_k, k = 1, 2, \cdots, n.$

再由阿贝尔公式得
$$\sum_{i=1}^{n} y_i (x_i^{13} - x_i) = y_n \sum_{i=1}^{n} (x_i^{13} - x_i) + \sum_{i=1}^{n-1} (y_i - y_{i+1}) \sum_{k=1}^{i} (x_k^{13} - x_k)$$
$$= \sum_{i=1}^{n-1} (y_i - y_{i+1}) \sum_{k=1}^{i} (x_k^{13} - x_k) < 0,$$

从而命题得证.

点评

本题先要对变量正负分离,再使用阿贝尔变换来进行证明.

▶ **例 5** 设 $a_1, a_2, \cdots, a_n (n > 3)$ 是实数. 求证:
$$\sum_{i=1}^{n} a_i^2 \geqslant \sum_{i=1}^{n-1} a_i a_{i+1} + \frac{1}{n^3} \left(\sum_{i=1}^{n} a_i\right)^2.$$

证明

由阿贝尔变换可得
$$\sum_{i=1}^{n} a_i = 1 \cdot a_n + 1 \cdot a_{n-1} + \cdots + 1 \cdot a_1$$
$$= a_1 n + (a_2 - a_1)(n-1) + \cdots + (a_n - a_{n-1}).$$

由柯西不等式得
$$\left(\sum_{i=1}^{n} a_i\right)^2 = (a_1 n + (a_2 - a_1)(n-1) + \cdots + (a_n - a_{n-1}))^2$$
$$\leqslant (n^2 + (n-1)^2 + \cdots + 1^2)(a_1^2 + (a_2 - a_1)^2 + \cdots + (a_n - a_{n-1})^2)$$
$$= \frac{n(n+1)(2n+1)}{6}(2a_1^2 + 2a_2^2 + \cdots + 2a_{n-1}^2 + a_n^2 - 2a_1 a_2 - 2a_2 a_3 - \cdots - 2a_{n-1} a_n)$$
$$\leqslant \frac{n(n+1)(2n+1)}{3}(a_1^2 + a_2^2 + \cdots + a_{n-1}^2 + a_n^2 - a_1 a_2 - a_2 a_3 - \cdots - a_{n-1} a_n),$$

所以 $\sum_{i=1}^{n} a_i^2 - \sum_{i=1}^{n-1} a_i a_{i+1} \geqslant \frac{3}{n(n+1)(2n+1)} \left(\sum_{i=1}^{n} a_i\right)^2 > \frac{1}{n^3} \left(\sum_{i=1}^{n} a_i\right)^2$

故 $\sum_{i=1}^{n} a_i^2 \geqslant \sum_{i=1}^{n-1} a_i a_{i+1} + \frac{1}{n^3} \left(\sum_{i=1}^{n} a_i\right)^2.$

▶ **例 6** 设 $a_1, a_2, \cdots, a_n$ 是 n 个非负实数,记 $S_k = \sum_{i=1}^{k} a_i, 1 \leqslant k \leqslant n$. 证明:
$$\sum_{i=1}^{n} \left(a_i S_i \sum_{j=i}^{n} a_j^2\right) \leqslant \sum_{i=1}^{n} (a_i S_i)^2.$$

证明

方法一 令 $b_i = a_i S_i, c_i = \sum_{j=i}^{n} a_j^2, i = 1, 2, \cdots, n.$

则原不等式等价于

$$\sum_{i=1}^{n} b_i c_i \leqslant \sum_{i=1}^{n} b_i^2. \tag{1}$$

注意到对 $1 \leqslant i \leqslant n$,有
$$B_i = b_1 + b_2 + \cdots + b_i = a_1 S_1 + a_2 S_2 + \cdots + a_i S_i$$
$$\leqslant (a_1 + a_2 + \cdots + a_i) S_i = S_i^2.$$

故由阿贝尔变换有
$$\sum_{i=1}^{n} b_i c_i = \sum_{i=1}^{n-1} B_i (c_i - c_{i+1}) + B_n c_n$$
$$\leqslant \sum_{i=1}^{n-1} (a_i S_i)^2 + B_n c_n$$
$$\leqslant \sum_{i=1}^{n} (a_i S_i)^2 = \sum_{i=1}^{n} b_i^2.$$

故式(1)成立,所以原不等式成立.

方法二 注意到下面的恒等式
$$\sum_{i=1}^{n} \left(a_i S_i \sum_{j=i}^{n} a_j^2 \right) = \sum_{j=1}^{n} \left(a_j^2 \sum_{i=1}^{j} a_i S_i \right).$$

故要证明原不等式,只需证明
$$\sum_{j=1}^{n} \left(a_j^2 \sum_{i=1}^{j} a_i S_i \right) \leqslant \sum_{j=1}^{n} a_j^2 S_j^2.$$

对 $1 \leqslant j \leqslant n$,比较上式两端 a_j^2 的系数,要使得上式成立,只需证明
$$\sum_{i=1}^{j} a_i S_i \leqslant S_j^2.$$

事实上,$\sum_{i=1}^{j} a_i S_i \leqslant \left(\sum_{i=1}^{j} a_j \right) S_j = S_j^2.$ 故上式成立.

所以,原不等式成立.

▶ **例 7** 对任意 $x \in \mathbf{R}$,求证:$\left| \sum_{k=1}^{\infty} \frac{\sin kx}{k} \right| \leqslant 2\sqrt{\pi}.$

证明

记不等式左端和式为 $f(x)$. 由 $f(0) = f(\pi) = 0$ 可见 $x = 0$ 或者 $x = \pi$ 时不等式成立. 又 $|f(x)|$ 是偶函数,且以 π 为周期,故只需就 $x \in (0, \pi)$ 讨论即可.

对固定的 $x \in (0, \pi)$,取 $m \in \mathbf{N}$,使 $m \leqslant \frac{\sqrt{\pi}}{x} < m+1$. 而
$$\left| \sum_{k=1}^{\infty} \frac{\sin kx}{k} \right| \leqslant \left| \sum_{k=1}^{m} \frac{\sin kx}{k} \right| + \left| \sum_{k=m+1}^{\infty} \frac{\sin kx}{k} \right|,$$

这里约定,当 $m=0$ 时,上式右端第一项为零,第二项的下标从 1 开始.

因为 $|\sin x| \leqslant |x|$,故
$$\left|\sum_{k=1}^{m}\frac{\sin kx}{k}\right| \leqslant \sum_{k=1}^{m}\frac{kx}{k} = mx \leqslant \sqrt{\pi}.$$

又记 $S_i = \sum_{k=m+1}^{i}\sin kx, (i=m+1,m+2,\cdots)$,则
$$S_i \cdot \sin\frac{x}{2} = \frac{1}{2}\sum_{k=m+1}^{i}\left[\cos\left(k-\frac{1}{2}\right)x - \cos\left(k+\frac{1}{2}\right)x\right]$$
$$= \frac{1}{2}\left[\cos\left(m+\frac{1}{2}\right)x - \cos\left(i+\frac{1}{2}\right)x\right],$$

所以 $|S_i| \leqslant \dfrac{1}{\sin\dfrac{x}{2}} (i=m+1,m+2,\cdots)$,从而
$$M = \max_{i=m+1,m+2,\cdots} S_i \leqslant \frac{1}{\sin\dfrac{x}{2}},$$
$$m = \min_{i=m+1,m+2,\cdots} S_i \geqslant -\frac{1}{\sin\dfrac{x}{2}}.$$

令 $a_k = \sin kx, b_k = \dfrac{1}{k} (k=m+1,m+2,\cdots)$,有 $b_{m+1} > b_{m+2} > \cdots$,于是由阿贝尔不等式
$$mb_{m+1} \leqslant \sum_{k=m+1}^{\infty}\frac{\sin kx}{k} = \sum_{k=m+1}^{\infty}a_k b_k \leqslant Mb_{m+1},$$
即
$$\left|\sum_{k=m+1}^{\infty}\frac{\sin kx}{k}\right| \leqslant \frac{1}{m+1}\frac{1}{\sin\dfrac{x}{2}}.$$

由于当 $x \in \left(0, \dfrac{\pi}{2}\right]$ 时,$\sin x \geqslant \dfrac{2}{\pi} \cdot x$. 所以当 $x \in (0, \pi)$ 时,
$$\sin\frac{x}{2} > \frac{2}{\pi} \cdot \frac{x}{2} = \frac{x}{\pi}.$$

于是
$$\left|\sum_{k=m+1}^{\infty}\frac{\sin kx}{k}\right| \leqslant \frac{\pi}{x} \cdot \frac{1}{m+1} \leqslant \frac{\pi}{x} \cdot \frac{x}{\sqrt{\pi}} = \sqrt{\pi},$$

所以
$$\left|\sum_{k=1}^{\infty}\frac{\sin kx}{k}\right| \leqslant \sqrt{\pi} + \sqrt{\pi} = 2\sqrt{\pi}.$$

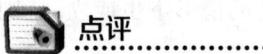
点评

本题十分困难,需要把和式断开成两项,用不同方法进行估计,其中一类用

$|\sin x|\leqslant|x|$ 进行估计,另一类用阿贝尔变换进行估计,综合起来得到结论.

▶**例8** 设 n,k 为给定的大于 1 的整数,非负实数 $a_1,a_2,\cdots,a_n$;$c_1,c_2,\cdots,c_n$ 满足:

(1) $a_1\geqslant a_2\geqslant\cdots\geqslant a_n$,且 $a_1+a_2+\cdots+a_n=1$;

(2) 对 $m=1,2,\cdots,n$,有 $c_1+c_2+\cdots+c_m\leqslant m^k$.

求 $c_1a_1^k+c_2a_2^k+\cdots+c_na_n^k$ 的最大值.

解

由阿贝尔变换得
$$c_1a_1^k+c_2a_2^k+\cdots+c_na_n^k$$
$$=(c_1+c_2+\cdots+c_n)a_n^k+(c_1+c_2+\cdots+c_{n-1})(a_{n-1}^k-a_n^k)$$
$$+\cdots+(c_1+c_2)(a_2^k-a_3^k)+c_1(a_1^k-a_2^k)$$
$$\leqslant n^ka_n^k+(n-1)^k(a_{n-1}^k-a_n^k)+\cdots+2^k(a_2^k-a_3^k)+1^k(a_1^k-a_2^k)$$
$$=(n^k-(n-1)^k)a_n^k+\cdots+(2^k-1^k)a_2^k+1^k\cdot a_1^k$$
$$=\sum_{i=1}^n(i^k-(i-1)^k)a_i^k. \tag{2}$$

下面证明:对 $t=1,2,\cdots,n$,有
$$\sum_{i=1}^t(i^k-(i-1)^k)a_i^k\leqslant S_t^k, \tag{3}$$

其中 $S_t=a_1+a_2+\cdots+a_t$.

当 $t=1$ 时,式(3)显然成立.假设式(3)在 $t-1(2\leqslant t\leqslant n)$ 时成立,则
$$\sum_{i=1}^t(i^k-(i-1)^k)a_i^k=\left(\sum_{i=1}^{t-1}(i^k-(i-1)^k)a_i^k\right)+(t^k-(t-1)^k)a_t^k$$
$$\leqslant S_{t-1}^k+(t^k-(t-1)^k)a_t^k. \tag{4}$$

由 $a_1\geqslant\cdots\geqslant a_{t-1}\geqslant a_t\geqslant 0$,易得 $S_{t-1}\geqslant(t-1)a_t\geqslant 0$,因此
$$S_t^k-S_{t-1}^k=(S_{t-1}+a_t)^k-S_{t-1}^k=\sum_{i=1}^k C_k^i S_{t-1}^{k-i}a_t^i\geqslant\sum_{i=1}^k C_k^i((t-1)a_t)^{k-i}a_t^i$$
$$=a_t^k\sum_{i=1}^k C_k^i(t-1)^{k-i}=a_t^k((1+(t-1))^k-(t-1)^k)=(t^k-(t-1)^k)a_t^k,$$

即 $S_{t-1}^k+(t^k-(t-1)^k)a_t^k\leqslant S_t^k$,结合式(4)可知,式(3)在 t 的情形下也成立.特别地,当 $t=n$ 时,有 $\sum_{i=1}^n(i^k-(i-1)^k)a_i^k\leqslant S_n^k=1$.再注意到式(2),可得

$$c_1 a_1^k + c_2 a_2^k + \cdots + c_n a_n^k \leq 1.$$

另一方面,当 $(a_1, a_2, \cdots, a_n) = (c_1, c_2, \cdots, c_n) = (1, 0, \cdots, 0)$ 时,易验证条件成立,此时 $c_1 a_1^k + c_2 a_2^k + \cdots + c_n a_n^k = 1$.

综上所述,$c_1 a_1^k + c_2 a_2^k + \cdots + c_n a_n^k$ 的最大值为 1.

▶ **例9** 设 n 是一个正整数,$a_1 \leq a_2 \leq \cdots \leq a_n$ 和 $b_1 \leq b_2 \leq \cdots \leq b_n$ 是两个不减的实数列,使得
$$a_1 + a_2 + \cdots + a_i \leq b_1 + b_2 + \cdots + b_i, \quad i = 1, 2, \cdots, n-1$$
和
$$a_1 + a_2 + \cdots + a_n = b_1 + b_2 + \cdots + b_n.$$
且对任意实数 m,$a_k - a_l = m$ 成立的数对 (k, l) 的个数等于 $b_i - b_j = m$ 成立的数对 (i, j) 的个数.

求证:$a_i = b_i, i = 1, 2, \cdots, n$.

证明 🔍

首先给出引理:设 $a_1 \leq a_2 \leq \cdots \leq a_n, b_1 \leq b_2 \leq \cdots \leq b_n, a_i, b_i \in \mathbf{R}$,满足
$$a_1 + a_2 + \cdots + a_i \leq b_1 + b_2 + \cdots + b_i, \quad i = 1, 2, \cdots, n-1$$
和 $a_1 + a_2 + \cdots + a_n = b_1 + b_2 + \cdots + b_n$,则
$$a_1^2 + a_2^2 + \cdots + a_n^2 \geq b_1^2 + b_2^2 + \cdots + b_n^2.$$

事实上,由阿贝尔变换得
$$\sum_{i=1}^n b_i^2 = \sum_{i=1}^{n-1} \left(\sum_{k=1}^i b_k\right)(b_i - b_{i+1}) + b_n \sum_{k=1}^n b_k$$
$$\leq \sum_{i=1}^{n-1} \left(\sum_{k=1}^i a_k\right)(b_i - b_{i+1}) + b_n \sum_{k=1}^n a_k = \sum_{k=1}^n a_k b_k.$$

又由柯西不等式知
$$\sum_{k=1}^n a_k^2 \sum_{k=1}^n b_k^2 \geq \left(\sum_{k=1}^n a_k b_k\right)^2,$$

故
$$\sum_{k=1}^n a_k^2 \geq \sum_{k=1}^n a_k b_k,$$

这样即有 $\sum_{k=1}^n a_k^2 \geq \sum_{k=1}^n a_k b_k \geq \sum_{k=1}^n b_k^2$,当且仅当 $\mu a_k = \lambda b_k, k = 1, 2, \cdots, n, \lambda, \mu$ 为常数时取等号,引理证毕.

现回到原题,由已知 $\sum_{1 \leq k, l \leq n} (a_k - a_l)^2 = \sum_{1 \leq i, j \leq n} (b_i - b_j)^2$ 得
$$\sum_{1 \leq k < l \leq n} (a_k - a_l)^2 = \sum_{1 \leq i < j \leq n} (b_i - b_j)^2,$$

即
$$n\sum_{k=1}^{n}a_k^2-\Big(\sum_{k=1}^{n}a_k\Big)^2=n\sum_{k=1}^{n}b_k^2-\Big(\sum_{k=1}^{n}b_k\Big)^2,$$

这样 $\sum_{k=1}^{n}a_k^2=\sum_{k=1}^{n}b_k^2$.

利用引理知 $\mu a_k=\lambda b_k$, $k=1,2,\cdots,n$, $\lambda\mu\neq 0$, 当然有 $\lambda\max\limits_{k>l}\{a_k-a_l\}=\mu\max\limits_{i>j}\{b_i-b_j\}$, 又由于对任意实数 m, $a_k-a_l=m$ 成立的数对 (k,l) 的个数等于 $b_i-b_j=m$ 成立的数对 (i,j) 的个数, 则 $\max\limits_{k>l}\{a_k-a_l\}=\max\limits_{i>j}\{b_i-b_j\}$, 于是

若 $\max\limits_{k>l}\{a_k-a_l\}\neq 0$, 则 $\lambda=\mu$, 又 $\lambda\mu\neq 0$, 故 $a_k=b_k$, $k=1,2,\cdots,n$.

若 $\max\limits_{k>l}\{a_k-a_l\}=0$, 则 $a_1=a_2=\cdots=a_n$, 这样使得 $a_k-a_l=0$ 成立的数对 (k,l) 的个数为 n^2, 当然 $b_i-b_j=m$ 成立的数对 (i,j) 的个数也为 n^2, 那么 $b_1=b_2=\cdots=b_n$, 再由 $a_1+a_2+\cdots+a_n=b_1+b_2+\cdots+b_n$ 知 $a_k=b_k$, $k=1,2,\cdots,n$.

综上可知, 对任意 $i=1,2,\cdots,n$ 均有 $a_i=b_i$ 成立.

6.2 舒尔不等式

知识桥

舒尔(Schur)不等式：设 $x,y,z \in \mathbf{R}^*$，则
$$x(x-y)(x-z)+y(y-z)(y-x)+z(z-x)(z-y) \geqslant 0. \qquad (1)$$
即 $\sum x(x-y)(x-z) \geqslant 0$.

一般地，舒尔不等式：设 $x,y,z \geqslant 0, r>0$，则
$$\sum x^r(x-y)(x-z) \geqslant 0.$$

证明

不妨设 $x \geqslant y \geqslant z$，则
$$\text{左边} \geqslant x^r(x-y)(x-z) - y^r(x-y)(y-z)$$
$$= y^r(x-y)2 \geqslant 0.$$

舒尔不等式的如下两个形式在解题中非常有用：

变形 I： $\sum x^3 - \sum x^2(y+z) + 3xyz \geqslant 0.$

变形 II： $\left(\sum x\right)^3 - 4\sum x \sum yz + 9xyz \geqslant 0.$

事实上，把式(1)展开即得变形 I，因为 $\left(\sum x\right)^3 = \sum x^3 + 3\sum x^2(y+z) + 6xyz$，代入变形 I，得
$$\left(\sum x\right)^3 - 3\sum x^2(y+z) - 6xyz - \sum x^2(y+z) + 3xyz \geqslant 0,$$
$$\left(\sum x\right)^3 - 4\sum x^2(y+z) - 3xyz \geqslant 0,$$
所以 $\left(\sum x\right)^3 - 4\sum x \sum yz + 9xyz \geqslant 0.$

▶ **例 1** 设 $x,y,z \in \mathbf{R}^*$，且 $x+y+z=xyz$，求证：

$$x^2+y^2+z^2-2(xy+yz+zx)+9\geqslant 0.$$

证明

因为 $x+y+z=xyz$，所以，欲证的原不等式等价于
$$[x^2+y^2+z^2-2(xy+yz+zx)](x+y+z)+9xyz\geqslant 0$$
$$\Leftrightarrow x^3+y^3+z^3-(x^2y+y^2z+z^2x+xy^2+yz^2+zx^2)+3xyz\geqslant 0$$

即
$$\sum x^3-\sum x^2(y+z)+3xyz\geqslant 0,$$

这就是舒尔不等式的变形 I. 故命题得证.

▶ **例 2** 设正实数 x,y,z 满足 $x^3+y^3+z^3=3$，求
$$P=3xy+3yz+3zx-xyz$$
的最大值.

解

由平均不等式得 $3=x^3+y^3+z^3\geqslant 3xyz$，故 $xyz\leqslant 1$.

由舒尔不等式，有
$$3+x^3+y^3+z^3+3xyz\geqslant \sum(x^2y+xy^2+1)$$
$$\geqslant 3(xy+yz+zx),$$

所以
$$6+3xyz\geqslant 3(xy+yz+zx),$$

故
$$3(xy+yz+zx)-xyz\leqslant 6+2xyz\leqslant 8,$$

当 $x=y=z=1$ 时等号成立.

故 P 的最大值为 8.

▶ **例 3** 证明：在 $\triangle ABC$ 中，有
$$\sum a^3-2\sum a^2(b+c)+9abc\leqslant 0.$$

证明

令 $x=\dfrac{b+c-a}{2}, y=\dfrac{c+a-b}{2}, z=\dfrac{a+b-c}{2}$，则由舒尔不等式可得
$$\sum\left(\dfrac{b+c-a}{2}\right)(b-a)(c-a)\geqslant 0,$$
$$\sum(a-b)(a-c)(b+c-a)\geqslant 0,$$
$$-\sum a^3+2\sum a^2(b+c)-9abc\geqslant 0,$$

所以 $\sum a^3 - 2\sum a^2(b+c) + 9abc \leqslant 0$.

▶ **例 4** 设 $a,b,c \in \mathbf{R}^*$，求证：
$$\sqrt{abc}(\sqrt{a}+\sqrt{b}+\sqrt{c}) + (a+b+c)^2 \geqslant 4\sqrt{3abc(a+b+c)}.$$

证明 🔍

由舒尔不等式(令 $r=2$)得
$$\sum x^2(x-y)(x-z) \geqslant 0, x,y,z \in \mathbf{R}^*,$$

所以 $\sum x^4 + xyz\sum x \geqslant \sum x^3(y+z)$.

又 $\sum x^3(y+z) = 2\sum y^2 z^2 + \sum yz(y-z)^2 \geqslant 2\sum y^2 z^2$,

所以 $\sum x^4 + xyz\sum x \geqslant 2\sum y^2 z^2$. (2)

在式(2)中，令 $x=\sqrt{a}, y=\sqrt{b}, z=\sqrt{c}$，得
$$\sum a^2 + \sqrt{abc}\sum \sqrt{a} \geqslant 2\sum bc,$$
$$\sqrt{abc}\sum \sqrt{a} + \left(\sum a\right)^2 \geqslant 4\sum bc.$$

下证 $\sum bc \geqslant \sqrt{3abc(a+b+c)}$.

事实上，由 $(u+v+w)^2 \geqslant 3(uv+vw+wu)$ 可得
$$(ab+bc+ca)^2 \geqslant 3(ab \cdot bc + bc \cdot ca + ca \cdot ab)$$
$$= 3abc(a+b+c),$$

所以 $\sum bc \geqslant \sqrt{3abc(a+b+c)}$,

故 $\sqrt{abc}(\sqrt{a}+\sqrt{b}+\sqrt{c}) + (a+b+c)^2 \geqslant 4\sqrt{3abc(a+b+c)}$.

▶ **例 5** 设 $a,b,c>0$，证明：$\left(\dfrac{2a}{b+c}\right)^{\frac{3}{5}} + \left(\dfrac{2b}{c+a}\right)^{\frac{3}{5}} + \left(\dfrac{2c}{a+b}\right)^{\frac{3}{5}} \geqslant 3$.

证明 🔍

由于原不等式两边是齐次的，可不妨设 $a+b+c=3$，由平均不等式得

$$a(b+c)+a(b+c)+(b+c)+2+2 \geqslant 5 \cdot \sqrt[5]{4a^2(b+c)^3} = 10a \cdot \sqrt[5]{\left(\dfrac{b+c}{2a}\right)^3},$$

于是 $\left(\dfrac{2a}{b+c}\right)^{\frac{3}{5}} \geqslant \dfrac{10a}{2a(b+c)+b+c+4}$,

故只需证明 $\sum \dfrac{a}{2a(b+c)+b+c+4} \geqslant \dfrac{3}{10}$.

由柯西不等式得

$$\sum \frac{a}{2a(b+c)+b+c+4} \geq \frac{(a+b+c)^2}{2\sum a^2(b+c)+2\sum ab+12},$$

所以只需证明

$$\frac{(a+b+c)^2}{2\sum a^2(b+c)+2\sum ab+12} \geq \frac{3}{10},$$

等价于

$$a^2(b+c)+b^2(c+a)+c^2(a+b)+ab+bc+ca \leq 9$$

$$\Leftrightarrow (a+b+c)(ab+bc+ca)+ab+bc+ca \leq 9+3abc$$

$$\Leftrightarrow 4(ab+bc+ca) \leq 9+3abc,$$

而这是舒尔不等式.

▶ **例 6** 已知 $a,b,c,d>0$,且 $a+b+c=1$. 求证:

$$a^3+b^3+c^3+abcd \geq \min\left\{\frac{1}{4}, \frac{1}{9}+\frac{d}{27}\right\}.$$

证明

当 $d=\frac{15}{4}$ 时,$\frac{1}{9}+\frac{d}{27}=\frac{1}{4}$,此时不等式即为

$$a^3+b^3+c^3+\frac{15}{4}abc \geq \frac{1}{4},$$

由于 $a+b+c=1$,上式即为

$$a^3+b^3+c^3+\frac{15}{4}abc \geq \frac{1}{4}(a+b+c)^3,$$

两边同时乘 4,并展开

$$4a^3+4b^3+4c^3+15abc \geq a^3+b^3+c^3+3a^2(b+c)+3b^2(c+a)+3c^2(a+b)+6abc,$$

两边约去公共项,可化为

$$a^3+b^3+c^3+3abc \geq a^2(b+c)+b^2(c+a)+c^2(a+b),$$

这就是舒尔不等式. 从而当 $d=\frac{15}{4}$ 时不等式成立.

当 $d>\frac{15}{4}$ 时,$\min\left\{\frac{1}{4}, \frac{1}{9}+\frac{d}{27}\right\}=\frac{1}{4}$,此时不等式即为

$$a^3+b^3+c^3+abcd \geq \frac{1}{4},$$

由 $d=\frac{15}{4}$ 的情况并结合 $abc>0$,可得

$$a^3+b^3+c^3+abcd \geq a^3+b^3+c^3+\frac{15}{4}abc \geq \frac{1}{4}.$$

当 $d < \dfrac{15}{4}$ 时，$\min\left\{\dfrac{1}{4}, \dfrac{1}{9} + \dfrac{d}{27}\right\} = \dfrac{1}{9} + \dfrac{d}{27}$，此时不等式即为

$$a^3 + b^3 + c^3 + abcd \geqslant \dfrac{1}{9} + \dfrac{d}{27},$$

利用平均不等式及 $d = \dfrac{15}{4}$ 的情况，可得

$$a^3 + b^3 + c^3 + abcd = a^3 + b^3 + c^3 + \dfrac{15}{4}abc - \left(\dfrac{15}{4} - d\right)abc$$

$$\geqslant \dfrac{1}{4} - \dfrac{1}{27}\left(\dfrac{15}{4} - d\right)$$

$$= \dfrac{1}{9} + \dfrac{d}{27}.$$

综上可知不等式成立．

点评

本题反映出舒尔不等式是某一类三元不等式取得最佳系数的情况．

▶ **例7** 设 $a, b, c \in \left(0, \dfrac{\pi}{2}\right)$，证明：

$$\dfrac{\sin a \sin(a-b)\sin(a-c)}{\sin(b+c)} + \dfrac{\sin b \sin(b-a)\sin(b-c)}{\sin(c+a)} + \dfrac{\sin c \sin(c-a)\sin(c-b)}{\sin(a+b)} \geqslant 0.$$

证明

将不等式两边同时乘 $\sin(a+b)\sin(b+c)\sin(c+a)$，即为

$$\sum \sin a \sin(a-b)\sin(a+b)\sin(a-c)\sin(a+c) \geqslant 0,$$

注意到

$$\sin(a-b)\sin(a+b) = \dfrac{1}{2}(\cos 2a - \cos 2b) = \sin^2 a - \sin^2 b,$$

原不等式即为

$$\sum \sin a (\sin^2 a - \sin^2 b)(\sin^2 a - \sin^2 c) \geqslant 0,$$

这就是舒尔不等式的一般形式（取 $r = \dfrac{1}{2}$），从而不等式获证．

点评

本题需要先对原式进行通分，然后对三角函数进行积化和差，最后使用舒尔不等式进行证明．

6.3 伯努利不等式

知识桥

定理 1 设 $x > -1$,则对正整数 n,有
$$(1+x)^n \geq 1+nx,$$
当且仅当 $x=0$ 或 $n=1$ 时等号成立.

证明

当 $x=0$ 或 $n=1$ 时不等式等号成立.

当 $x \neq 0$ 且 $n > 1$ 时,下面用数学归纳法证明:$(1+x)^n > 1+nx$.

当 $n=2$ 时,有
$$(1+x)^2 = 1+2x+x^2 > 1+2x,$$
所以 $n=2$ 时命题成立.

假设 $n=k(k \geq 2)$ 时命题成立,则
$$(1+x)^{n+1} = (1+x)^n(1+x) > (1+nx)(1+x)$$
$$= 1+(n+1)x+nx^2$$
$$> 1+(n+1)x,$$
故 $n=k+1$ 时命题也成立.

定理 2 设 $x > -1$,则当 $0 < \alpha < 1$ 时,
$$(1+x)^\alpha \leq 1+\alpha x,$$
而当 $\alpha < 0$ 或 $\alpha > 1$ 时,
$$(1+x)^\alpha \geq 1+\alpha x,$$
当且仅当 $x=0$ 时等号成立.

证明

利用泰勒公式,
$$(1+x)^\alpha = 1+\alpha x + \frac{\alpha(\alpha-1)}{2}x^2(1+\theta x)^{\alpha-2}, 0 < \theta < 1.$$

注意到 $1+\theta x>0$,所以当 $0<\alpha<1$ 时,
$$(1+x)^\alpha \leqslant 1+\alpha x,$$
当 $\alpha<0$ 或 $\alpha>1$ 时,
$$(1+x)^\alpha \geqslant 1+\alpha x.$$

定理 1 和定理 2 称为伯努利不等式.

伯努利不等式的离散形式:设 $x_k>-1$ 且 x_k 同号 ($k=1,\cdots,n$), $n\geqslant 2$,则
$$\prod_{k=1}^{n}(1+x_k) \geqslant 1+\sum_{k=1}^{n}x_k.$$

证明

对 n 用数学归纳法.

当 $n=1$ 时,不等式显然成立.

假设不等式对 n 成立. 即
$$\prod_{k=1}^{n}(1+x_k) \geqslant 1+\sum_{k=1}^{n}x_k.$$

则对 $n+1$,有
$$\prod_{k=1}^{n+1}(1+x_k) = \left(\prod_{k=1}^{n}(1+x_k)\right)(1+x_{n+1})$$
$$\geqslant \left(1+\sum_{k=1}^{n}x_k\right)(1+x_{n+1})$$
$$= 1+\sum_{k=1}^{n+1}x_k + x_{n+1}\left(\sum_{k=1}^{n}x_k\right)$$
$$\geqslant 1+\sum_{k=1}^{n+1}x_k,$$

最后一步用到了所有 x_k 同号,故不等式对 $n+1$ 也成立.

训练营

▶ **例 1** 设 $a>b>0$, n 是正整数,求证:
$$a^n - b^n > n(a-b)b^{n-1}.$$

证明

因为 $a>b>0$,所以 $\dfrac{a}{b}-1>0$,于是由伯努利不等式
$$\left(1+\left(\dfrac{a}{b}-1\right)\right)^n > 1+n\left(\dfrac{a}{b}-1\right),$$

即
$$a^n > b^n + nb^{n-1}(a-b),$$
所以
$$a^n - b^n > n(a-b)b^{n-1}.$$

▶ **例 2** 设 a,b,c 是正整数，$c \geqslant b$，求证：
$$a^b(a+b)^c > c^b a^c.$$

证明

由伯努利不等式得
$$\left(1+\frac{b}{a}\right)^{\frac{c}{b}} \geqslant 1+\frac{c}{b} \cdot \frac{b}{a} = 1+\frac{c}{a} > \frac{c}{a},$$
即
$$a^b(a+b)^c > c^b a^c.$$

点评

本题涉及幂的不等式，特别是当幂指数不是正整数的时候，可以尝试用伯努利不等式证明结论.

▶ **例 3** 设 n 是大于 1 的整数，求证：
$$n! < \left(\frac{n+1}{2}\right)^n.$$

证明

用数学归纳法.

当 $n=2$ 时，因为 $2! = 2 < \frac{9}{4} = \left(\frac{2+1}{2}\right)^2$，所以 $n=2$ 时命题成立.

假设 $n=k(k>1)$ 时命题成立，即
$$k! < \left(\frac{k+1}{2}\right)^k,$$
则当 $n=k+1$ 时，
$$(k+1)! = (k+1)(k!)$$
$$< (k+1)\left(\frac{k+1}{2}\right)^k$$
$$= 2\left(\frac{k+2}{2}\right)^{k+1} \cdot \frac{1}{\left(1+\frac{1}{k+1}\right)^{k+1}}.$$

由伯努利不等式得

$$\left(1+\frac{1}{k+1}\right)^{k+1} > 1+(k+1)\cdot\frac{1}{k+1}=2,$$

所以 $(k+1)! < 2\left(\frac{k+2}{2}\right)^{k+1}\cdot\frac{1}{2}=\left(\frac{k+2}{2}\right)^{k+1},$

故 $n=k+1$ 时命题也成立.

▶ **例 4** 设 $a=\dfrac{m^{m+1}+n^{n+1}}{m^m+n^n}$,其中 m,n 是正整数,求证:
$$a^m+a^n \geqslant m^m+n^n.$$

证明

因为
$$\frac{a-m}{m}=\frac{a}{m}-1>-1,\ \frac{a-n}{n}=\frac{a}{n}-1>-1,$$

所以由伯努利不等式得
$$\begin{aligned}a^m+a^n &= m^m\left(1+\frac{a-m}{m}\right)^m+n^n\left(1+\frac{a-n}{n}\right)^n\\ &\geqslant m^m(1+(a-m))+n^n(1+(a-n))\\ &= m^m+n^n+a(m^m+n^n)-(m^{m+1}+n^{n+1})\\ &= m^m+n^n,\end{aligned}$$

从而命题得证.

▶ **例 5** 用伯努利不等式证明平均不等式.

证明

设 $a_1,a_2,\cdots,a_n$ 是正实数,记 $A_n=\dfrac{a_1+a_2+\cdots+a_n}{n},n=1,2,\cdots,$ 则 $\dfrac{A_n}{A_{n-1}}-1>-1$,于是由伯努利不等式得

$$\begin{aligned}\left(\frac{A_n}{A_{n-1}}\right)^n &= \left(1+\left(\frac{A_n}{A_{n-1}}-1\right)\right)^n \geqslant 1+n\left(\frac{A_n}{A_{n-1}}-1\right)\\ &= \frac{A_{n-1}+nA_n-nA_{n-1}}{A_{n-1}}\\ &= \frac{nA_n-(n-1)A_{n-1}}{A_{n-1}}=\frac{a_n}{A_{n-1}},\end{aligned}$$

所以 $A_n^n \geqslant a_n A_{n-1}^{n-1},$

于是 $A_n^n \geqslant a_n A_{n-1}^{n-1} \geqslant a_n a_{n-1} A_{n-2}^{n-2} \geqslant \cdots \geqslant a_n a_{n-1}\cdots a_2 A_1^1 = a_n a_{n-1}\cdots a_1,$

故
$$\frac{a_1+a_2+\cdots+a_n}{n} \geqslant \sqrt[n]{a_1 a_2 \cdots a_n}.$$

▶ **例6** 设 n 是大于 2 的整数,求证:
$$\prod_{k=2}^{n}\left(1+\frac{1}{2^k}\right)<2.$$

证明

注意到
$$1+\frac{1}{2^k}<\frac{1}{1-\frac{1}{2^k}},$$

从而
$$\prod_{k=2}^{n}\left(1+\frac{1}{2^k}\right)<\prod_{k=2}^{n}\frac{1}{1-\frac{1}{2^k}}=\frac{1}{\prod_{k=2}^{n}\left(1-\frac{1}{2^k}\right)},$$

由伯努利不等式得
$$\prod_{k=2}^{n}\left(1-\frac{1}{2^k}\right)\geqslant 1-\sum_{k=2}^{n}\frac{1}{2^k}=\frac{1}{2}+\frac{1}{2^n}>\frac{1}{2},$$

所以
$$\prod_{k=2}^{n}\left(1+\frac{1}{2^k}\right)<2.$$

从而命题成立.

 **点评**

本题需要先观察到 $1+\dfrac{1}{2^k}<\dfrac{1}{1-\dfrac{1}{2^k}}$ 这个局部不等式,再使用伯努利不等式对分母进行放缩.

▶ **例7** 已知 $x,y>0$,求证:
$$x^y+y^x>1.$$

证明

当 $x>1$ 或 $y>1$ 时,有 $x^y>1$ 或 $y^x>1$,不等式成立.

当 $x<1$ 且 $y<1$ 时,由伯努利不等式得

$$x^y = \frac{1}{\left(\frac{1}{x}\right)^y} = \frac{1}{\left(1+\frac{1-x}{x}\right)^y} \geqslant \frac{1}{1+\frac{y(1-x)}{x}}$$

$$= \frac{x}{x+y-xy} > \frac{x}{x+y},$$

同理 $\qquad y^x > \dfrac{y}{x+y},$

两式相加可得 $\qquad x^y + y^x > 1,$

从而命题成立.

点评

本题通过伯努利不等式,把 x^y, y^x 都转化为比较简单的分式,从而给问题的证明带来了方便.

▶ **例8** 已知 a 是大于 1 的实数, n, d 是均大于 1 的整数,求证:

$$\sqrt[d]{\frac{a}{a+(n-1)d}} \leqslant \frac{a+d-1}{a+d} \cdot \frac{a+2d-1}{a+2d} \cdot \cdots \cdot \frac{a+(n-1)d-1}{a+(n-1)d} \leqslant \sqrt[d]{\frac{a+d-1}{a+nd-1}}.$$

证明

由伯努利不等式得

$$\left(1-\frac{1}{a+id}\right)^d > 1 - \frac{d}{a+id} > 0, i=1,2,\cdots,n-1,$$

所以 $\qquad \dfrac{a+id-1}{a+id} > \sqrt[d]{\dfrac{a+(i-1)d}{a+id}}, i=1,2,\cdots,n-1,$

将上面这 $(n-1)$ 个不等式相乘,得

$$\frac{a+d-1}{a+d} \cdot \cdots \cdot \frac{a+(n-1)d-1}{a+(n-1)d} > \sqrt[d]{\frac{a}{a+(n-1)d}},$$

于是左边的不等式得证.

再由伯努利不等式

$$\left(1+\frac{1}{a+id-1}\right)^d > 1 + \frac{d}{a+id-1} > 0, i=1,2,\cdots,n-1,$$

即 $\qquad \dfrac{a+id}{a+id-1} > \sqrt[d]{\dfrac{a+(i+1)d-1}{a+id-1}}, i=1,2,\cdots,n-1,$

将上面这 $(n-1)$ 个不等式相乘,得

$$\frac{a+d-1}{a+d} \cdot \cdots \cdot \frac{a+(n-1)d-1}{a+(n-1)d} < \sqrt[d]{\frac{a+d-1}{a+nd-1}},$$

故右边的不等式得证.

演习场

习题 6

1. 设 $x > -1$,求证:对正整数 n,有
$$\sqrt[n]{1+x} < 1 + \frac{x}{n}.$$

2. 设数列 $\{a_n\}$ 的通项公式是 $a_n = \left(1 + \frac{1}{n}\right)^n$,证明:数列 $\{a_n\}$ 是递增数列.

3. 设 n 是正整数,实数 α 满足 $-1 < \alpha < 0$,求证:
$$\frac{(n+1)^{\alpha+1} - n^{\alpha+1}}{\alpha+1} < n^\alpha < \frac{n^{\alpha+1} - (n-1)^{\alpha+1}}{\alpha+1}.$$

4. 已知正实数 a, b, c 满足 $a + b + c = 2$,求证:
$$\frac{(1-a)(1-b)}{ab} + \frac{(1-b)(1-c)}{bc} + \frac{(1-c)(1-a)}{ca} \geq \frac{3}{4}.$$

5. 设 x, y, z 是非负实数,证明:
$$x^3 + y^3 + z^3 + 3xyz \geq 2((xy)^{\frac{3}{2}} + (yz)^{\frac{3}{2}} + (zx)^{\frac{3}{2}}).$$

6. 设正实数 a, b, c 满足 $abc = 1$,证明:
$$\left(a - 1 + \frac{1}{b}\right)\left(b - 1 + \frac{1}{c}\right)\left(c - 1 + \frac{1}{a}\right) \leq 1.$$

7. 设 $x, y, z \geq 0$,且 $x + y + z = 1$,求证:
$$0 \leq yz + zx + xy - 2xyz \leq \frac{7}{27}.$$

8. 设正实数 $a_1, a_2, \cdots, a_n$ 和 $b_1, b_2, \cdots, b_n$ 满足 $b_1 \geq b_2 \geq \cdots \geq b_n$,且
$$a_1 a_2 \cdots a_k \geq b_1 b_2 \cdots b_k, k = 1, 2, \cdots, n,$$
求证: $a_1 + a_2 + \cdots + a_n \geq b_1 + b_2 + \cdots + b_n.$

9. 设正实数 $a_1, a_2, \cdots, a_n$ 满足
$$a_1 + a_2 + \cdots + a_k \geq \sqrt{k}, k = 1, 2, \cdots, n.$$
求证: $a_1^2 + a_2^2 + \cdots + a_n^2 > \frac{1}{4}\left(1 + \frac{1}{2} + \cdots + \frac{1}{n}\right).$

10. 设 $a_1, a_2, \cdots, a_n, \cdots$ 是正实数数列,且对所有 $i, j \in \mathbf{N}^*$,均有 $a_{i+j} \leq a_i + a_j$. 求证:
$$a_1 + \frac{a_2}{2} + \cdots + \frac{a_n}{n} \geq a_n.$$

11. 设实数 $a_1, a_2, \cdots, a_n$ 和 $b_1, b_2, \cdots, b_n$ 满足

$$a_1 \geqslant \frac{a_1+a_2}{2} \geqslant \cdots \geqslant \frac{a_1+a_2+\cdots+a_n}{n},$$

$$b_1 \geqslant \frac{b_1+b_2}{2} \geqslant \cdots \geqslant \frac{b_1+b_2+\cdots+b_n}{n},$$

求证：$a_1b_1+a_2b_2+\cdots+a_nb_n \geqslant \frac{1}{n}(a_1+a_2+\cdots+a_n)(b_1+b_2+\cdots+b_n).$

12. 非负实数 a,b,c 满足 $ab+bc+ca=1$，求 $\frac{1}{a+b}+\frac{1}{b+c}+\frac{1}{c+a}$ 的最小值.

13. 设 x,y,z 是正实数，求证：

$$\frac{xy}{z}+\frac{yz}{x}+\frac{zx}{y} > 2\sqrt[3]{x^3+y^3+z^3}.$$

14. 已知 a,b,c,d 是正实数，求证：

$$\sum a^4+8abcd \geqslant \sum abc(a+b+c),$$

其中 $\sum$ 表示对 a,b,c,d 轮换求和.

15. 设 n 是不小于 2 的整数，$x_i>0$ $(i=1,\cdots,n)$，证明：

$$\sum_{i=1}^{n}(x_1+\cdots+x_{i-1}+x_{i+1}+\cdots+x_n)^{x_i} > n-1.$$

16. 证明：对每个正整数 n，有

$$\frac{2n+1}{3}\sqrt{n} \leqslant \sum_{i=1}^{n}\sqrt{i} \leqslant \frac{4n+3}{6}\sqrt{n}-\frac{1}{6}.$$

17. 设向下凸的函数 $f(x)$ 在 (a,b) 上连续并且二阶可导.

(1) 证明：对任意 $x,y \in (a,b)$，有 $f(x) \geqslant f(y)+(x-y)f'(y)$；

(2) 设 $x_1,x_2,\cdots,x_n,y_1,y_2,\cdots,y_n$ 满足如下三个条件：

（ⅰ）$x_1+x_2+\cdots+x_n=y_1+y_2+\cdots+y_n$；

（ⅱ）$x_1 \geqslant x_2 \geqslant \cdots \geqslant x_n, y_1 \geqslant y_2 \geqslant \cdots \geqslant y_n$；

（ⅲ）对任意 $1 \leqslant k < n, x_1+x_2+\cdots+x_k \geqslant y_1+y_2+\cdots+y_k$.

求证：$f(x_1)+f(x_2)+\cdots+f(x_n) \geqslant f(y_1)+f(y_2)+\cdots+f(y_n).$

第 7 讲 导数与不等式

7.1 导数

知识桥

导数是研究函数的一个重要工具,在处理不等式问题时,构造适当的函数,然后利用导数的性质,可以简单有效地解决问题.

定理 设函数 $y=f(x)$ 在区间 I 内可导,若 $f'(x)>0(x\in I)$,则 $f(x)$ 在 I 上严格递增;若 $f'(x)<0(x\in I)$,则 $f(x)$ 在 I 上严格递减.

函数 $f(x)$ 在区间 (a,b) 上存在点 x_0,使得 $f'(x_0)=0$.

(1) 若在区间 (a,x_0) 内有 $f'(x)>0$,在区间 (x_0,b) 内有 $f'(x)<0$,则 $f(x_0)$ 是函数 $f(x)$ 在区间 (a,b) 上的最大值.

(2) 若在区间 (a,x_0) 内有 $f'(x)<0$,在区间 (x_0,b) 内有 $f'(x)>0$,则 $f(x_0)$ 是函数 $f(x)$ 在区间 (a,b) 上的最小值.

训练营

▶ **例 1** 设 a,b 是正实数,求证:$\dfrac{a}{1+a^2}+\dfrac{4b}{1+a^2+4b^2}\leqslant\dfrac{3\sqrt{3}}{4}$.

证明

因为 $1+a^2+4b^2\geqslant 4b\sqrt{1+a^2}$,所以

$$\frac{a}{1+a^2}+\frac{4b}{1+a^2+4b^2}\leqslant\frac{a}{1+a^2}+\frac{1}{\sqrt{1+a^2}}$$

令 $f(x)=\dfrac{x}{1+x^2}+\dfrac{1}{\sqrt{1+x^2}}$,则

$$f'(x)=\dfrac{1-x^2-x\sqrt{1+x^2}}{(1+x^2)^2}.$$

由 $f'(x)=0$,得 $x=\dfrac{\sqrt{3}}{3}$.

当 $0<x<\dfrac{\sqrt{3}}{3}$ 时,$f'(x)>0$,故 $f(x)$ 在 $\left(0,\dfrac{\sqrt{3}}{3}\right)$ 上是递增的. 当 $x>\dfrac{\sqrt{3}}{3}$ 时,$f'(x)<0$ 故 $f(x)$ 在 $\left(\dfrac{\sqrt{3}}{3},+\infty\right)$ 上是递减的,所以,$f(x)$ 在 $\mathbf{R}^*$ 上的最大值为 $f\left(\dfrac{\sqrt{3}}{3}\right)$,即

$$f(x)\leqslant f\left(\dfrac{\sqrt{3}}{3}\right)=\dfrac{3\sqrt{3}}{4}.$$

从而

$$\dfrac{a}{1+a^2}+\dfrac{1}{\sqrt{1+a^2}}\leqslant\dfrac{3\sqrt{3}}{4},$$

于是原不等式得证.

 点评

先用平均不等式消去 b,将不等式放大到关于 a 的一元函数,然后可以借助导数的工具来证明.

▶ **例 2** 设 $b>a>\mathrm{e}$(e 为自然对数的底数),证明:$a^b>b^a$.

证明

取对数后,化为证明 $b\ln a>a\ln b$. 仅需证明 $f(x)=\dfrac{\ln x}{x}(x>\mathrm{e})$ 单调递减.

由于 $f'(x)=\dfrac{1-\ln x}{x^2}<0$,故结论成立.

点评

欲证的原不等式等价于 $\dfrac{\ln a}{a}>\dfrac{\ln b}{b}$,故只需证明 $f(x)=\dfrac{\ln x}{x}(x>\mathrm{e})$ 是减函数就可以了.

▶ **例3** 设 $x \in \left(0, \dfrac{\pi}{2}\right)$,求证:

$$\dfrac{2}{\cos x} + \dfrac{1}{3\sin^3 x} \geq \dfrac{8\sqrt{2}}{3}.$$

证明

令 $f(x) = \dfrac{2}{\cos x} + \dfrac{1}{3\sin^3 x}, x \in \left(0, \dfrac{\pi}{2}\right)$,则

$$f'(x) = \dfrac{2\sin x}{\cos^2 x} - \dfrac{\cos x}{\sin^4 x} = \dfrac{2\sin^5 x - \cos^3 x}{\sin^4 x \cos^2 x}.$$

当 $x \in \left(0, \dfrac{\pi}{4}\right]$ 时,因为 $2\sin^5 x - \cos^3 x \leq 2\sin^5 \dfrac{\pi}{4} - \cos^3 \dfrac{\pi}{4} = 0$,即 $f'(x) \leq 0$,故 $f(x)$ 在 $\left(0, \dfrac{\pi}{4}\right]$ 上是递减的.

当 $x \in \left[\dfrac{\pi}{4}, \dfrac{\pi}{2}\right)$ 时,因为 $2\sin^5 x - \cos^3 x \geq 2\sin^5 \dfrac{\pi}{4} - \cos^3 \dfrac{\pi}{4} = 0$,即 $f'(x) \geq 0$,故 $f(x)$ 在 $\left[\dfrac{\pi}{4}, \dfrac{\pi}{2}\right)$ 上是递增的.

所以,$f(x)$ 在 $\left(0, \dfrac{\pi}{2}\right)$ 上的最小值为 $f\left(\dfrac{\pi}{4}\right) = 2\sqrt{2} + \dfrac{2\sqrt{2}}{3} = \dfrac{8\sqrt{2}}{3}$,故

$$\dfrac{2}{\cos x} + \dfrac{1}{3\sin^3 x} \geq \dfrac{8\sqrt{2}}{3}.$$

▶ **例4** 已知正实数 a, b, c ($a \leq b \leq c$) 和正整数 n 满足 $a^n + b^n = c^n$,求证:

$$c - b \leq (\sqrt[n]{2}a - 1)a.$$

证明

令 $f(x) = (\sqrt[n]{2}a + x)^n - a^n - (a + x)^n, x \in (0, +\infty)$,则

$$f'(x) = n(\sqrt[n]{2}a + x)^{n-1} - n(a + x)^{n-1} \geq 0,$$

所以 $f(x)$ 是递增函数,于是 $f(x) \geq f(0) = 0$,从而 $f(b-a) \geq 0$,故

$$(\sqrt[n]{2}a + b - a)^n - a^n - (a + b - a)^n \geq 0,$$

所以 $\qquad c^n \leq (\sqrt[n]{2}a + b - a)^n,$

故 $\qquad c - b \leq (\sqrt[n]{2}a - 1)a.$

▶ **例5** 设 $a, b \in [0, 1]$,求

$$S = \dfrac{a}{1+b} + \dfrac{b}{1+a} + (1-a)(1-b)$$

的最大值和最小值.

解
因为
$$S = \frac{a}{1+b} + \frac{b}{1+a} + (1-a)(1-b)$$
$$= \frac{1+a+b+a^2b^2}{(1+a)(1+b)} = 1 - \frac{ab(1-ab)}{(1+a)(1+b)} \leqslant 1,$$

当 $ab=0$ 或 $ab=1$ 时等号成立,所以 S 的最大值为 1.

令 $T = \frac{ab(1-ab)}{(1+a)(1+b)}$, $x = \sqrt{ab}$,则
$$T = \frac{ab(1-ab)}{1+a+b+ab} \leqslant \frac{ab(1-ab)}{1+2\sqrt{ab}+ab}$$
$$= \frac{x^2(1-x^2)}{(1+x)^2} = \frac{x^2(1-x)}{1+x}.$$

令 $f(x) = \frac{x^2(1-x)}{1+x}$, $x \in [0,1]$,则
$$f'(x) = -\frac{x(x^2+x-1)}{x+1}.$$

当 $x \in \left[0, \frac{\sqrt{5}-1}{2}\right]$ 时,$f'(x) \geqslant 0$,故 $f(x)$ 在 $\left[0, \frac{\sqrt{5}-1}{2}\right]$ 上是递增的.

当 $x \in \left[\frac{\sqrt{5}-1}{2}, 1\right]$ 时,$f'(x) \leqslant 0$,故 $f(x)$ 在 $\left[\frac{\sqrt{5}-1}{2}, 1\right]$ 上是递减的.

所以 $f(x)$ 在 $[0,1]$ 上的最大值为 $f\left(\frac{\sqrt{5}-1}{2}\right) = \frac{5\sqrt{5}-11}{2}$,故
$$T \leqslant \frac{5\sqrt{5}-11}{2},$$

从而
$$S \geqslant \frac{13-5\sqrt{5}}{2},$$

当 $a = b = \frac{\sqrt{5}-1}{2}$ 时等号成立,所以 S 的最小值为 $\frac{13-5\sqrt{5}}{2}$.

点评

猜测最小值在 $a=b$ 时取到,所以用了平均不等式把 $a+b$ 转化为 ab,然后令 $x=\sqrt{ab}$,于是就化为一元函数的最值问题了.

▶ **例6** 设 a,b 是正实数,求函数 $f(x)=a\sqrt{\sin x}+b\sqrt{\cos x}$ 在 $\left(0,\dfrac{\pi}{2}\right)$ 上的最大值.

解

因为

$$f'(x)=\dfrac{a\cos x}{2\sqrt{\sin x}}-\dfrac{b\sin x}{2\sqrt{\cos x}}=\dfrac{a\cos^{\frac{3}{2}}x\left(1-\dfrac{b}{a}\tan^{\frac{3}{2}}x\right)}{2\sqrt{\sin x\cos x}},$$

由 $f'(x)=0$ 得 $\tan x=\left(\dfrac{a}{b}\right)^{\frac{2}{3}}$.

当 $x\in\left(0,\arctan\left(\dfrac{a}{b}\right)^{\frac{2}{3}}\right)$ 时,即 $\tan x<\left(\dfrac{a}{b}\right)^{\frac{2}{3}}$ 时,$f'(x)>0$;当 $x\in\left(\arctan\left(\dfrac{a}{b}\right)^{\frac{2}{3}},\dfrac{\pi}{2}\right)$ 时,即 $\tan x>\left(\dfrac{a}{b}\right)^{\frac{2}{3}}$ 时,$f'(x)<0$,所以

$$f(x)_{\max}=f\left(\arctan\left(\dfrac{a}{b}\right)^{\frac{2}{3}}\right)=(a^{\frac{4}{3}}+b^{\frac{4}{3}})^{\frac{3}{4}}.$$

点评

本题也可以用柯西不等式来解,需要利用待定系数法来配置系数.

▶ **例7** 设 a,b,c 是正实数,求证:
$$\sqrt[4]{a+\sqrt[3]{b+\sqrt{c}}}\geqslant\sqrt[40]{abc}.$$

证明

原不等式等价于
$$(a+\sqrt[3]{b+\sqrt{c}})^{10}\geqslant abc.$$

令 $f(x)=(x+\sqrt[3]{b+\sqrt{c}})^{10}-bcx$,则
$$f'(x)=10\,(x+\sqrt[3]{b+\sqrt{c}})^{9}-bc,$$
$$f''(x)=90\,(x+\sqrt[3]{b+\sqrt{c}})^{8}>0,$$

所以 $f'(x)\geqslant f'(0)$.

因为 $f'(0)=10\,(b+\sqrt{c})^{3}-bc$,记 $g(x)=10\,(x+\sqrt{c})^{3}-cx$,则
$$g'(x)=30\,(x+\sqrt{c})^{2}-c,$$
$$g''(x)=60(x+\sqrt{c})\geqslant 0,$$

所以 $g'(x) \geqslant g'(0) = 29c > 0$，故 $g(x)$ 是递增的，于是 $g(b) \geqslant g(0) = 10\sqrt{c^3} > 0$，即 $f'(0) > 0$，从而 $f'(x)$ 是递增的且是正的. 故
$$f(a) \geqslant f(0) > 0,$$
于是命题得证.

7.2 凸函数

知识桥

定理 若连续函数 $f(x)$ 在区间 (a,b) 上是向下凸的函数,对任意 $x_0 \in (a,b)$,不等式
$$f(x) \geqslant f'(x_0)(x-x_0)+f(x_0)$$
成立.

若连续函数 $f(x)$ 在区间 (a,b) 上是向上凸的函数,则对任意 $x_0 \in (a,b)$,不等式
$$f(x) \leqslant f'(x_0)(x-x_0)+f(x_0)$$
成立.

定理 2 的几何意义:设 $M(x_0,y_0)$ 为函数 $f(x)$ 图像上任意一点,若连续函数 $f(x)$ 在区间 (a,b) 上是向下凸的函数,则除切点外,函数 $f(x)$ 的图像一定在点 $M(x_0,y_0)$ 处的切线(如果存在切线)上方;若连续函数 $f(x)$ 在区间 (a,b) 上是向上凸的函数,则除切点外,函数 $f(x)$ 的图像一定在点 $M(x_0,y_0)$ 处的切线(如果存在切线)下方.

"化曲为直",利用切线或弦估计函数 $f(x)$ 的情况,其关键在于选择局部不等式 $f(x)-f(x_0) \geqslant (\leqslant) f'(x_0)(x-x_0)$ 或相应的弦,局部不等式中 x_0 和相应弦的端点的选择可视原不等式中等号成立的条件而定.

训练营

▶**例1** 设 a,b,c 是正实数,$a+b+c=1$,求证:
$$\frac{a}{1+bc}+\frac{b}{1+ca}+\frac{c}{1+ab} \geqslant \frac{9}{10}.$$

证明

令 $f(x)=\dfrac{1}{1+x}, x \in (0,1)$,则 $f'(x)=-\dfrac{1}{(1+x)^2}$,故 $f\left(\dfrac{1}{9}\right)=\dfrac{9}{10}$,

$f'\left(\dfrac{1}{9}\right)=-\dfrac{81}{100}$,于是 $f(x)$ 在点 $\left(\dfrac{1}{9},\dfrac{9}{10}\right)$ 处的切线方程为

$$y-\dfrac{9}{10}=-\dfrac{81}{100}\left(x-\dfrac{1}{9}\right),$$

即
$$y=-\dfrac{81}{100}x+\dfrac{99}{100}.$$

于是 $f(x)\geqslant -\dfrac{81}{100}x+\dfrac{99}{100}\Leftrightarrow \dfrac{(9x-1)^2}{100(x+1)}\geqslant 0$,

所以
$$\dfrac{1}{1+x}\geqslant -\dfrac{81}{100}x+\dfrac{99}{100}.$$

所以
$$\dfrac{a}{1+bc}+\dfrac{b}{1+ca}+\dfrac{c}{1+ab}$$
$$\geqslant \left(-\dfrac{81}{100}bc+\dfrac{99}{100}\right)a+\left(-\dfrac{81}{100}ca+\dfrac{99}{100}\right)b+\left(-\dfrac{81}{100}ab+\dfrac{99}{100}\right)c$$
$$=\dfrac{99}{100}(a+b+c)-\dfrac{243}{100}abc$$
$$\geqslant \dfrac{99}{100}-\dfrac{243}{100}\left(\dfrac{a+b+c}{3}\right)^3=\dfrac{9}{10}.$$

▶**例 2** 实数 a,b,c 满足 $a+b+c=a^2+b^2+c^2$. 证明:
$$\sqrt{1+a^4}+\sqrt{1+b^4}+\sqrt{1+c^4}\leqslant 3\sqrt{2}.$$

证明

我们证明
$$\sqrt{1+a^4}\leqslant \sqrt{2}(a^2-a+1). \tag{1}$$

事实上,
$2(a^2-a+1)^2-(1+a^4)=a^4-4a^3+6a^2-4a+1=(a-1)^4\geqslant 0$,
所以 $1+a^4\leqslant 2(a^2-a+1)^2$,又因为 $a^2-a+1>0$,所以(1)成立.

同理
$$\sqrt{1+b^4}\leqslant \sqrt{2}(b^2-b+1), \tag{2}$$
$$\sqrt{1+c^4}\leqslant \sqrt{2}(c^2-c+1). \tag{3}$$

将式(1)(2)(3)相加,原不等式成立.

为了运用题目中的已知条件 $a+b+c=a^2+b^2+c^2$,可以尝试选取一个常数 λ,使得有如下的放缩结果:

$$\sqrt{1+x^4} \leqslant \sqrt{2} + \lambda(x^2 - x). \tag{4}$$

只要该式成立,将 x 分别取为 a,b,c 再相加,即证得原不等式.

考虑不等式(4)两边关于 x 的函数 $\sqrt{1+x^4}$ 与 $\sqrt{2}+\lambda(x^2-x)$,不难注意到它们的图像有公共点 $(1,\sqrt{2})$. 因此,为了使式(4)恒成立,两个函数的图像必须在点 $(1,\sqrt{2})$ 处相切,即有

$$(\sqrt{1+x^4})'|_{x=1} = (\sqrt{2}+\lambda(x^2-x))'|_{x=1},$$

解得 $\lambda = \sqrt{2}$. 由此启发我们去证明不等式(1).

▶ **例 3** 已知 $x,y,z \leqslant 1, x+y+z=1$. 求证:

$$\sum_{cyc} \frac{1}{1+x^2} \leqslant \frac{27}{10}.$$

证明

先证明如下的局部不等式

$$\frac{1}{1+x^2} \leqslant \frac{27}{50}(2-x),$$

上式等价于

$$(4-3x)(1-3x)^2 \geqslant 0,$$

这显然成立.

所以

$$\sum_{cyc} \frac{1}{1+x^2} \leqslant \frac{27}{50} \sum_{cyc}(2-x) = \frac{27}{10}.$$

点评

因为欲证的不等式在 $x=y=z=\frac{1}{3}$ 时等号成立,故考虑函数 $\frac{1}{1+x^2}$ 在 $x=\frac{1}{3}$ 处的切线,计算可知切线方程为 $y=\frac{27}{50}(2-x)$,从而能考虑局部不等式 $\frac{1}{1+x^2} \leqslant \frac{27}{50}(2-x)$.

▶ **例 4** 设 a,b,c 是正实数,满足 $a+b+c=9$,求证:

$$\frac{a^2-9}{2a^2-3a+3} + \frac{b^2-9}{2b^2-3b+3} + \frac{c^2-9}{2c^2-3c+3} \leqslant 0.$$

证明

令 $a=3x, b=3y, c=3z$,则 $x+y+z=3$,欲证的不等式等价于

$$\frac{x^2-1}{6x^2-3x+1}+\frac{y^2-1}{6y^2-3y+1}+\frac{z^2-1}{6z^2-3z+1}\leqslant 0.$$

令 $f(x)=\dfrac{x^2-1}{6x^2-3x+1}$,则

$$f'(x)=\frac{2x(6x^2-3x+1)-(x^2-1)(12x-3)}{(6x^2-3x+1)^2},$$

于是 $f(1)=0, f'(1)=\dfrac{1}{2}$,故 $f(x)=\dfrac{x^2-1}{6x^2-3x+1}$ 在 $x=1$ 处的切线方程为

$$y=\frac{1}{2}(x-1).$$

考虑局部不等式

$$\frac{x^2-1}{6x^2-3x+1}\leqslant \frac{1}{2}(x-1)$$

$$\Leftrightarrow (x-1)^2(6x+1)\geqslant 0,$$

所以

$$\frac{x^2-1}{6x^2-3x+1}+\frac{y^2-1}{6y^2-3y+1}+\frac{z^2-1}{6z^2-3z+1}$$

$$\leqslant \frac{1}{2}(x-1+y-1+z-1)=0.$$

原不等式成立.

▶ **例5** 设 a,b,c 是正实数,求证:

$$\frac{(b+c-a)^2}{a^2+(b+c)^2}+\frac{(c+a-b)^2}{b^2+(a+c)^2}+\frac{(a+b-c)^2}{c^2+(b+a)^2}\geqslant \frac{3}{5}.$$

证明

不妨设 $a+b+c=1$,原不等式为

$$\frac{(1-2a)^2}{2a^2-2a+1}+\frac{(1-2b)^2}{2b^2-2b+1}+\frac{(1-2c)^2}{2c^2-2c+1}\geqslant \frac{3}{5}.$$

令 $f(x)=\dfrac{(1-2x)^2}{2x^2-2x+1}, x\in(0,1)$,则 $f'(x)=\dfrac{4x-2}{(2x^2-2x+1)^2}$,于是

$$f\left(\frac{1}{3}\right)=\frac{1}{5}, f'\left(\frac{1}{3}\right)=-\frac{54}{25},$$

从而函数 $f(x)$ 在点 $\left(\dfrac{1}{3},\dfrac{1}{5}\right)$ 处的切线方程为

$$y-\frac{1}{5}=-\frac{54}{25}\left(x-\frac{1}{3}\right),$$

即
$$y = -\frac{54}{25}x + \frac{23}{25}.$$

于是
$$f(x) \geqslant -\frac{54}{25}x + \frac{23}{25} \Leftrightarrow \frac{2(6x+1)(1-3x)^2}{25(2x^2-2x+1)} \geqslant 0.$$

所以
$$\frac{(1-2x)^2}{2x^2-2x+1} \geqslant -\frac{54}{25}x + \frac{23}{25},$$

故
$$\frac{(1-2a)^2}{2a^2-2a+1} + \frac{(1-2b)^2}{2b^2-2b+1} + \frac{(1-2c)^2}{2c^2-2c+1}$$
$$\geqslant \left(-\frac{54}{25}a + \frac{23}{25}\right) + \left(-\frac{54}{25}b + \frac{23}{25}\right) + \left(-\frac{54}{25}c + \frac{23}{25}\right)$$
$$= \frac{69}{25} - \frac{54}{25}(a+b+c) = \frac{3}{5}.$$

点评

本题需要先归一化,再使用切线法找到局部不等式.

▶ **例6** 已知非负实数 a,b,c,d 满足 $a+b+c+d=4$,求
$$\frac{a}{b^3+4} + \frac{b}{c^3+4} + \frac{c}{d^3+4} + \frac{d}{a^3+4}$$
的最小值.

解

因为
$$\frac{1}{x^3+4} \geqslant -\frac{1}{12}x + \frac{1}{4} \Leftrightarrow x(x-2)^2(x+1) \geqslant 0,$$

所以
$$\frac{a}{b^3+4} + \frac{b}{c^3+4} + \frac{c}{d^3+4} + \frac{d}{a^3+4}$$
$$\geqslant -\frac{1}{12}(ab+bc+cd+da) + \frac{1}{4}(a+b+c+d)$$
$$= 1 - \frac{1}{12}(a+c)(b+d)$$
$$\geqslant 1 - \frac{1}{12} \cdot \frac{(a+c+b+d)^2}{4} = \frac{2}{3},$$

当 $a=b=2, c=d=0$ 时等号成立,所以欲求的最小值为 $\frac{2}{3}$.

▶**例7** 已知 $a,b,c>0, a+b+c=3$. 求证：$\sum_{cyc} \dfrac{1}{5a^2-4a+11} \leqslant \dfrac{1}{4}$.

证明

当 a,b,c 都小于 $\dfrac{9}{5}$ 时，先证明局部不等式

$$\dfrac{1}{5a^2-4a+11} \leqslant \dfrac{1}{24}(3-a),$$

上式等价于

$$(a-1)^2(5a-9) \leqslant 0,$$

由于 a,b,c 都小于 $\dfrac{9}{5}$，故上式成立.

所以

$$\sum_{cyc} \dfrac{1}{5a^2-4a+11} \leqslant \dfrac{1}{24}\sum_{cyc}(3-a) = \dfrac{1}{4}.$$

当 a,b,c 中有一个大于等于 $\dfrac{9}{5}$ 时，不妨设 $a \geqslant \dfrac{9}{5}$，则

$$5a^2-4a+11 = a(5a-4)+11 \geqslant \dfrac{9}{5} \cdot 5 + 11 = 20,$$

$$5b^2-4b+11 = 5\left(b-\dfrac{2}{5}\right)^2 + 10\dfrac{1}{5} > 10,$$

$$5c^2-4c+11 > 10,$$

所以

$$\sum_{cyc} \dfrac{1}{5a^2-4a+11} \leqslant \dfrac{1}{20} + \dfrac{1}{10} \times 2 = \dfrac{1}{4}.$$

习题 7

1. 设 a 是正实数,求证:$a^2+2a+\dfrac{4}{a}\geq 7$.

2. 已知 x 是实数,求证:$e^x\geq 1+x$.

3. 已知 $x>-1$,证明:$\ln(1+x)\geq \dfrac{x}{1+x}$.

4. 证明:对任意整数 $n\geq 1$,不等式 $\dfrac{1}{n+1}+\dfrac{1}{n+2}+\cdots+\dfrac{1}{2n}<\ln 2$ 均成立.

5. 求函数 $f(x)=(\sqrt{1+x}+\sqrt{1-x}-3)(\sqrt{1-x^2}+1)$ 的最大值和最小值.

6. 求函数 $f(x)=\dfrac{\sin x}{2}+\dfrac{2}{\sin x}$, $x\in(0,\pi)$ 的最小值.

7. 设函数 $f(x)=\dfrac{\sin x}{2+\cos x}$,若对 $x\geq 0$ 都有 $f(x)\leq ax$,求实数 a 的取值范围.

8. 设 $a_1,a_2,\cdots,a_n$ 是正实数,满足 $a_1^2+a_2^2+\cdots+a_n^2=n$. 求证:
$$\dfrac{1}{a_1^3+2}+\dfrac{1}{a_2^3+2}+\cdots+\dfrac{1}{a_n^3+2}\geq \dfrac{n}{3}.$$

9. 设正实数 a,b,c 满足 $abc=1$,求证:
$$a^2+b^2+c^2+9(ab+bc+ca)\geq 10(a+b+c).$$

10. 设 a,b,c 是正实数,$a+b+c=1$,求证:
$$\dfrac{1}{1+a^2}+\dfrac{1}{1+b^2}+\dfrac{1}{1+c^2}\leq \dfrac{27}{10}.$$

11. 已知 x,y,z 是实数,求证:
$$\dfrac{xyz}{(1+5x)(4x+3y)(5y+6z)(z+18)}\leq \dfrac{1}{5120}.$$

12. 设 a,b,c 是正实数,求证:
$$\dfrac{(2a+b+c)^2}{2a^2+(b+c)^2}+\dfrac{(a+2b+c)^2}{2b^2+(a+c)^2}+\dfrac{(a+b+2c)^2}{2c^2+(b+a)^2}\leq 8.$$

13. 设 a,b,c 是正实数,求证:
$$\dfrac{a}{\sqrt{b+c}}+\dfrac{b}{\sqrt{c+a}}+\dfrac{c}{\sqrt{a+b}}\geq \sqrt{\dfrac{3}{2}(a+b+c)}.$$

14. 设 $x_1, x_2, x_3, x_4 \in \left(0, \dfrac{\pi}{2}\right), x_1+x_2+x_3+x_4=\pi$. 求证：
$$\sum_{i=1}^{4}\dfrac{1}{\cos x_i} \leqslant \sqrt{2}\sum_{i=1}^{4}\tan x_i.$$

15. 设 $f(x)$ 是 $[a,b]$ 上的向下凸的函数，证明：对任意 $x,y,z\in[a,b]$，均有
$$f\left(\dfrac{x+y+z}{3}\right)+\dfrac{f(x)+f(y)+f(z)}{3}\geqslant \dfrac{2}{3}\left(f\left(\dfrac{x+y}{2}\right)+f\left(\dfrac{y+z}{2}\right)+f\left(\dfrac{z+x}{2}\right)\right).$$

第8讲 调整法

知识桥

调整法,是指一种处理问题的方法,即暂时固定问题中的一些可变因素,研究另一些可变因素对问题的影响(包括操作这些可变因素),使问题的解决取得局部的进展,再通过局部成果的累积和扩大,一步一步地向目标靠近,最终解决整个问题.

调整法的步骤如下:

(1) 观察不等式等号成立的条件.

(2) 逐步调整成取等条件,并证明每一步函数值都递增(递减).

训练营

▶ **例1** 设整数 $n \geqslant 3$,若正实数 $a_1, a_2, \cdots, a_n$ 满足 $a_1 + a_2 + \cdots + a_n = n$,求证:
$$a_1 a_2 \cdots a_n \leqslant 1.$$

证明

记 $S = a_1 a_2 \cdots a_n$.

若 $a_1, a_2, \cdots, a_n$ 全为 1,则 $S = 1$.

以下设 $a_1, a_2, \cdots, a_n$ 不全为 1,我们证明必有 $S < 1$.

事实上,此时必存在 $i, j \in \{1, 2, \cdots, n\}$,使得 $a_i < 1 < a_j$.

将 a_i, a_j 分别调整为 $a_i' = a_i + a_j - 1, a_j' = 1$,其他 $n-2$ 个 $a_k (k \neq i, j)$ 暂时固定,即对任意 $k \in \{1, 2, \cdots, n\}, k \neq i, j$,令 $a_k' = a_k$.

调整后 $a_1', a_2', \cdots, a_n'$ 之和仍为 n,且 $a_1', a_2', \cdots, a_n'$ 中至少含有一个 1. 由于
$$a_i' a_j' - a_i a_j = a_i + a_j - 1 - a_i a_j = (1 - a_i)(a_j - 1) > 0,$$

即 $a_i'a_j' > a_i a_j$,故
$$S' = a_1' a_2' \cdots a_n' > a_1 a_2 \cdots a_n = S.$$

若 $a_1', a_2', \cdots, a_n'$ 不全为 1,则仿照上面的调整方式,继续选择一个小于 1 的数 a_s' 与一个大于 1 的数 a_t',将它们调整为 $a_s' + a_t' - 1$ 与 1,得到一组和为 n 的数 $a_1'', a_2'', \cdots, a_n''$,其中至少含有两个 1,并且 $S'' = a_1'' a_2'' \cdots a_n'' > S' > S$.

以此类推,这样的调整过程至多重复 $n-1$ 次,可使 n 个数全为 1,而每一次调整后,n 个数的乘积变大. 由于调整的终止时刻 n 个数的乘积为 1,所以初始时刻 $a_1, a_2, \cdots, a_n$ 的乘积 $S < 1$.

点评

本题的结论是 n 元平均不等式的一种代表性的情形. 采用局部调整来求解本题,实际上也是在展示 n 元平均不等式的一种证明方法.

容易看到不等式等号成立的条件是 $a_1 = a_2 = \cdots = a_n = 1$,故将此情形作为调整的目标状态. 上述调整操作的特点:在保持 n 个数的乘积值单调增加的情况下,每次调整使 n 个数中"1"的个数增加,即整个调整过程使得当前状态与目标状态的差异不断缩小. 因此,这种调整操作的方式也被形象地称为"磨光变换".

▶ **例 2** 已知 $x_1 + x_2 + \cdots + x_n = 1$. 求证:$x_1^2 + x_2^2 + \cdots + x_n^2 \geq \dfrac{1}{n}$.

证明

不等式等号成立的条件是 $x_1 = x_2 = \cdots = x_n = \dfrac{1}{n}$.

若 x_i 不全相同,则其中一定有数大于 $\dfrac{1}{n}$,也一定有数小于 $\dfrac{1}{n}$,不妨设 $x_1 < \dfrac{1}{n} < x_2$,则
$$\left(x_1 - \dfrac{1}{n}\right)\left(x_2 - \dfrac{1}{n}\right) < 0,$$
即
$$x_1 x_2 + \dfrac{1}{n^2} < \dfrac{1}{n}(x_1 + x_2),$$

这可以推出
$$\left(\dfrac{1}{n}\right)^2 + \left(x_1 + x_2 - \dfrac{1}{n}\right)^2 < x_1^2 + x_2^2.$$

令 $x_1' = \dfrac{1}{n}, x_2' = x_1 + x_2 - \dfrac{1}{n}, x_i' = x_i (i \geqslant 3)$，则 $\sum\limits_{i=1}^{n} x_i' = 1$，且

$$\sum_{i=1}^{n} x_i^2 > \sum_{i=1}^{n} x_i'^2.$$

这样不断调整，直至所有 $x_i = \dfrac{1}{n}$，故

$$\sum_{i=1}^{n} x_i^2 \geqslant n \cdot \left(\dfrac{1}{n}\right)^2 = \dfrac{1}{n}.$$

点评

容易看出不等式等号成立的条件是 $x_1 = x_2 = \cdots = x_n = \dfrac{1}{n}$，所以我们把 x_i 都调整为 $\dfrac{1}{n}$.

▶ **例 3** 设 A, B, C 是任意三角形的三个内角，求 $S = \sin A + \sin B \cdot \sin C$ 的最大值.

解

暂时固定 A，考虑 B, C 变化时 S 的最大值 $S(A)$.

注意到

$$\sin B \sin C = \dfrac{\cos(B-C) - \cos(B+C)}{2} \leqslant \dfrac{1 - \cos(B+C)}{2} = \dfrac{1 + \cos A}{2},$$

当 $B = C = \dfrac{\pi - A}{2}$ 时等号成立. 因此当固定 A 时，S 的最大值为

$$S(A) = \sin A + \dfrac{1 + \cos A}{2}.$$

考虑 A 变化时 $S(A)$ 的最大值. 事实上，

$$S(A) = \dfrac{\sqrt{5}}{2}\left(\dfrac{2}{\sqrt{5}}\sin A + \dfrac{1}{\sqrt{5}}\cos A\right) + \dfrac{1}{2} = \dfrac{\sqrt{5}}{2}\sin(A + \varphi) + \dfrac{1}{2},$$

其中 $\varphi = \arctan\dfrac{1}{2}$. 当 $\sin(A + \varphi) = 1$，即 $A = \arctan 2$ 时，$S(A)$ 取到最大值 $\dfrac{\sqrt{5}}{2} + \dfrac{1}{2}$.

综合上述两步，可知 S 的最大值为 $\dfrac{\sqrt{5}}{2} + \dfrac{1}{2}$（当 $A = \arctan 2$ 且 $B = C = \dfrac{\pi - A}{2}$

时取到).

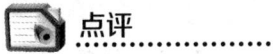 **点评**

如果将一般形状的 $\triangle ABC$ 的全体记为 P_0,满足 $B=C$ 的 $\triangle ABC$ 的全体记为 P_1,P_1 中进一步满足 $A=\arctan 2$ 的 $\triangle ABC$ 的全体记为 P_2,那么本题的调整过程可以从几何上描述为将 P_0 中的状态先调整到 P_1 中的状态,再调整到 P_2 中的状态. 对任意 $\triangle ABC$ 而言,两步调整都保持函数值 S 不变小(即做了优化),而调整的"终点"(即 P_2 中的状态)所对应的 S 值容易求得为 $\frac{\sqrt{5}}{2}+\frac{1}{2}$. 于是,通过这一调整优化的过程,既证明了 $\frac{\sqrt{5}}{2}+\frac{1}{2}$ 是一般情形下 S 的上界,也同时实现了这一上界值.

▶ **例 4** 已知非负实数 a,b,c 满足 $a+b+c=3$,求证:
$$a^2+b^2+c^2+abc \geq 4.$$

证明

记 $f(a,b,c)=a^2+b^2+c^2+abc$.

不妨设 $a \geq b \geq c$,则 $c \leq \frac{a+b+c}{3}=1$,于是

$$f(a,b,c)-f\left(\frac{a+b}{2},\frac{a+b}{2},c\right)$$
$$=a^2+b^2+c^2+abc-\left(\frac{a+b}{2}\right)^2-\left(\frac{a+b}{2}\right)^2-c^2-\left(\frac{a+b}{2}\right)^2 c$$
$$=\frac{(a-b)^2}{2}-\frac{c(a-b)^2}{4}$$
$$=\left(\frac{1}{2}-\frac{c}{4}\right)(a-b)^2 \geq 0,$$

所以只需证明
$$f\left(\frac{a+b}{2},\frac{a+b}{2},c\right) \geq 4. \qquad ①$$

令 $x=\frac{a+b}{2}$,则 $c=3-2x$,且 $x \leq \frac{3}{2}$,①式即为
$$f(x,x,3-2x)=2x^2+(3-2x)^2+x^2(3-2x) \geq 4,$$

上式等价于
$$(x-1)^2(5-2x) \geq 0,$$

原不等式得证.

 点评

易知当 $a=b=c=1$ 时不等式等号成立,所以我们先把 a,b 调成相等,于是不等式的左边就是一元函数了.

▶例5 设 $n\geq 2$ 是给定的正整数,$x_i>0, 1\leq i\leq n$ 满足 $x_ix_j\geq 1, 1\leq i,j\leq n, i\neq j$. 求证:

$$\frac{1}{1+x_1}+\cdots+\frac{1}{1+x_n}\geq \frac{n}{1+\sqrt[n]{x_1x_2\cdots x_n}}.$$

证明

令 $m=\sqrt[n]{x_1x_2\cdots x_n}$,固定 m.

不等式等号成立的条件是 $x_1=x_2=\cdots=x_n=m$.

若 x_i 不全相同,则其中一定有数大于 m,也一定有数小于 m,也不妨设 $x_1<m<x_2$. 令 $x_1'=m, x_2'=\frac{x_1x_2}{m}, x_i'=x_i(i\geq 3)$. 则

$$\sqrt[n]{x_1'x_2'\cdots x_n'}=\sqrt[n]{x_1x_2\cdots x_n}=m.$$

下证

$$\sum_{i=1}^n \frac{1}{1+x_i}>\sum_{i=1}^n \frac{1}{1+x_i'}.$$

这等价于

$$\frac{1}{1+x_1}+\frac{1}{1+x_2}>\frac{1}{1+x_1'}+\frac{1}{1+x_2'},$$

即

$$\frac{2+x_1+x_2}{(1+x_1)(1+x_2)}>\frac{2+x_1'+x_2'}{(1+x_1')(1+x_2')}.$$

令 $f(t)=\frac{2+t}{1+x_1x_2+t}$,则 $f(t)=1+\frac{1-x_1x_2}{1+x_1x_2+t}$ 是关于 t 单调递增的.

从而 $f(x_1+x_2)>f(x_1'+x_2')\Leftrightarrow x_1+x_2>x_1'+x_2'\Leftrightarrow (x_1-m)(x_2-m)<0$. 这显然成立.

故每次调整后不等式左边的值都递减,有限次调整后 $x_1=x_2=\cdots=x_n=m$,所以

$$\frac{1}{1+x_1}+\cdots+\frac{1}{1+x_n}\geq \frac{n}{1+m}=\frac{n}{1+\sqrt[n]{x_1x_2\cdots x_n}}.$$

▶例6 设 $x,y,z\geq 0, x+y+z=1$. 求证:

$$0 \leqslant xy+yz+zx-2xyz \leqslant \frac{7}{27}.$$

证明

先证：$0 \leqslant xy+yz+zx-2xyz$.

由于 $x+y+z=1$，则
$$\begin{aligned}xy+yz+zx-2xyz &= (xy+yz+zx)(x+y+z)-2xyz \\ &= x^2(y+z)+y^2(z+x)+z^2(x+y)+xyz \geqslant 0.\end{aligned}$$

再证：$xy+yz+zx-2xyz \leqslant \frac{7}{27}$.

用调整法. 记 $f(x,y,z)=xy+yz+zx-2xyz$.

不等式等号成立的条件是 $x=y=z=\frac{1}{3}$.

若 x,y,z 不全相同，则其中一定有大于 $\frac{1}{3}$，也一定有小于 $\frac{1}{3}$，不妨设 $z<\frac{1}{3}<x$. 令 $z'=\frac{1}{3}, x'=x+z-\frac{1}{3}, y'=y$. 则
$$\begin{aligned}f(x,y,z)-f(x',y',z') \\ =(1-2y)(xz-x'z'),\end{aligned}$$

注意到 $1-2y=x+z-y \geqslant 0$，$xz-x'z'=xz-\frac{1}{3}\left(x+z-\frac{1}{3}\right)=\left(x-\frac{1}{3}\right)\left(z-\frac{1}{3}\right) \leqslant 0$，

从而 $f(x,y,z)-f(x',y',z') \leqslant 0$，即 $f(x,y,z) \leqslant f(x',y',z')$.

这样不断调整，最后可以得到
$$f(x,y,z) \leqslant f\left(\frac{1}{3},\frac{1}{3},\frac{1}{3}\right)=\frac{7}{27}.$$

▶ **例7** 若 $a,b,c,d \geqslant 0, a+b+c+d=1$. 求证：
$$abc+bcd+cda+dab \leqslant \frac{1}{27}+\frac{176}{27}abcd.$$

证明

令 $I(a,b,c,d)=abc+bcd+cda+dab-\frac{176}{27}abcd$.

不妨设 $0 \leqslant a \leqslant b \leqslant c \leqslant d$.

不等式等号成立的条件是 $a=b=c=d=\frac{1}{4}$ 或 a,b,c,d 中一个数为 0，其余

三个数为 $\frac{1}{3}$.

若 a,b,c,d 不全相同,则其中一定有数大于 $\frac{1}{4}$,也一定有数小于 $\frac{1}{4}$,不妨设 $a<\frac{1}{4}<d$. 注意到

$$I(a,b,c,d)=ad\left(b+c-\frac{176}{27}bc\right)+bc(a+d).$$

若 $b+c-\frac{176}{27}bc\leqslant 0$,则

$$I(a,b,c,d)\leqslant bc(a+d)\leqslant\left(\frac{b+c+a+d}{3}\right)^3=\frac{1}{27}.$$

若 $b+c-\frac{176}{27}bc>0$,令 $a'=\frac{1}{4}$,$d'=a+d-\frac{1}{4}$,$b'=b$,$c'=c$,则

$$I(a,b,c,d)<I(a',b',c',d')$$
$$\Leftrightarrow\left(b+c-\frac{176}{27}bc\right)(ad-a'd')<0$$
$$\Leftrightarrow ad<a'd'$$
$$\Leftrightarrow\left(a-\frac{1}{4}\right)\left(d-\frac{1}{4}\right)<0,$$

这样不断调整,可以得到 $I(a,b,c,d)\leqslant I\left(\frac{1}{4},\frac{1}{4},\frac{1}{4},\frac{1}{4}\right)=\frac{1}{27}$.

点评

由于本题取等情况有 $a=b=c=d=\frac{1}{4}$ 和 $a=b=c=\frac{1}{3},d=0$ 这两类,故需要分两种情况,分别进行调整.

▶**例8** 求最小的实数 λ,使得不等式
$$5(abc+abd+acd+bcd)-\lambda abcd\leqslant 12$$
对满足 $a+b+c+d=4$ 的任意正实数 a,b,c,d 都成立.

解

当 $a=b=c=d=1$ 时,得 $\lambda\geqslant 8$.

下面证明,对满足 $a+b+c+d=4$ 的任意正实数 a,b,c,d,有
$$f(a,b,c,d)=5(abc+abd+acd+bcd)-8abcd\leqslant 12. \tag{1}$$

用反证法,假设有一组 (a,b,c,d) 满足 $f(a,b,c,d)>12$,我们证明:将 a,b,c,d 中任意两数调整为它们的算术平均值(仍保持和不变)后,f 的值不变小.

由对称性,仅需证明 $f(a,b,c,d) \leqslant f\left(\dfrac{a+b}{2}, \dfrac{a+b}{2}, c, d\right)$.

注意到 $f(a,b,c,d)=ab(5c+5d-8cd)+5cd(a+b)$. 假如 $5c+5d \leqslant 8cd$,则

$$f(a,b,c,d) \leqslant 5cd(a+b) \leqslant 5\left(\dfrac{(a+b)+c+d}{3}\right)^3 = 5\left(\dfrac{4}{3}\right)^3 < 12,$$

矛盾. 所以 $5c+5d>8cd$,此时由平均值不等式得

$$f(a,b,c,d) = ab(5c+5d-8cd)+5cd(a+b)$$
$$\leqslant \left(\dfrac{a+b}{2}\right)^2 (5c+5d-8cd)+5cd(a+b)$$
$$= f\left(\dfrac{a+b}{2}, \dfrac{a+b}{2}, c, d\right).$$

注意到每步调整后 f 的值不变小,依次可得

$$f(a,b,c,d) \leqslant f\left(\dfrac{a+b}{2}, \dfrac{a+b}{2}, c, d\right) \leqslant f\left(\dfrac{a+b}{2}, \dfrac{a+b}{2}, \dfrac{c+d}{2}, \dfrac{c+d}{2}\right)$$
$$\leqslant f\left(\dfrac{a+b}{2}, 1, 1, \dfrac{c+d}{2}\right) \leqslant f(1,1,1,1)=12,$$

与 $f(a,b,c,d)>12$ 矛盾. 因此式(1)成立.

综上可知,λ 的最小值为 8.

点评

本题的调整过程是在施加反证法假设的情况下进行的,目的是证明式(1),从而证明 $\lambda=8$ 满足条件.

▶ **例 9** 设 $x_1, x_2, \cdots, x_{1997}$ 满足 $-\dfrac{1}{\sqrt{3}} \leqslant x_i \leqslant \sqrt{3}$,$x_1+x_2+\cdots+x_{1997}=-318\sqrt{3}$. 求 $x_1^{12}+x_2^{12}+\cdots+x_{1997}^{12}$ 的最大值.

证明

我们需要如下引理(凸函数的常见性质).

引理:设 $f(x)$ 为向下凸的函数,则对任意 $x<y, t>0$ 有

$$f(x-t)+f(y+t) \geqslant f(x)+f(y).$$

回到原题,设 $f(x)=x^{12}(x \in \mathbf{R})$,$f'(x)=11x^{11}$,$f''(x)=132x^{10} \geqslant 0$,则 f 是一个向下凸的函数.

令 $y_i = \sqrt{3} x_i$，由 $x_i \in \left[-\dfrac{1}{\sqrt{3}}, \sqrt{3}\right]$，知 $y_i \in [-1, 3]$，$\sum\limits_{i=1}^{1997} y_i = -954$，且

$$\sum_{i=1}^{1997} x_i^{12} = \dfrac{1}{3^6} \sum_{i=1}^{1997} y_i^{12}.$$

由引理知，当 $\sum\limits_{i=1}^{1997} y_i^{12}$ 达到最大值时，y_i 中至多有一个数 $\in (1, 3)$，其余都取 -1 或 3. 故设其中有 k 个 3，$1996-k$ 个 -1，还有一个 $a \in [-1, 3]$. 它们的和 $3k - (1996-k) + a = -954$，即 $4k + a = 1042, a \in \mathbf{Z}$.

故 a 是整数，且 $a \equiv 2 \pmod 4$，结合 $a \in [-1, 3]$ 知 $a = 2$，这样 $k = 260$.

所以 $\left(\sum\limits_{i=1}^{1997} x_i^{12}\right)_{\max} = \dfrac{1}{3^6}(260 \times 3^{12} + 2^{12} + 1736)$.

点评

引理的证明：因为 $f(x)$ 为向下凸的函数，则对任意 $x < y, t > 0$，存在 $s \in [0, 1]$，使得

$$x = s(x-t) + (1-s)(y+t),$$
$$y = (1-s)(x-t) + s(y+t),$$

于是
$$f(x) \leqslant s f(x-t) + (1-s) f(y+t),$$
$$f(y) \leqslant (1-s) f(x-t) + s f(y+t),$$

将上面两个不等式相加，可得

$$f(x-t) + f(y+t) \geqslant f(x) + f(y).$$

▶ **例 10**   设 $n \geqslant 4$ 为给定的整数，$x_1 + x_2 + \cdots + x_n \geqslant n$，$x_1^2 + x_2^2 + \cdots + x_n^2 \geqslant n^2$. 求证：$\max\{x_i\} \geqslant 2$.

证明

引理与上例相同. $f(x) = x^2$ 是向下凸的函数.

用反证法. 假设 $\max\{x_i\} < 2$，则对任意 $1 \leqslant i \leqslant n$，均有 $x_i < 2$.

下面使用调整法. 若 $x_1, \cdots, x_n$ 中至少有 2 个数小于 2，不妨设 $x_1 \leqslant x_2 < 2$.

令 $x_1' = x_1 + x_2 - 2, x_2' = 2, x_i' = x_i (i \geqslant 3)$. 调整后和不变，由引理知 $\sum\limits_{i=1}^{n} x_i^2$（严格）变大，这样题目条件仍然成立. $n-1$ 次调整后得到 $n-1$ 个 2 及一个 $a \leqslant 2$. 从而

$$n \leqslant \sum_{i=1}^{n} x_i = 2(n-1) + a,$$ 即 $a \geqslant -n+2$. 所以 $a^2 \leqslant (n-2)^2$. 则

$$\sum_{i=1}^{n} x_i^2 = (n-1) \cdot 2^2 + a^2$$
$$\leqslant 4(n-1) + (n-2)^2$$
$$= n^2,$$

等号成立当且仅当 $x_1, \cdots, x_n$ 中有 $n-1$ 个 2, 1 个 $-(n-2)$. 这与 $x_i < 2$ ($i=1, 2, \cdots, n$) 矛盾.

▶ **例 11** 设 $(a_1, a_2, \cdots, a_{12})$, $(b_1, b_2, \cdots, b_{12})$, $(c_1, c_2, \cdots, c_{12})$ 均为 $1, 2, \cdots, 12$ 的排列,求 $\sum_{i=1}^{12} (a_i b_i + b_i c_i + c_i a_i)$ 的最小值.

解

因为

$$2 \sum_{i=1}^{12} (a_i b_i + b_i c_i + c_i a_i) = \sum_{i=1}^{12} (a_i + b_i + c_i)^2 - \sum_{i=1}^{12} (a_i^2 + b_i^2 + c_i^2)$$
$$= \sum_{i=1}^{12} (a_i + b_i + c_i)^2 - 3 \sum_{i=1}^{12} i^2$$
$$= \sum_{i=1}^{12} (a_i + b_i + c_i)^2 - 1950.$$

记 $x_i = a_i + b_i + c_i, i = 1, 2, \cdots, 12$, 则 $\sum_{i=1}^{12} x_i = 3 \sum_{i=1}^{12} i = 234$.

由于把 234 写成 12 个正整数的和,写法只有有限种,所以一定有一种使得 $x_1^2 + x_2^2 + \cdots + x_{12}^2$ 达到最小值.

设 $x_1 \leqslant x_2 \leqslant \cdots \leqslant x_{12}$, 满足 $x_1 + x_2 + \cdots + x_{12} = 234$, 且使得 $x_1^2 + x_2^2 + \cdots + x_{12}^2$ 取到最小值, 则 $x_1, x_2, \cdots, x_{12}$ 中任意两个数的差的绝对值不超过 1.

事实上,若存在两个数 x_i, x_j ($1 \leqslant i < j \leqslant 12$) 满足 $x_j - x_i \geqslant 2$, 令 $y_i = x_i + 1$, $y_j = x_j - 1$, 且 $y_k = x_k, k \neq i, j$, 则

$$y_i^2 + y_j^2 = (x_i + 1)^2 + (x_j - 1)^2$$
$$= x_i^2 + x_j^2 + 2 - 2(x_j - x_i) < x_i^2 + x_j^2,$$

矛盾.

所以, 当 $x_1 = x_2 = \cdots = x_6 = 19$, $x_7 = x_8 = \cdots = x_{12} = 20$ 时, $x_1^2 + x_2^2 + \cdots + x_{10}^2$ 取到最小值 $6 \times 19^2 + 6 \times 20^2 = 4566$, 于是

不等式的证明

$$\sum_{i=1}^{12}(a_ib_i+b_ic_i+c_ia_i) \geqslant \frac{1}{2}(4566-1950)=1308.$$

当 $(a_1,a_2,\cdots,a_{12})$,$(b_1,b_2,\cdots,b_{12})$,$(c_1,c_2,\cdots,c_{12})$ 分别为

$$(1,2,3,4,5,6,7,8,9,10,11,12),$$
$$(7,8,9,10,11,12,1,2,3,4,5,6),$$
$$(11,9,7,5,3,1,12,10,8,6,4,2)$$

时，$\sum_{i=1}^{12}(a_ib_i+b_ic_i+c_ia_i)=1308.$

故 $\sum_{i=1}^{12}(a_ib_i+b_ic_i+c_ia_i)$ 的最小值是 1308.

点评

本题是一个"离散量"的最值问题，我们往往是调成"几乎相等"或者"边界"情况，这常常是取得最值的情况.

演习场

习题 8

1. 设 $x_1, x_2, \cdots, x_n > 0, x_1 x_2 \cdots x_n = 1$. 求证: $x_1 + x_2 + \cdots + x_n \geq n$.

2. 对任意 $\triangle ABC$, 求 $u = \sin\dfrac{A}{2}\sin\dfrac{B}{2}\sin\dfrac{C}{2}$ 的最大值.

3. 设 $a, b, c \in [-1, 2]$, 求 $S = a + b + c - abc$ 的最大值与最小值.

4. 设非负实数 $x_1, x_2, \cdots, x_n$ 满足 $x_1 + x_2 + \cdots + x_n \leq \dfrac{1}{2}$, 求 $(1-x_1)(1-x_2) \cdots (1-x_n)$ 的最小值.

5. 设正实数 a, b, c 满足 $abc = 1$, 求证:
$$(a+b)(b+c)(c+a) \geq 4(a+b+c-1).$$

6. 设 $x_i > 0, x_1 + x_2 + \cdots + x_n = 1$, 求证:
$$\dfrac{(1-x_1)(1-x_2)\cdots(1-x_n)}{x_1 x_2 \cdots x_n} \geq (n-1)^n.$$

7. 已知正实数 $x_1, x_2, \cdots, x_n$ 满足 $\prod\limits_{i=1}^{n} x_i = 1$, 求证:
$$\prod\limits_{i=1}^{n}(\sqrt{2} + x_i) \geq (\sqrt{2}+1)^n.$$

8. 设 $a, b, c > 0, abc = 1$. 求证:
$$\dfrac{1}{a} + \dfrac{1}{b} + \dfrac{1}{c} + \dfrac{3}{a+b+c} \geq 4.$$

9. 设 a, b, c 是任意 3 个互不相同的非负实数, 满足
$$\dfrac{1}{(a-b)^2} + \dfrac{1}{(b-c)^2} + \dfrac{1}{(c-a)^2} = 1.$$
求 $S = ab + bc + ca$ 的最小值.

10. 设 n 是一个固定的整数, $n \geq 2$.

(1) 确定最小常数 c, 使得不等式
$$\sum\limits_{1 \leq i < j \leq n} x_i x_j (x_i^2 + x_j^2) \leq c \left(\sum\limits_{i=1}^{n} x_i\right)^4$$
对所有的非负实数 $x_1, x_2, \cdots, x_n$ 都成立;

(2) 对于这个常数 c, 确定等号成立的充要条件.

11. (1) 把 2021 分成若干个正整数之和, 使这些正整数的乘积最大, 求出

该乘积.

(2) 把 2021 分成若干个互不相等的正整数之和,使这些正整数的乘积最大,求出该乘积.

12. 给定整数 $n\geq 2$,以及正实数 $a<b$. 设实数 $x_1,x_2,\cdots,x_n\in[a,b]$,求

$$\frac{\dfrac{x_1^2}{x_2}+\dfrac{x_2^2}{x_3}+\cdots+\dfrac{x_{n-1}^2}{x_n}+\dfrac{x_n^2}{x_1}}{x_1+x_2+\cdots+x_n}$$

的最大值.

第9讲 几何不等式

几何中表示量的不等关系的式子叫做几何不等式,几何不等式就其形式来说分为线段不等式、角不等式以及面积不等式三类.在解决几何不等式问题时,经常要用到一些已经学过的基本定理和已经证明过的结论,运用不等式的基本性质,通过几何、三角、代数等解题方法进行计算和证明.同时还需考虑几何图形的特点和性质.

9.1 基本几何不等式

知识桥

下面给出一些基本的几何不等式性质.

1. 在三角形中,两边之和大于第三边,两边之差小于第三边.
2. 在同一个三角形中,大边对大角,小边对小角,反之也成立.
3. 两组对边对应相等的两个三角形中,夹角大的第三边也大,反之也成立.
4. 三角形内任一点到两顶点的距离之和,小于另一顶点到这两个顶点的距离之和.
5. 三角形一边上的中线小于另外两边之和的一半.
6. 在 $\triangle ABC$ 中,点 P 是边 BC 上任意一点,则有
$$PA \leqslant \max\{AB, AC\},$$
当点 P 与点 B 或点 C 重合时等号成立.
7. 如果一个凸多边形在另一个多边形的内部,则外面的多边形的周长大于里面的凸多边形的周长.
8. 凸多边形内的任意一条线段的长度,或者不超过该凸多边形的最大边长,或者不超过该凸多边形最长的对角线的长度.

训练营

▶ **例 1** 设 BC 是 $\triangle ABC$ 的最长边,O 是 $\triangle ABC$ 内部任意一点,连接 OA,OB,OC,分别交对边于点 A_1,B_1,C_1,证明:

(1) $OA_1 + OB_1 + OC_1 < BC$;

(2) $OA_1 + OB_1 + OC_1 \leqslant \max\{AA_1, BB_1, CC_1\}$.

证明

(1) 过点 O 作 $OX \parallel AB$,$OY \parallel AC$,分别交 BC 于点 X,Y,再过点 X,Y 分别作 $XS \parallel CC_1$,$YT \parallel BB_1$,分别交 AB,AC 于点 S,T,如图 9.1 所示.

因为 $\triangle OXY \sim \triangle ABC$,故 XY 是 $\triangle OXY$ 的最大边,由性质 6 知,

$$OA_1 < \max\{OX, OY\} \leqslant XY.$$

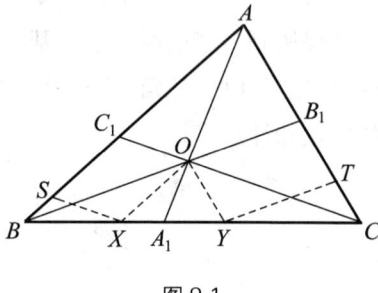

图 9.1

又因为 $\triangle BXS \sim \triangle BCC_1$,$\triangle YCT \sim \triangle BCB_1$,所以,由

$$CC_1 < \max\{CA, BC\} = BC,$$

可得 $\qquad BX > XS = OC_1$,

同理 $\qquad CY > YT = OB_1$,

所以 $\qquad BC = XY + BX + YC > OA_1 + OB_1 + OC_1$.

(2) 设 $\dfrac{OA_1}{AA_1} = x$,$\dfrac{OB_1}{BB_1} = y$,$\dfrac{OC_1}{CC_1} = z$,则

$$x + y + z = \frac{S_{\triangle OBC}}{S_{\triangle ABC}} + \frac{S_{\triangle OCA}}{S_{\triangle ABC}} + \frac{S_{\triangle OAB}}{S_{\triangle ABC}} = 1.$$

所以 $\qquad OA_1 + OB_1 + OC_1 = xAA_1 + yBB_1 + zCC_1$
$$\leqslant (x + y + z)\max\{AA_1, BB_1, CC_1\}$$
$$= \max\{AA_1, BB_1, CC_1\}.$$

 点评

其实,(2)比(1)更强,由(2)可推得(1).

▶ **例 2** 在 $\triangle ABC$ 中,已知:$\dfrac{1}{2}AC > AB$,求证:$\dfrac{1}{2}\angle ABC > \angle ACB$.

证明

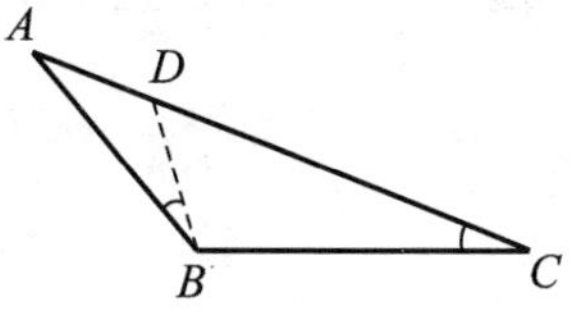

因为 $AC>2AB>AB$,所以 $\angle ABC>\angle ACB$.
如图 9.2 所示,作 $\angle ABD=\angle ACB$,交 AC 于 D.
下面只需证明 $\angle CBD>\angle ACB$ 即可.
因为 $\triangle BAD\backsim\triangle CAB$,所以

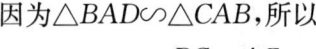

图 9.2

$$\frac{BC}{BD}=\frac{AC}{AB}>2,$$

即 $\qquad BC>2BD.$
又因为 $\qquad CD>BC-BD,$
两式相加,得 $BC+CD>2BD+BC-BD=BD+BC.$
即 $\qquad CD>BD,$
所以 $\qquad \angle CBD>\angle ACB.$
故 $\angle ABC=\angle ABD+\angle DBC>\angle ACB+\angle ACB=2\angle ACB,$
即 $\qquad \frac{1}{2}\angle ABC>\angle ACB.$

点评

证明角的不等式时,常常转化为边的不等式进行求证.

▶**例3** 如图 9.3,点 T 在 $\triangle ABC$ 内,$\angle ATB=\angle BTC=\angle CTA=120°$,求证:

$$2(AB+BC+CA)\geqslant 4AT+3BT+2CT.$$

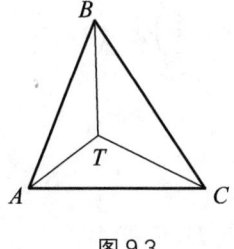

图 9.3

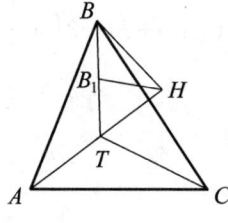

图 9.4

证明

方法一 如图 9.4 所示,设 B_1 是 BT 的中点,在 AT 的延长线上取点 H,使得 $TH=TB_1$,连接 HB,HB_1. 则

$$\angle THB_1=\angle TB_1H=\frac{\angle ATB_1}{2}=60°,$$

不等式的证明

所以,$\triangle B_1 TH$ 是正三角形,$B_1 H = HT = TB_1 = BB_1$,于是
$$\angle BHB_1 = \angle B_1 BH = \frac{\angle TB_1 H}{2} = 30°,$$

故
$$\angle BHA = \angle BHB_1 + \angle B_1 HT = 90°.$$

所以
$$AB > AH = AT + TH = AT + B_1 T$$
$$= AT + \frac{BT}{2}.$$

同理
$$AC > AT + \frac{CT}{2}, BC > BT + \frac{CT}{2}.$$

将上面三个不等式相加,得
$$2AB + 2BC + 2CA > 2\left(AT + \frac{BT}{2}\right) + 2\left(BT + \frac{CT}{2}\right) + 2\left(AT + \frac{CT}{2}\right)$$
$$= 4AT + 3BT + 2CT.$$

方法二 设 $BC = a, CA = b, AB = c, AT = x, BT = y, CT = z$. 由余弦定理可得
$$a^2 = y^2 + z^2 - 2yz\cos 120°$$
$$= y^2 + z^2 + yz$$
$$= \left(y + \frac{z}{2}\right)^2 + \frac{3z^2}{4} \geq \left(y + \frac{z}{2}\right)^2,$$

所以
$$a \geq y + \frac{z}{2}.$$

同理
$$b \geq x + \frac{z}{2}, c \geq x + \frac{y}{2}.$$

于是
$$2(a+b+c) \geq 2\left(y + \frac{z}{2}\right) + 2\left(x + \frac{z}{2}\right) + 2\left(x + \frac{y}{2}\right)$$
$$= 4x + 3y + 2z,$$

从而命题得证.

▶**例 4** 如图 9.5 所示,在 $\triangle ABC$ 中,点 D, E, F 分别在边 BC, CA, AB 上,求证:
$$\min\{S_{\triangle AEF}, S_{\triangle BFD}, S_{\triangle CED}\} \leq \frac{1}{4} S_{\triangle ABC}.$$

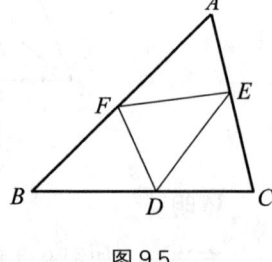

图 9.5

证明

设 $\min\{S_{\triangle AEF}, S_{\triangle BFD}, S_{\triangle CED}\} = S$,因为

$$\frac{S_{\triangle AFE}}{S_{\triangle ABC}} \cdot \frac{S_{\triangle BFD}}{S_{\triangle ABC}} \cdot \frac{S_{\triangle CED}}{S_{\triangle ABC}} = \frac{AF \cdot AE}{AB \cdot AC} \cdot \frac{BF \cdot BD}{AB \cdot BC} \cdot \frac{CD \cdot CE}{BC \cdot AC}$$

$$= \frac{AF \cdot BF}{AB^2} \cdot \frac{BD \cdot CD}{BC^2} \cdot \frac{AE \cdot CE}{AC^2},$$

而

$$\frac{AF \cdot BF}{AB^2} = \frac{AF \cdot BF}{(AF+BF)^2} \leqslant \frac{1}{4},$$

同理

$$\frac{BD \cdot CD}{BC^2} \leqslant \frac{1}{4}, \frac{AE \cdot CE}{AC^2} \leqslant \frac{1}{4}.$$

所以

$$\frac{S^3}{S_{\triangle ABC}^3} \leqslant \frac{S_{\triangle AFE}}{S_{\triangle ABC}} \cdot \frac{S_{\triangle BFD}}{S_{\triangle ABC}} \cdot \frac{S_{\triangle CED}}{S_{\triangle ABC}} \leqslant \left(\frac{1}{4}\right)^3,$$

故

$$\min\{S_{\triangle AEF}, S_{\triangle BFD}, S_{\triangle CED}\} \leqslant \frac{1}{4} S_{\triangle ABC}.$$

点评

在处理几何不等式的最大值与最小值问题时,常常会用到一些代数不等式,本题用了不等式 $(x+y)^2 \geqslant 4xy$.

▶**例5** 已知 X,Y 是 $\triangle ABC$ 的外接圆的弧 $\overparen{BC}$(不含点 A)上的两点,满足 $\angle BAX = \angle CAY$. 设点 M 是线段 AX 的中点. 证明: $BM+CM>AY$.

证明

如图 9.6 所示,设点 O 是 $\triangle ABC$ 的外接圆圆心,故 $OM \perp AX$. 过点 B 作 OM 的垂线,与 $\odot ABC$ 的另一个交点是 Z. 因为 $OM \perp BZ$,所以 OM 是线段 BZ 的垂直平分线. 所以 $MZ=MB$. 由三角不等式知

$$BM+MC=ZM+MC>CZ.$$

又 $BZ // AX$,故 $\overparen{AZ} = \overparen{BX} = \overparen{CY}$.

因此 $\overparen{ZAC} = \overparen{YCA}$,这说明 $CZ=AY$.

于是

$$BM+CM>CZ=AY.$$

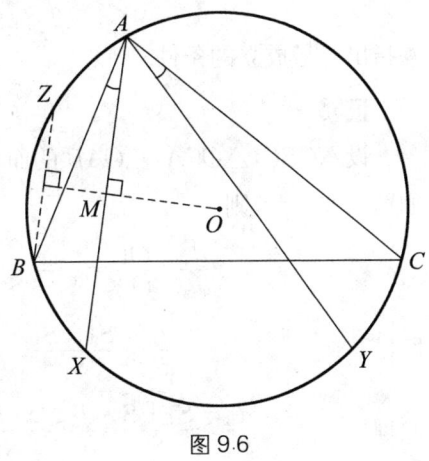

图 9.6

▶**例6** 已知边长为 a 的正方形 $ABCD$ 的内部有 n 个圆,每个圆的面积都不大于 1,且与正方形 $ABCD$ 的边平行的直线都至多与一个圆相交. 求证: 这 n 个圆的面积之和小于 a.

证明

如图 9.7 所示,记第 i 个圆的直径为 $d_i(i=1,2,\cdots,n)$,则该圆的面积 $S_i=\dfrac{\pi}{4}d_i^2$. 由题设 $S_i\leqslant 1$.

若 $d_i>1$,则 $S_i\leqslant 1<d_i$;

若 $0<d_i\leqslant 1$,则 $S_i=\dfrac{\pi}{4}d_i^2\leqslant\dfrac{\pi}{4}d_i<d_i$.

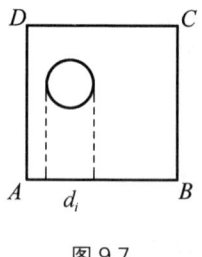

图 9.7

因此 $\qquad S_1+S_2+\cdots+S_n<d_1+d_2+\cdots+d_n.\qquad(1)$

现将这 n 个圆垂直投影到边 AB 上,得到长为 $d_1,d_2,\cdots,d_n$ 的 n 条线段,由于与正方形 $ABCD$ 的边平行的直线至多与一个圆相交,故这 n 条线段除端点外两两不相交,从而

$$d_1+d_2+\cdots+d_n\leqslant AB=a. \qquad(2)$$

结合式(1)(2),得 $S_1+S_2+\cdots+S_n<a$.

▶ **例 7** 已知 O 是 $\triangle ABC$ 内任意一点,O 到三顶点 A,B,C 的距离分别为 d_A,d_B,d_C,O 到三边 a,b,c 的距离分别为 d_a,d_b,d_c,求证:

$$\dfrac{d_A}{d_a}+\dfrac{d_B}{d_b}+\dfrac{d_C}{d_c}\geqslant 6,$$

并指出等号成立的条件.

证明

设 $\triangle OBC,\triangle OCA,\triangle OAB$ 的面积分别为 S_1,S_2,S_3,如图 9.8 所示,则

$$\dfrac{d_a}{d_A}\leqslant\dfrac{OD}{OA}=\dfrac{S_1}{S_2+S_3},$$

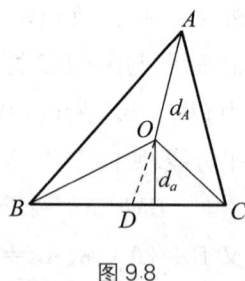

图 9.8

所以 $\qquad \dfrac{d_A}{d_a}\geqslant\dfrac{S_2+S_3}{S_1},$

同理 $\qquad \dfrac{d_B}{d_b}\geqslant\dfrac{S_3+S_1}{S_2},\dfrac{d_C}{d_c}\geqslant\dfrac{S_1+S_2}{S_3}.$

所以 $\qquad \dfrac{d_A}{d_a}+\dfrac{d_B}{d_b}+\dfrac{d_C}{d_c}\geqslant\dfrac{S_2+S_3}{S_1}+\dfrac{S_3+S_1}{S_2}+\dfrac{S_1+S_2}{S_3}\geqslant 6.$

当 O 为 $\triangle ABC$ 的垂心时等号成立.

9.2 托勒玫不等式与费马点

知识桥

托勒玫(Ptolemy)不等式：在凸四边形 $ABCD$ 中，有
$$AB \cdot CD + AD \cdot BC \geqslant AC \cdot BD,$$
等号当且仅当四边形 $ABCD$ 是圆内接四边形时成立．

证明

如图 9.9 所示，在 AB 或 AB 的延长线上取一点 M，在 AD 或 AD 的延长线上取一点 N，使得 $AB \cdot AM = AC^2 = AD \cdot AN$，连接 MC, NC, MN，则
$$\triangle ABC \sim \triangle ACM,$$

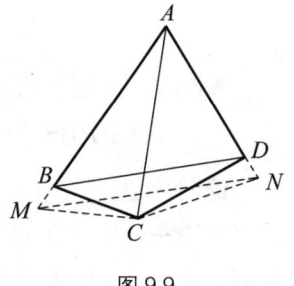

图9.9

所以
$$MC = BC \cdot \frac{AC}{AB},$$

同理
$$NC = CD \cdot \frac{AC}{AD}.$$

又 $\triangle ABD \sim \triangle AMN$，所以
$$MN = BD \cdot \frac{AM}{AD} = \frac{BD}{AD} \cdot \frac{AC^2}{AB}.$$

由于 $MN \leqslant CM + CN$，结合上面几个式子，得
$$\frac{BD}{AD} \cdot \frac{AC^2}{AB} \leqslant BC \cdot \frac{AC}{AB} + CD \cdot \frac{AC}{AD},$$

去分母，化简便得 $AB \cdot CD + AD \cdot BC \geqslant AC \cdot BD$．

等号成立的条件是 M, C, N 三点共线，此时 $\angle ABC + \angle ADC = \angle ACM + \angle ACN = 180°$，此即 A, B, C, D 四点共圆．

训练营

▶ **例1** 设 P 是边长为 1 的正三角形 ABC 内部一点，记 $PA = a, PB = b$，

$PC=c$,求证:$bc+ca+ab\geqslant 1$.

证明

如图 9.10 所示,作平行四边形 $ACQP$,再作平行四边形 $PQBR$,由 $RB \parallel AC$,且 $RB=AC$ 知,$\triangle ABR$ 是边长为 1 的正三角形.

在四边形 $APBR$ 中,由托勒攻不等式得
$$AP \cdot BR + AR \cdot BP \geqslant RP \cdot AB,$$
所以 $\qquad a+b \geqslant RP.\qquad$ (1)

在四边形 $PCQB$ 中,由托勒攻定理得
$$PB \cdot CQ + PC \cdot BQ \geqslant PQ \cdot BC,$$
所以 $\qquad ab+c \cdot BQ \geqslant 1.\qquad$ (2)

因为 $BQ=RP$,所以由式(1)(2)便得
$$bc+ca+ab \geqslant 1.$$

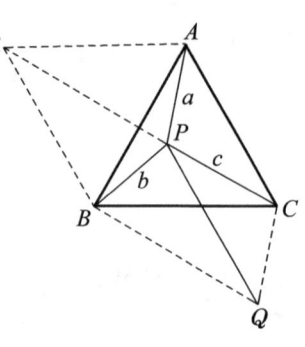

图 9.10

▶**例2** 已知点 O 是正三角形 ABC 的中心,点 P,Q 满足 $OQ=2PO$. 证明:$PA+PB+PC \leqslant QA+QB+QC$.

证明

方法一 如图 9.11 所示,设 BC,CA,AB 的中点分别为 A_1,B_1,C_1.

由于 $\triangle ABC$ 与 $\triangle A_1B_1C_1$ 关于点 O 位似,位似比为 $1:(-2)$,故在此变换下,$P \to Q$,从而
$$QA+QB+QC=2(PA_1+PB_1+PC_1).$$

在四边形 PA_1BC_1 中,由托勒攻不等式,有
$$PB \cdot A_1C_1 \leqslant PC_1 \cdot A_1B + PA_1 \cdot BC_1,$$
注意到 $\triangle A_1BC_1$ 为正三角形,则 $PB \leqslant PA_1+PC_1$. 同理,$PC \leqslant PA_1+PB_1$,$PA \leqslant PB_1+PC_1$,以上三式相加,有
$$PA+PB+PC \leqslant 2(PA_1+PB_1+PC_1).$$

故 $PA+PB+PC \leqslant QA+QB+QC$.

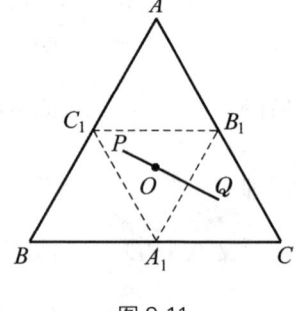

图 9.11

方法二 只需证明,$QA+QB \geqslant 2PC$.

我们记 $\omega = e^{\mathrm{i}\frac{2\pi}{3}}$,则 $\overrightarrow{OB}=\omega\overrightarrow{OA},\overrightarrow{OC}=\omega^2\overrightarrow{OA},\overrightarrow{OQ}=-2\overrightarrow{OP}$,从而
$$QA+QB \geqslant 2PC \Leftrightarrow |\overrightarrow{OA}-\overrightarrow{OQ}|+|\overrightarrow{OB}-\overrightarrow{OQ}| \geqslant 2|\overrightarrow{OC}-\overrightarrow{OP}|$$
$$\Leftrightarrow |\overrightarrow{OA}+2\overrightarrow{OP}|+|\omega\overrightarrow{OA}+2\overrightarrow{OP}| \geqslant 2|\omega^2\overrightarrow{OA}-\overrightarrow{OP}|$$

$$\Leftrightarrow |\overrightarrow{OA}+2\overrightarrow{OP}|+|\overrightarrow{OA}+2\omega^2\overrightarrow{OP}|\geqslant 2|\overrightarrow{OA}-\omega\overrightarrow{OP}|.$$

事实上,由三角形不等式得
$$|\overrightarrow{OA}+2\overrightarrow{OP}|+|\overrightarrow{OA}+2\omega^2\overrightarrow{OP}|\geqslant|\overrightarrow{OA}+2\overrightarrow{OP}+\overrightarrow{OA}+2\omega^2\overrightarrow{OP}|$$
$$=2|\overrightarrow{OA}+(1+\omega^2)\overrightarrow{OP}|$$
$$=2|\overrightarrow{OA}-\omega\overrightarrow{OP}|,$$

故 $\qquad QA+QB\geqslant 2PC,$

同理还有 $\qquad QB+QC\geqslant 2PA, QC+QA\geqslant 2PB,$

三式相加即为 $\qquad PA+PB+PC\leqslant QA+QB+QC.$

知识桥

费马(Fermat)点:在平面内找一点 P,使得它到 $\triangle ABC$ 三个顶点之间的距离之和最小. 这点我们称它为费马点.

(1) 当 $\triangle ABC$ 三个内角均小于 $120°$ 时,费马点为 $\triangle ABC$ 内部对三角形的三边张角均为 $120°$ 的点;

(2) 若 $\triangle ABC$ 中有一内角大于等于 $120°$,则此内角的顶点即为费马点.

费马点的证明 (1) 首先证明点 P 不会在 $\triangle ABC$ 外. 将 $\triangle ABC$ 外部分为 6 个区域,如图 9.12 所示.

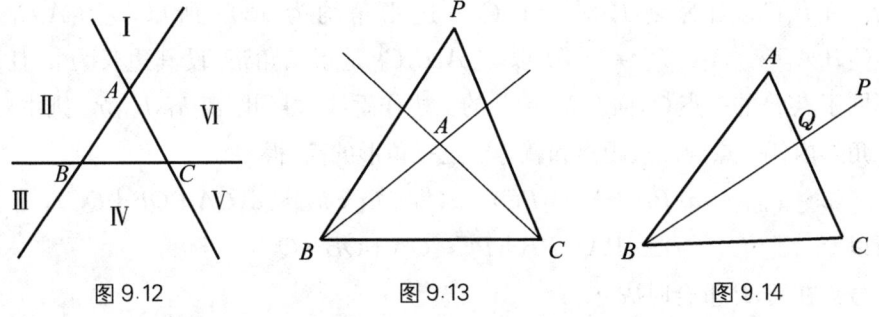

图9.12　　　　　图9.13　　　　　图9.14

如点 P 在区域 I 中,如图 9.13 所示,则有
$$AB+AC\leqslant PB+PC<PA+PB+PC,$$
即点 A 到三顶点距离之和比点 P 到三顶点距离之和小,点 P 在区域 III 和 V 同样可得.

若点 P 在区域 VI 中,如图 9.14,设 BP 交 AC 于点 Q,则有
$$QA+QB+QC=QB+AC<BP+AC<PA+PB+PC,$$
即点 Q 到 A,B,C 三点之间的距离之和比点 P 到 A,B,C 三点之间的距离之和

小,点 P 在区域 Ⅱ 和 Ⅳ 也有同样的结论.

因此点 P 一定在 $\triangle ABC$ 的内部或边上.

(2) 当 $\triangle ABC$ 的三个内角均为小于 $120°$ 的角时,以 BC, CA, AB 为边分别向 $\triangle ABC$ 外作等边 $\triangle BCD$,等边 $\triangle CAE$,等边 $\triangle ABF$,再分别作三个等边三角形的外接圆. 三个外接圆的圆周在 $\triangle ABC$ 内的交点,即对 $\triangle ABC$ 三边张角均为 $120°$ 的点,记为点 P,如图 9.15 所示. 下面证明:对于 $\triangle ABC$ 内任意一点 Q,都有
$$PA+PB+PC \leqslant QA+QB+QC.$$

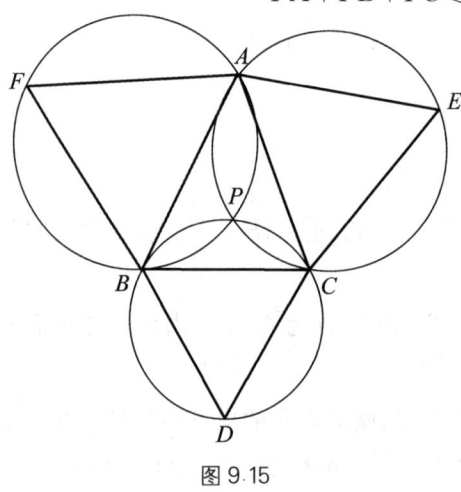

图 9.15

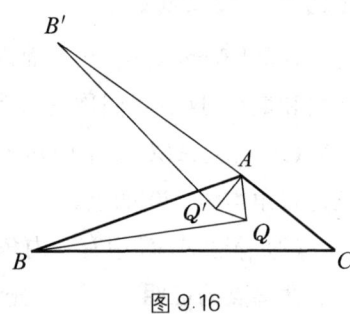

图 9.16

过 A,B,C 三点分别作 PA, PB, PC 的垂线,三条垂线相交所成的三角形记为 $\triangle A_1 B_1 C_1$. 因为点 P 对 $\triangle ABC$ 三边张角均为 $120°$,所以,$\angle B_1 A_1 C_1 = \angle C_1 B_1 A_1 = \angle A_1 C_1 B_1 = 60°$,所以,$\triangle A_1 B_1 C_1$ 是正三角形,设其边长为 a. 任取不同于点 P 的一点 Q,向 $\triangle A_1 B_1 C_1$ 的三边作垂线,得到距离 h_1, h_2, h_3. 则由"正三角形内任一点到三边距离和就等于正三角形的高"得
$$2S_{\triangle A_1 B_1 C_1} = a(PA+PB+PC) = a(h_1+h_2+h_3) \leqslant a(QA+QB+QC),$$
所以
$$PA+PB+PC \leqslant QA+QB+QC,$$
等号只在 Q, P 重合时成立.

(3) 若 $\triangle ABC$ 中有一内角大于等于 $120°$. 不妨设 $\angle A \geqslant 120°$,Q 为 $\triangle ABC$ 内部或边上一点. 将 BA 绕点 A 旋转,使 B 成为 CA 延长线上一点 B',Q 为 Q',如图 9.16 所示. 因为旋转角小于等于 $60°$,所以,$QQ' \leqslant AQ$. 于是
$$QA+QB+QC \geqslant QQ'+Q'B'+QC \geqslant CB' \geqslant CA+AB,$$
等号当且仅当 Q 与 A 重合时成立.

综上所述,当 $\triangle ABC$ 各个内角均小于 $120°$ 时,费马点为 $\triangle ABC$ 内部对三角形的三边张角均为 $120°$ 的点. 若 $\triangle ABC$ 中有一内角大于等于 $120°$,则此内角的

顶点即为费马点.

训练营

▶ **例 3** 设 $\triangle ABC$ 外接圆半径为 R,P 是 $\triangle ABC$ 内任意一点,求证:
$$\frac{PA}{BC^2}+\frac{PB}{CA^2}+\frac{PC}{AB^2}\geqslant \frac{1}{R}.$$

证明

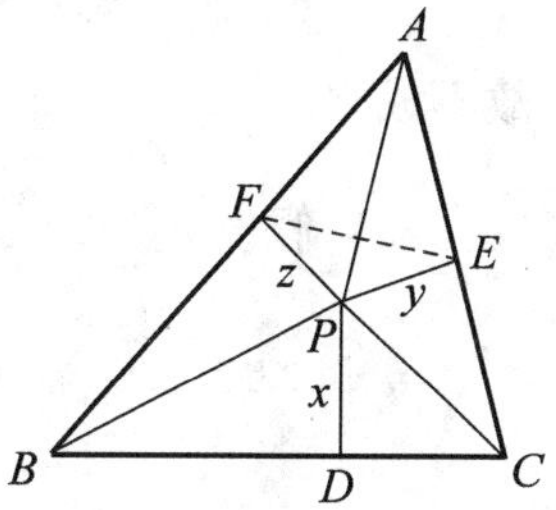

如图 9.17 所示,过点 P 分别作 $PD\perp BC$,$PE\perp CA$,$PF\perp AB$,垂足分别为 D,E,F,令 $x=PD$,$y=PE$,$z=PF$. 因为 P,E,A,F 在以 PA 为直径的圆上,所以由正弦定理和余弦定理得

$$\begin{aligned}PA^2\sin^2 A&=EF^2=y^2+z^2-2yz\cos\angle EPF\\&=y^2+z^2-2yz\cos(B+C)\\&=(y\sin C+z\sin B)^2+(y\cos C-z\cos B)^2\\&\geqslant (y\sin C+z\sin B)^2,\end{aligned}$$

图 9.17

所以
$$PA\geqslant \frac{\sin C}{\sin A}y+\frac{\sin B}{\sin A}z=\frac{c}{a}y+\frac{b}{a}z,$$
$$\frac{PA}{BC^2}\geqslant \frac{c}{a^3}y+\frac{b}{a^3}z.$$

同理
$$\frac{PB}{CA^2}\geqslant \frac{c}{b^3}x+\frac{a}{b^3}z,\quad \frac{PC}{AB^2}\geqslant \frac{a}{c^3}y+\frac{b}{c^3}x.$$

故
$$\begin{aligned}\frac{PA}{BC^2}+\frac{PB}{CA^2}+\frac{PC}{AB^2}&\geqslant \left(\frac{c}{b^3}+\frac{b}{c^3}\right)x+\left(\frac{c}{a^3}+\frac{a}{c^3}\right)y+\left(\frac{b}{a^3}+\frac{a}{b^3}\right)z\\&\geqslant \frac{2x}{bc}+\frac{2y}{ca}+\frac{2z}{ab}\\&=\frac{2ax+2by+2cz}{abc}=\frac{4S}{abc}=\frac{1}{R}.\end{aligned}$$

▶ **例 4** (1) 凸四边形 $ABCD$ 中,$\triangle DAB$,$\triangle ABC$,$\triangle BCD$,$\triangle CDA$ 的内切圆半径分别为 r_1,r_2,r_3,r_4,且 $r_1\leqslant r_2\leqslant r_3\leqslant r_4$. 问 $r_4>2r_3$ 是否成立?

(2) 凸四边形 $ABCD$ 的对角线交于点 E,$\triangle ABE$,$\triangle BCE$,$\triangle CDE$,$\triangle DAE$ 的内切圆半径分别为 r_1,r_2,r_3,r_4,且 $r_1\leqslant r_2\leqslant r_3\leqslant r_4$. 问 $r_2>2r_1$ 是否成立?

不等式的证明

解

(1) 如图 9.18 所示,用 p 表示三角形的半周长,r 表示三角形的内切圆半径,则

$$r_4 = \frac{S_{\triangle ACD}}{p_{ACD}} = \frac{S_{\triangle ADE}}{p_{ACD}} + \frac{S_{\triangle CDE}}{p_{ACD}}$$

$$\leqslant \frac{S_{\triangle ADE}}{p_{ADE}} + \frac{S_{\triangle CDE}}{p_{CDE}} = r_{ADE} + r_{CDE}$$

$$\leqslant r_1 + r_3 \leqslant 2r_3,$$

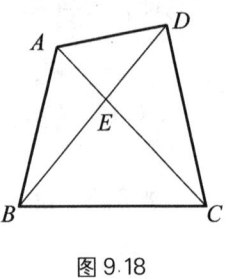

图 9.18

故不成立.

(2) 假设 $r_2 > 2r_1$ 成立,即 $\dfrac{S_{\triangle BCE}}{p_{BCE}} > \dfrac{2S_{\triangle ABE}}{p_{ABE}}$.

又 $\dfrac{S_{\triangle BCE}}{S_{\triangle ACE}} = \dfrac{CE}{AE}$,所以

$$\frac{CE}{BC+CE+BE} > \frac{2AE}{AE+BE+AB},$$

$$\frac{CE}{AE} > \frac{2(BC+CE+BE)}{AE+BE+AB} > \frac{2(CE+CE)}{AE+BE+(AE+BE)},$$

所以 $BE > AE$.

同理,由 $r_4 \geqslant r_2 > 2r_1$ 可得,$AE > BE$,矛盾!

于是 $r_2 \leqslant 2r_1$.

故不成立.

▶ **例 5** 设 P 为正 n 边形 $A_1A_2\cdots A_n$ 内的任意一点,直线 A_iP 交正 n 边形 $A_1A_2\cdots A_n$ 的边界于另一点 B_i,$i=1,2,\cdots,n$. 证明:

$$\sum_{i=1}^{n} PA_i \geqslant \sum_{i=1}^{n} PB_i.$$

证明

记 $t=\left[\dfrac{n}{2}\right]+1$,并设 $A_{n+j}=A_j, j=1,2,\cdots,n$.

注意到正 n 边形的任意一个顶点与边界上任意一点之间的距离不大于其最长的对角线的长度 d,因此,对任意 $1 \leqslant i \leqslant n$,均有

$$A_iP + PB_i = A_iB_i \leqslant d. \tag{3}$$

另一方面,由三角形两边之和大于第三边可知,对任意 $1 \leqslant i \leqslant n$,均有

$$A_iP + PA_{i+t} \geqslant A_iA_{i+t} = d. \tag{4}$$

式(3)(4)分别对 $i=1,2,\cdots,n$ 求和可得
$$\sum_{i=1}^{n}(A_iP+PA_{i+t})\geqslant nd\geqslant \sum_{i=1}^{n}(A_iP+PB_i),$$
即
$$2\sum_{i=1}^{n}PA_i\geqslant \sum_{i=1}^{n}A_iP+\sum_{i=1}^{n}PB_i,$$
故命题成立.

▶ **例 6** 求最小的正实数 c,使得对任意 $\triangle ABC$ 及三角形内一点 P,都有
$$\sqrt{PA\cdot PB}+\sqrt{PB\cdot PC}+\sqrt{PC\cdot PA}\leqslant c(AB+BC+CA).$$

解

先证明一个引理:如图 9.19 所示,设 P 是 $\triangle ABC$ 内一点,若 $PA\leqslant PB\leqslant PC$,则
$$PA+PC\leqslant \frac{1}{2}(AB+BC+CA).$$

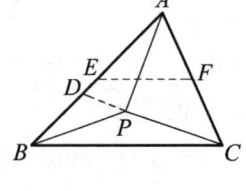

图 9.19

引理的证明:延长 CP 与边 AB 相交于点 D,则
$$PA+PC\leqslant DA+DC,$$
$$PA+PC\leqslant PB+PC\leqslant DB+DC,$$
所以
$$PA+PC\leqslant \min\{DA,DB\}+DC.$$

不妨设 $DB\leqslant DA$,边 AB,AC 的中点分别记为 E,F,则
$$DB+DC\leqslant BE+EF+FC=\frac{1}{2}(AB+BC+CA),$$
所以
$$PA+PC\leqslant \frac{1}{2}(AB+BC+CA).$$

引理得证.

不妨设 $PA\leqslant PB\leqslant PC$,则
$$\sqrt{PA\cdot PB}+\sqrt{PB\cdot PC}+\sqrt{PC\cdot PA}\leqslant \sqrt{PA\cdot PC}+PC+\sqrt{PC\cdot PA}$$
$$=PC+2\sqrt{PA\cdot PC},$$
由平均不等式得
$$2\sqrt{PA\cdot PC}\leqslant \frac{\sqrt{5}+1}{2}PA+\frac{\sqrt{5}-1}{2}PC,$$
于是结合引理得
$$PC+2\sqrt{PA\cdot PC}\leqslant \frac{\sqrt{5}+1}{2}(PA+PC)\leqslant \frac{\sqrt{5}+1}{4}(AB+BC+CA).$$

不等式的证明

另一方面,当 $AB=AC=1, BC \to 0$ 时,取

$$PA=\frac{5-\sqrt{5}}{10}, PB=PC=\frac{5+\sqrt{5}}{10},$$

则 $\sqrt{PA \cdot PB}+\sqrt{PB \cdot PC}+\sqrt{PC \cdot PA}=\frac{\sqrt{5}+1}{2}=\frac{\sqrt{5}+1}{4}(AB+BC+CA)$.

综上所述,所求的最小的正实数 c 为 $\frac{\sqrt{5}+1}{4}$.

▶ **例7** 如图 9.20 所示,在 $\triangle ABC$ 中,$\angle BAC \geq 60°$,点 D,E 分别在边 AB,AC 上,求证:

$$\frac{BC}{\min(BD,DE,EC)} \geq \sqrt{5-4\cos A}.$$

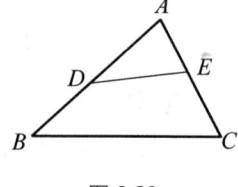

图 9.20

证明

若 $BD=\min(BD,DE,EC)$,我们将线段 BD 向点 A 移动,得到线段 $B'D'$,过点 D' 作 $D'E' // DE$,过点 B' 作 $B'C' // BC$,因为 $AB'<AB$,所以 $D'E'<DE$,$B'C'<BC$. 于是,我们可以通过这样的方式,得到

$$BD=DE=\min(BD,DE,EC) \text{ 或者 } BD=EC=\min(BD,DE,EC).$$

若 $DE=\min(BD,DE,EC)$,我们将边 BC 向点 A 方向平移,得到 $B'C'$,则 $B'C'<BC, B'D<BD, C'E<CE$,不妨设通过移动,得到

$$BD=DE=\min(BD,DE,EC).$$

所以,我们只需考虑如下两种情形:

(1) $BD=EC=\min(BD,DE,EC)$.

设 $u=AD, v=AE, x=BD=CE, y=DE$,这里 $x \leq y$. 由余弦定理得

$$a^2=(u+x)^2+(v+x)^2-2(u+x)(v+x)\cos A,$$
$$y^2=u^2+v^2-2uv\cos A,$$

于是 $\quad a^2=y^2+2x^2(1-\cos A)+2(u+v)x(1-\cos A),$

因为 $x \leq y, x \leq u+v$,所以

$$a^2=y^2+2x^2(1-\cos A)+2(u+v)x(1-\cos A) \geq x^2(5-4\cos A).$$

从而 $\quad \dfrac{BC}{\min(BD,DE,EC)} \geq \sqrt{5-4\cos A}.$

(2) $BD=DE=\min(BD,DE,EC)$.

若 $\angle C<90°$,将点 C 向点 A 移动,此时线段 EC 和 BC 的长度均减少,于是,我们可以使得 $BD=DE=EC$,由(1)可知命题成立.

若$\angle C\geqslant 90°$,$BD=DE<EC$,设$x=BD=DE$,$y=EC$,则点D到直线BC的距离为$x\sin B$,点E到直线BC的距离为$y\sin(A+B)$,因为$x<y$,$\sin B<\sin(A+B)$,所以$x\sin B<y\sin(A+B)$,于是$\angle DEA>90°$,故$x=DE<AD$,从而$x<\dfrac{AB}{2}$. 又$x<y\leqslant AC$,所以

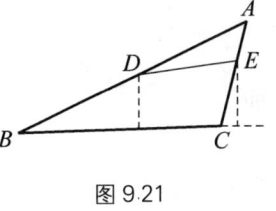

图 9.21

$$\min(BD,DE,EC)\leqslant \min\left(\dfrac{c}{2},b\right).$$

于是
$$a^2=b^2+c^2-2bc\cos A=4\left(\dfrac{c}{2}\right)^2+b^2-4b\left(\dfrac{c}{2}\right)\cos A$$
$$\geqslant 3\left(\dfrac{c}{2}\right)^2+2b\left(\dfrac{c}{2}\right)(1-2\cos A)$$
$$\geqslant (5-4\cos A)\cdot (\min(BD,DE,EC))^2,$$

从而
$$\dfrac{BC}{\min(BD,DE,EC)}\geqslant \sqrt{5-4\cos A}.$$

▶ **例8** 设D为$\triangle ABC$内任一点,求证:
$$\dfrac{BC}{\min{AD,BD,CD}}\geqslant \begin{cases}2\sin A, & \text{当}\angle A<90°\text{时},\\ 2, & \text{当}\angle A\geqslant 90°\text{时}.\end{cases}$$

证明

先证一个引理:在$\triangle ABC$中,$\dfrac{BC}{\min{AB,AC}}\geqslant 2\sin\dfrac{A}{2}$.

引理的证明:作$\angle A$的平分线AT,过点D,E分别作AT的垂线,垂足分别为D,E,则
$$BC=BT+TC\geqslant BD+CE=AB\sin\dfrac{A}{2}+AC\sin\dfrac{A}{2}$$
$$\geqslant 2\min\{AB,AC\}\sin\dfrac{A}{2},$$

所以
$$\dfrac{BC}{\min\{AB,AC\}}\geqslant 2\sin\dfrac{A}{2}.$$

回到原题. 当$\angle A<90°$时,若$\triangle ABC$为锐角三角形,则外心O在$\triangle ABC$内,如图 9.22 所示,设外接圆半径为R,且不妨设点D在$\triangle AOC$内部或边界上,则
$$\min\{AD,BD,CD\}\leqslant \min\{AD,CD\}\leqslant \dfrac{AD+CD}{2}$$

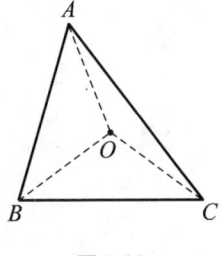

图 9.22

$$\leqslant \frac{AO+CO}{2}=R,$$

即
$$\frac{BC}{2\sin A} \geqslant \min\{AD,BD,CD\},$$

故
$$\frac{BC}{\min(AD,BD,CD)} \geqslant 2\sin A.$$

若△ABC 为非锐角三角形,不妨设∠B≥90°,则外心 O 不在△ABC 内部,如图 9.23 所示,设 BO 交 AC 于点 P,则点 D 必在△ABP 或△BCP 中,同上知
$$\min\{AD,BD,CD\} \leqslant R,$$

从而也有
$$\frac{BC}{\min(AD,BD,CD)} \geqslant 2\sin A.$$

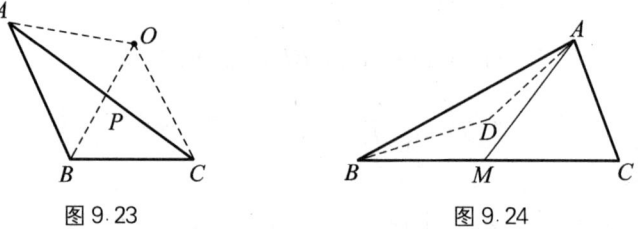

图 9.23 图 9.24

当∠A≥90°时,设 M 为 BC 的中点,则 $AM \leqslant \frac{1}{2}BC$,不妨设点 D 在△ABM 内部或边界上,如图 9.24 所示,则
$$\min\{AD,BD,CD\} \leqslant \min\{AD,BD\} \leqslant \frac{AD+BD}{2}$$
$$\leqslant \frac{AM+BM}{2} \leqslant \frac{BC}{2},$$

故
$$\frac{BC}{\min(AD,BD,CD)} \geqslant 2.$$

演习场

习题 9

1. 已知 P 是 $\triangle ABC$ 内任一点.

(1) 求证: $\dfrac{1}{2}(AB+BC+CA)<PA+PB+PC<AB+BC+CA$;

(2) 若 $\triangle ABC$ 是正三角形,且边长为 1,求证: $1.5<PA+PB+PC<2$.

2. 在 $\triangle ABC$ 中, $\angle B=2\angle C$, 求证: $AC<2AB$.

3. 已知平面内的任意四点,其中任意三点不共线.试问:是否一定能从这样的四个点中选出三点构成一个三角形,使得这个三角形至少有一个内角不大于 $45°$? 试证明你的结论.

4. 如图 9.25, $\triangle ABC$ 是边长为 8 的正三角形,点 M 是边 AB 上一点, MP 垂直 AC 于点 P, MQ 垂直 BC 于点 Q, 连接 PQ.

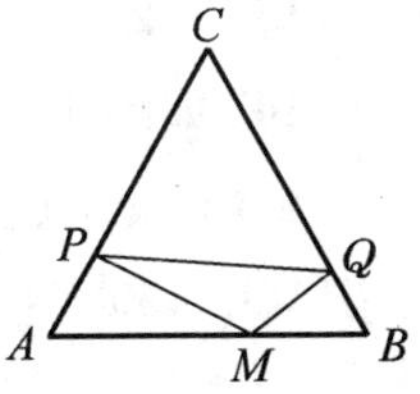

(1) 求 PQ 的最小值;

(2) 求 $\triangle CPQ$ 面积的最大值.

5. 已知正 $\triangle ABC$ 的边长为 1,点 M,N,P 分别在边 BC,CA,AB 上,且 $MB+CN+AP=1$, 求 $\triangle MNP$ 面积的最大值.

6. 如图 9.26, 在 $\triangle ABC$ 中, $AB=AC$, D 为 BC 的中点, E 为 $\triangle ABD$ 中任意一点. 连接 AE,BE,CE, 求证: $\angle AEB>\angle AEC$.

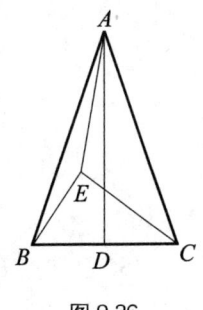

图 9.25

7. 在等腰 $\triangle ABC$ 中, $AB=AC$. 直线 l 是过点 A 且平行于边 BC 的直线. 设点 D 是直线 l 上任意一点, 过点 A 作直线 BD,CD 的垂线, 垂足分别为 E,F. 设点 E,F 在直线 l 上的射影分别为 P,Q. 证明: $AP+AQ\leq AB$.

图 9.26

8. 在凸四边形 $ABCD$ 中, 点 M,P 分别是 BC,CD 的中点, 已知 $AM+AP=a$, 求证: $S_{ABCD}<\dfrac{1}{2}a^2$.

9. 设 I 为 $\triangle ABC$ 的内心, P 是 $\triangle ABC$ 内部的一点, 满足
$$\angle PBA+\angle PCA=\angle PBC+\angle PCB.$$
证明: $AP\geq AI$, 并说明等号成立的充要条件是 $P=I$.

10. 如图 9.27, △ABC 为直角三角形, ∠ACB = 90°. M_1, M_2 为 △ABC 内任意两点, M 为线段 M_1M_2 的中点, 直线 BM_1, BM_2, BM 与 AC 边分别交于点 N_1, N_2, N. 求证:
$$\frac{M_1N_1}{BM_1} + \frac{M_2N_2}{BM_2} \geq 2\frac{MN}{BM}.$$

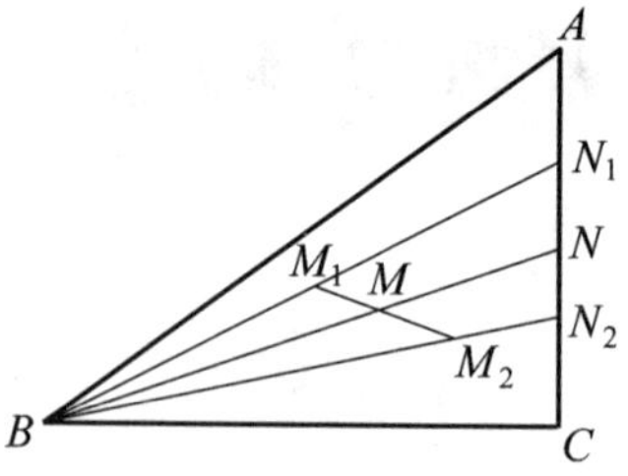

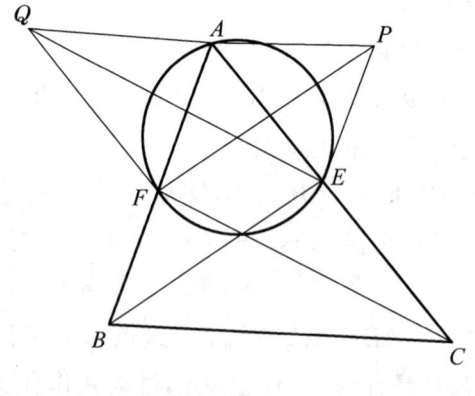

图 9.27

11. 已知凸六边形 ABCDEF 的每条边长都为 1. 证明: 对角线 AD, BE, CF 中至少有一条不超过 2.

12. 向 △ABC 外作 △DBC, △EAC, △FAB, 使得
∠DBC = ∠ECA = ∠FAB 且 ∠DCB = ∠EAC = ∠FBA.
求证: FA + FB + BD + DC + CE + EA ≥ AD + BE + CF.

13. 在四面体 ABCD 中, 证明: $|AB^2 - BC^2 + CD^2 - DA^2| < 2AC \cdot BD$.

14. 如图 9.28 所示, 在 △ABC 中, ∠A = 60°, ∠B, ∠C 的平分线分别与边 AC, AB 相交于点 E, F. 点 P, Q 使得四边形 BFPE, CEQF 为平行四边形. 证明: ∠PAQ > 150°(这里的 ∠PAQ 不包含边 AB).

图 9.28

15. 已知点 P 为锐角 △ABC 内部任意一点, 点 E, F 分别为 P 在边 AC, AB 上的射影. BP, CP 的延长线分别交 △ABC 的外接圆于点 B_1, C_1, 设 △ABC 的外接圆和内切圆的半径分别为 R 和 r.

求证: $\frac{EF}{B_1C_1} \geq \frac{r}{R}$, 并确定等号成立时点 P 的位置.

16. 设 ABCD 为等腰梯形, AB∥CD, △BCD 的内切圆 w 切 CD 于点 E, F 为 ∠DAC 的内角平分线上一点, 使得 EF⊥CD, △ACF 的外接圆与直线 CD 交于点 C 和 G. 求证: GF > BF.

17. 设正方形周界上的两点 M, N 之间连有一条可求长的连续曲线 Γ,将正方形分成面积相等的两部分. 证明:Γ 的长度不小于正方形的边长.

18. 平面上给定点 O 和多边形 F,F 的周长为 P,D 为 O 到 F 各顶点的距离之和,H 为 O 到 F 各边的距离之和. 证明:$D^2 - H^2 \geqslant \dfrac{P^2}{4}$.

19. 证明:(厄尔多斯-莫德尔不等式) 设 P 为 $\triangle ABC$ 内任意一点,P 到三边 BC, CA, AB 的距离分别为 $PD=p, PE=q, PF=r$,记 $PA=x, PB=y, PC=z$,则
$$x+y+z \geqslant 2(p+q+r),$$
当且仅当 $\triangle ABC$ 为正三角形且 P 为此三角形的中心时等号成立.

20. 设 P 是 $\triangle ABC$ 内的一点. 求证:$\angle PAB, \angle PBC, \angle PCA$ 中至少有一个小于等于 $30°$.

21. 给定平面上的 $n(n \geqslant 3)$ 个单位圆,它们的圆心分别为 $O_1, O_2, \cdots, O_n$. 已知任意一条直线至多和这 n 个圆中的两个相交. 求证:
$$\sum_{1 \leqslant i < j \leqslant n} \dfrac{1}{O_i O_j} < \dfrac{n\pi}{4}.$$

22. 设 $\triangle ABC$ 中,$BC=a, CA=b, AB=c$,P 是 $\triangle ABC$ 内一点. 求证:
(1) $a \cdot PB \cdot PC + b \cdot PC \cdot PA + c \cdot PA \cdot PB \geqslant abc$;
(2) $a \cdot PA^2 + b \cdot PB^2 + c \cdot PC^2 \geqslant abc$.

第 10 讲　综合问题

本讲介绍一些不等式综合问题.

知识桥

证明不等式的常用方法：

（1）比较法

欲证 $A \geqslant B$，只需证明 $A-B \geqslant 0$. 若 $B>0$，欲证 $A \geqslant B$，则只需证明 $\dfrac{A}{B} \geqslant 1$.

（2）分析法

假设要证明的不等式成立，然后由它出发推出一系列与之等价的不等式，直到得到一个较为容易证明的不等式，或者一个明显成立的不等式.

（3）反证法

假设要证明的不等式不成立，然后推出矛盾，从而得到要证明的不等式成立.

（4）数学归纳法

在证明与正整数 n 有关的命题时，常常用数学归纳法.

（5）放缩法

要证明不等式 $A \leqslant B$，可借助一个（或者多个）中间量 C，若能证明 $A \leqslant C$，$C \leqslant B$，则证得了 $A \leqslant B$.

（6）变量代换法

将一个较为复杂的式子视为一个整体，用一个字母来代替它，从而使复杂问题变得简单.

（7）函数方法

通过引进函数，利用函数的性质，如单调性、凹凸性、有界性等来证明不等式.

（8）构造方法

通过构造函数、恒等式、图形等来证明不等式.

训练营

▶ **例1** 设实数 x,y,z 满足 $xy\neq 0, x+y\neq 0$，求证：
$$\left(\frac{y+z}{x}+2\right)^2+\left(\frac{z}{y}+2\right)^2+\left(\frac{z}{x+y}-1\right)^2\geqslant 5.$$

证明

设 $a=x+y+z, b=y+z, c=z$，则
$$\left(\frac{y+z}{x}+2\right)^2+\left(\frac{z}{y}+2\right)^2+\left(\frac{z}{x+y}-1\right)^2$$
$$=\left(\frac{a}{a-b}+1\right)^2+\left(\frac{b}{b-c}+1\right)^2+\left(\frac{c}{c-a}+1\right)^2$$
$$=\sum\left(\frac{a}{a-b}\right)^2+2\sum\left(\frac{a}{a-b}\right)+3$$
$$=\sum\left(\frac{a}{a-b}\right)^2+2\left(\sum\frac{a}{a-b}\cdot\frac{b}{b-c}+1\right)+3$$
$$=\left(\sum\frac{a}{a-b}\right)^2+5\geqslant 5.$$

点评

通过变量代换，把欲证的不等式转化为了关于 a,b,c 的一个轮换对称不等式，为解题带来了方便，合适的变量代换，可以很好地帮助我们解题.

▶ **例2** 设 $x,y,z\in\left[\frac{1}{2},2\right]$，$a,b,c$ 是 x,y,z 的一个排列，证明：
$$\frac{60a^2-1}{4xy+5z}+\frac{60b^2-1}{4yz+5x}+\frac{60c^2-1}{4zx+5y}\geqslant 12.$$

证明

方法一 因为 $(x-2)\left(y-\frac{1}{2}\right)\leqslant 0$,

所以 $xy-\frac{1}{2}x-2y+1\leqslant 0$,

因为 $\left(x-\frac{1}{2}\right)(y-2)\leqslant 0$,

所以 $xy-2x-\frac{1}{2}y+1\leqslant 0$,

不等式的证明

从而
$$4yz+5x \leqslant 5(x+y+z)-4,$$
于是只需证明：
$$60(x^2+y^2+z^2)-3 \geqslant 60(x+y+z)-48,$$
即
$$(2x-1)^2+(2y-1)^2+(2z-1)^2 \geqslant 0.$$

从而命题得证.

方法二 因为 $a,b,c \in \left[\dfrac{1}{2},2\right]$，所以 $4a^2-1 \geqslant 0, 4b^2-1 \geqslant 0, 4c^2-1 \geqslant 0$，于是
$$\dfrac{60a^2-1}{4xy+5z}+\dfrac{60b^2-1}{4yz+5x}+\dfrac{60c^2-1}{4zx+5y} \geqslant \dfrac{56a^2}{4xy+5z}+\dfrac{56b^2}{4yz+5x}+\dfrac{56c^2}{4zx+5y},$$

只需证明
$$\dfrac{a^2}{4xy+5z}+\dfrac{b^2}{4yz+5x}+\dfrac{c^2}{4zx+5y} \geqslant \dfrac{3}{14}.$$

由柯西不等式
$$\dfrac{a^2}{4xy+5z}+\dfrac{b^2}{4yz+5x}+\dfrac{c^2}{4zx+5y} \geqslant \dfrac{(a+b+c)^2}{(4xy+5z)+(4yz+5x)+(4zx+5y)},$$
$$= \dfrac{(x+y+z)^2}{4(xy+yz+zx)+5(x+y+z)}$$
$$\geqslant \dfrac{(x+y+z)^2}{4 \cdot \dfrac{(x+y+z)^2}{3}+5(x+y+z)}$$
$$= \dfrac{3(x+y+z)}{4(x+y+z)+15},$$

故只需证
$$\dfrac{3(x+y+z)}{4(x+y+z)+15} \geqslant \dfrac{3}{14},$$

上式等价于
$$x+y+z \geqslant \dfrac{3}{2},$$

从而命题得证.

 点评

证法 1 中,利用了 $x,y,z \in \left[\dfrac{1}{2},2\right]$,得到 $4yz+5x \leqslant 5(x+y+z)-4$ 等,实际上是通过不等式,把欲证不等式左边的分母变为了关于 x,y,z 的对称式,从而就可以通分然后去分母了,这样欲证的不等式就变得简单了.

证法 2 中,利用已知条件,得到 $4a^2-1 \geqslant 0, 4b^2-1 \geqslant 0, 4c^2-1 \geqslant 0$,于是把欲证不等式的分子变简单了,进而利用柯西不等式,把 a,b,c 又转化为 x,y,z,这样问题就容易解决了.

▶**例 3** 设整数 $n \geq 3, x_1, x_2, \cdots, x_n$ 是实数,试求

$$\sum_{i=1}^n x_i^2 + \sum_{1 \leq i < j \leq n} x_i x_j + \sum_{i=1}^n x_i$$

的最小值.

证明

当 $x_1 = x_2 = \cdots = x_n = -\dfrac{1}{n+1}$ 时,所求式的值为 $-\dfrac{n}{2(n+1)}$.

另一方面,由柯西不等式得

$$n \sum_{i=1}^n x_i^2 \geq \left(\sum_{i=1}^n x_i \right)^2,$$

则

$$\sum_{i=1}^n x_i^2 + \sum_{1 \leq i < j \leq n} x_i x_j \geq \frac{n+1}{2n} \left(\sum_{i=1}^n x_i \right)^2,$$

从而

$$\sum_{i=1}^n x_i^2 + \sum_{1 \leq i < j \leq n} x_i x_j + \sum_{i=1}^n x_i$$

$$\geq \frac{n+1}{2n} \left(\sum_{i=1}^n x_i \right)^2 + \sum_{i=1}^n x_i$$

$$= \frac{n+1}{2n} \left(\sum_{i=1}^n x_i + \frac{n}{n+1} \right)^2 - \frac{n}{2(n+1)}$$

$$\geq -\frac{n}{2(n+1)}.$$

综上可知,所求的最小值为 $-\dfrac{n}{2(n+1)}$.

点评

不难猜到当 $x_1 = \cdots = x_n = -\dfrac{1}{n+1}$ 时取得最小值,证明不等式时需要先利用柯西不等式把式子放缩成关于 $\sum\limits_{i=1}^n x_i$ 的式子,这样就转化成求关于 $\sum\limits_{i=1}^n x_i$ 的二次函数的最小值这个容易的问题.

▶**例 4** 给定整数 $n \geq 2$, $\sum\limits_{i=1}^n x_i^{n-1} = 1 (x_i > 0)$. 求证:

$$\sum_{i=1}^n \frac{x_i^{n-2}}{1 - x_i^{n-1}} \geq \frac{\sqrt[n-1]{n}}{n-1}.$$

证明

先证明如下的局部不等式：
$$\frac{x_i^{n-2}}{1-x_i^{n-1}} \geq \frac{n\sqrt[n-1]{n}}{n-1} x_i^{n-1}.$$

由平均不等式知
$$(n-1)x_i^{n-1}(1-x_i^{n-1})^{n-1} \leq \left(\frac{n-1}{n}\right)^n,$$

整理即可得到上述局部不等式.

所以
$$\sum_{i=1}^{n} \frac{x_i^{n-2}}{1-x_i^{n-1}} \geq \frac{n\sqrt[n-1]{n}}{n-1} \sum_{i=1}^{n} x_i^{n-1} = \frac{n\sqrt[n-1]{n}}{n-1}.$$

点评

本题的关键在于找到局部不等式 $\frac{x_i^{n-2}}{1-x_i^{n-1}} \geq \frac{n\sqrt[n-1]{n}}{n-1} x_i^{n-1}$，通过这个局部不等式可以证明原不等式的原因在于它的取等条件恰好是 $x_i^{n-1} = \frac{1}{n}$.

▶ **例 5** 设 $x_i > 0 (i=1, 2, \cdots, n)$，求证：
$$\sqrt[n]{x_1 x_2 \cdots x_n} + \frac{1}{n}\sum_{1 \leq i < j \leq n}|x_i - x_j| \geq \frac{1}{n}\sum_{i=1}^{n} x_i.$$

证明

不妨设 $x_1 \geq x_2 \geq \cdots \geq x_n$，则 $\sqrt[n]{x_1 x_2 \cdots x_n} \geq x_n$，且

$$\sum_{1 \leq i < j \leq n}|x_i - x_j| = \sum_{1 \leq i < j \leq n}(x_i - x_j) = \sum_{i=1}^{n}(n+1-2i)x_i.$$

故只需证明
$$x_n + \frac{1}{n}\sum_{i=1}^{n}(n+1-2i)x_i \geq \frac{1}{n}\sum_{i=1}^{n} x_i,$$

上式等价于
$$\sum_{i=1}^{n-1}(n-2i)x_i \geq 0,$$

注意到 $\{n-2i\}_{i=1}^{n-1}$, $\{x_i\}_{i=1}^{n-1}$ 是同序的，由切比雪夫不等式知
$$\sum_{i=1}^{n-1}(n-2i)x_i \geq \frac{1}{n-1}\left[\sum_{i=1}^{n-1}(n-2i)\right]\left(\sum x_i\right) = 0.$$

 点评

本题需要对 x_i 进行排序后大胆地把 $\sqrt[n]{x_1 x_2 \cdots x_n}$ 放缩成 x_n，剩下的用切比雪夫不等式即可以得到结论。

▶ **例 6** 设 $a_i \geqslant -A, A > 0, \sum_{i=1}^{n} a_i \geqslant 0$. 求证：
$$\prod_{i=1}^{n}(a_i + A) \geqslant A^n - \frac{n}{4} A^{n-2} \sum_{i=1}^{n} a_i^2.$$

证明

令 $b_i = \dfrac{a_i}{A} (i=1,2,\cdots,n)$，则 $b_i \geqslant 1$，$\sum_{i=1}^{n} b_i \geqslant 0$. 原不等式等价于
$$\prod_{i=1}^{n}(1+b_i) \geqslant 1 - \frac{n}{4} \sum_{i=1}^{n} b_i^2.$$

不妨设 $b_1, \cdots, b_s < 0, b_{s+1}, \cdots, b_n \geqslant 0$. 由伯努利不等式
$$\prod_{i=1}^{s}(1+b_i) \geqslant 1 + \sum_{i=1}^{s} b_i,$$
$$\prod_{i=s+1}^{n}(1+b_i) \geqslant 1 + \sum_{i=s+1}^{n} b_i.$$

记 $T_1 = \sum_{i=1}^{s} b_i, T_2 = \sum_{i=s+1}^{n} b_i$，则 $T_1 \leqslant 0, T_2 \geqslant 0, T_1 + T_2 \geqslant 0$. 故
$$\prod_{i=1}^{n}(1+b_i) \geqslant (1+T_1)(1+T_2)$$
$$= 1 + T_1 + T_2 + T_1 T_2 \geqslant 1 + T_1 T_2.$$

由柯西不等式
$$\sum_{i=1}^{n} b_i^2 \geqslant \frac{1}{n} \left(\sum_{i=1}^{n} |b_i|\right)^2 = \frac{1}{n}(T_2 - T_1)^2,$$

故只需证明
$$1 + T_1 T_2 \geqslant 1 - \frac{1}{4}(T_2 - T_1)^2,$$

这等价于
$$(T_1 + T_2)^2 \geqslant 0.$$

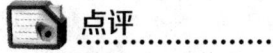 点评

本题需要先把问题转化成 $A = 1$ 的情况，再把变量正负分离，利用伯努利不等式证得结论。

不等式的证明

▶ **例 7** 设 $x_1, x_2, \cdots, x_n$ 都是实数,求证:
$$\Big(\sum_{1\leqslant i<j\leqslant n}|x_i-x_j|\Big)^2\geqslant (n-1)\sum_{1\leqslant i<j\leqslant n}|x_i-x_j|^2.$$

证明

不妨设 $x_1\leqslant x_2\leqslant \cdots \leqslant x_n$,且记 $y_i=x_{i+1}-x_i(i=1,2,\cdots,n-1)$,则 $y_i\geqslant 0$,且

$$\sum_{1\leqslant i<j\leqslant n}|x_i-x_j|=\sum_{1\leqslant i<j\leqslant n}(x_j-x_i)$$
$$=\sum_{1\leqslant i<j\leqslant n}(y_i+y_{i+1}+\cdots+y_{j-1})$$
$$=\sum_{i=1}^{n-1}i(n-i)y_i,$$

$$\sum_{1\leqslant i<j\leqslant n}|x_i-x_j|^2=\sum_{1\leqslant i<j\leqslant n}(y_i+y_{i+1}+\cdots+y_{j-1})^2$$
$$=\sum_{i=1}^{n-1}i(n-i)y_i^2+2\sum_{1\leqslant i<j\leqslant n-1}i(n-j)y_iy_j.$$

故原不等式等价于

$$\Big(\sum_{i=1}^{n-1}i(n-i)y_i\Big)^2\geqslant (n-1)\Big(\sum_{i=1}^{n-1}i(n-i)y_i^2+2\sum_{1\leqslant i<j\leqslant n-1}i(n-j)y_iy_j\Big). \quad (1)$$

比较式(1)左右两侧 $y_i^2(i=1,2,\cdots,n-1)$ 的系数,由于

$$(i(n-i))^2\geqslant (n-1)i(n-i)\Leftrightarrow i(n-i)\geqslant n-1$$
$$\Leftrightarrow (i-1)(n-1-i)\geqslant 0,$$

而 $(i-1)(n-1-i)\geqslant 0$ 对所有 $i=1,2,\cdots,n-1$ 都成立,从而对每一项 $y_i^2(i=1,2,\cdots,n-1)$,式(1)左边系数都不小于右边的相应项的系数.

再比较式(1)中左右两侧 $y_iy_j(1\leqslant i<j\leqslant n-1)$ 的系数,因为

$$i(n-i)j(n-j)\geqslant (n-1)i(n-j)\Leftrightarrow (n-i)j\geqslant n-1,$$

而又由于 $1\leqslant i<j\leqslant n-1$ 且 $i(n-i)\geqslant n-1$,得 $(n-i)j\geqslant n-1$ 成立. 因此对每一项 $y_iy_j(1\leqslant i<j\leqslant n-1)$,式(1)左边系数都不小于右边的相应项的系数.

故式(1)左边每一项系数都不小于右边的相应系数,从而式(1)成立,因此结论成立.

点评

本题需要对 x_i 排序后比较两边系数,可以发现左边每一项系数均大于等于右边每一项系数.

▶ **例 8** 设 $0<x_0,x_1,\cdots,x_{669}<1$,求证:存在 $i,j(0\leqslant i,j\leqslant 669)$,使得

$$0 \leqslant x_i x_j (x_j - x_i) < \frac{1}{2007}.$$

证明

不妨设 $x_0 \leqslant x_1 \leqslant \cdots \leqslant x_{669}$，注意到

$$x_i x_{i+1}(x_{i+1} - x_i) \leqslant \frac{1}{3}(x_i^2 + x_{i+1}^2 + x_i x_{i+1})(x_{i+1} - x_i) = \frac{1}{3}(x_{i+1}^3 - x_i^3),$$

则

$$\sum_{i=0}^{668} x_i x_{i+1}(x_{i+1} - x_i) \leqslant \frac{1}{3} \sum_{i=0}^{668}(x_{i+1}^3 - x_i^3) = \frac{1}{3}(x_{669}^3 - x_0^3) < \frac{1}{3},$$

故一定存在某个 $0 \leqslant i \leqslant 668$，使得

$$0 \leqslant x_i x_{i+1}(x_{i+1} - x_i) < \frac{1}{2007}.$$

点评

本题主要是排序后把 $x_i x_{i+1}(x_{i+1} - x_i)$ 放缩成 $\frac{1}{3}(x_{i+1}^3 - x_i^3)$ 这样相邻项的差，求和后利用平均值原理就可以证得结论.

▶ **例9** 设 $x_i > 0 (i = 1, 2, \cdots, n)$，且有 $\sum_{i=1}^{n} x_i = \sum_{i=1}^{n} \frac{1}{x_i}$. 求证：

$$\sum_{i=1}^{n} \frac{1}{n-1+x_i} \leqslant 1.$$

证明

令 $y_i = \frac{1}{n-1+x_i}(i=1,\cdots,n)$，则 $y_i < \frac{1}{n-1}$，$x_i = \frac{1-(n-1)y_i}{y_i}(i=1,\cdots,n)$.

假设结论不成立，即 $\sum_{i=1}^{n} y_i > 1$.

一方面，

$$\sum_{1 \leqslant i,j \leqslant n, i \neq j} \frac{1-(n-1)y_i}{1-(n-1)y_j} = \sum_{j=1}^{n} \sum_{1 \leqslant i \leqslant n, i \neq j} \frac{1-(n-1)y_i}{1-(n-1)y_j}$$

$$= \sum_{j=1}^{n} \frac{1}{1-(n-1)y_j} \sum_{1 \leqslant i \leqslant n, i \neq j}(1-(n-1)y_i)$$

$$= \sum_{j=1}^{n} \frac{n-1}{1-(n-1)y_j}\left(1 - \sum_{1 \leqslant i \leqslant n, i \neq j} y_i\right)$$

$$< \sum_{j=1}^{n} \frac{(n-1)y_j}{1-(n-1)y_j}$$

$$=(n-1)\sum_{j=1}^{n}\frac{1}{x_j}.$$

另一方面，由柯西不等式得

$$\sum_{1\leqslant i,j\leqslant n,i\neq j}\frac{1-(n-1)y_i}{1-(n-1)y_j}=\sum_{i=1}^{n}\sum_{1\leqslant j\leqslant n,j\neq i}\frac{1-(n-1)y_i}{1-(n-1)y_j}$$

$$=\sum_{i=1}^{n}[1-(n-1)y_i]\sum_{1\leqslant j\leqslant n,j\neq i}\frac{1}{1-(n-1)y_j}$$

$$\geqslant \sum_{i=1}^{n}[1-(n-1)y_i]\frac{(n-1)^2}{\sum_{1\leqslant j\leqslant n,j\neq i}[1-(n-1)y_j]}$$

$$=(n-1)\sum_{i=1}^{n}[1-(n-1)y_i]\frac{1}{1-\sum_{1\leqslant j\leqslant n,j\neq i}y_j}$$

$$>(n-1)\sum_{i=1}^{n}\frac{1-(n-1)y_i}{y_i}$$

$$=(n-1)\sum_{i=1}^{n}x_i,$$

从而得到

$$\sum_{i=1}^{n}x_i<\sum_{i=1}^{n}\frac{1}{x_i},$$

矛盾！

点评

本题用反证法加了一个条件，然后把 $\sum_{1\leqslant i,j\leqslant n,i\neq j}\frac{1-(n-1)y_i}{1-(n-1)y_j}$ 作为中间项，证明 $\sum_{i=1}^{n}x_i$ 和 $\sum_{i=1}^{n}\frac{1}{x_i}$ 一个小于它，另一个大于它，从而得到矛盾．

▶ **例 10** 设整数 $n>1$，实数 $a_1,a_2,\cdots,a_n$ 满足 $a_1^2+a_2^2+\cdots+a_n^2=n$，求证：

$$\sum_{1\leqslant i<j\leqslant n}\frac{1}{n-a_ia_j}\leqslant\frac{n}{2}.$$

证明 将不等式两边同时乘 n，原不等式等价于

$$\sum_{1\leqslant i<j\leqslant n}\frac{n}{n-a_ia_j}\leqslant\frac{n^2}{2},$$

两边同时减 $\frac{n(n-1)}{2}$，得

$$\sum_{1\leqslant i<j\leqslant n}\left(\frac{n}{n-a_ia_j}-1\right)\leqslant \frac{n}{2},$$

即为
$$\sum_{1\leqslant i<j\leqslant n}\frac{a_ia_j}{n-a_ia_j}\leqslant \frac{n}{2}.$$

由平均不等式及柯西不等式得

$$\sum_{1\leqslant i<j\leqslant n}\frac{a_ia_j}{n-a_ia_j}\leqslant \sum_{1\leqslant i<j\leqslant n}\frac{\frac{1}{4}(a_i+a_j)^2}{n-\frac{a_i^2+a_j^2}{2}}$$

$$=\frac{1}{2}\sum_{1\leqslant i<j\leqslant n}\frac{(a_i+a_j)^2}{(n-a_i^2)+(n-a_j^2)}$$

$$\leqslant \frac{1}{2}\sum_{1\leqslant i<j\leqslant n}\left(\frac{a_i^2}{n-a_j^2}+\frac{a_j^2}{n-a_i^2}\right)$$

$$=\frac{1}{2}\sum_{i=1}^{n}\sum_{1\leqslant j\leqslant n, j\neq i}\frac{a_j^2}{n-a_i^2}$$

$$=\frac{n}{2},$$

故不等式获证.

点评

本题先做恒等变形,然后利用平均不等式与柯西不等式找到了一个关键的局部不等式 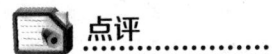$\leqslant \frac{1}{2}\left(\frac{a_i^2}{n-a_j^2}+\frac{a_j^2}{n-a_i^2}\right)$,求和后可以得到结论.

▶ **例 11** 设 $a_1,a_2,\cdots,a_n(n\geqslant 2)$ 为满足 $\frac{1}{a_1}+\cdots+\frac{1}{a_n}=1$ 的正实数,求证:

$$\sum_{k=1}^{n}\frac{a_k^{a_k-1}}{(a_k^{a_k-1}-1)^n}\geqslant \frac{a_1\cdots a_n}{(a_1\cdots a_n-1)^n}.$$

证明

显然每个 $a_k>1$. 令 $b_k=a_k^{a_k}-1$,则 b_k 是正数. 由 $\sum_{k=1}^{n}\frac{1}{a_k}=1$ 以及加权平均不等式,我们有

$$\sum_{k=1}^{n}\frac{a_k^{a_k-1}}{(a_k^{a_k}-1)^n}=\sum_{k=1}^{n}\frac{1}{a_k}\cdot\frac{a_k^{a_k}}{(a_k^{a_k}-1)^n}\geqslant \prod_{k=1}^{n}\frac{a_k}{(a_k^{a_k}-1)^{\frac{n}{a_k}}}.$$

另一方面,由赫尔德不等式得

$$\prod_{k=1}^{n}(b_k+1)^{\frac{1}{a_k}} \geqslant \prod_{k=1}^{n} b_k^{\frac{1}{a_k}}+1,$$

由于 $b_k = a_k^{a_k} - 1$,化简为

$$\prod_{k=1}^{n} a_k - 1 \geqslant \prod_{k=1}^{n}(a_k^{a_k}-1)^{\frac{1}{a_k}},$$

取倒数,再 n 次方,得到

$$\prod_{k=1}^{n} \frac{1}{(a_k^{a_k}-1)^{\frac{1}{a_k}}} \geqslant \frac{1}{a_1 \cdots a_n - 1},$$

于是由上面第一个不等式得

$$\sum_{k=1}^{n} \frac{a_k^{a_k-1}}{(a_k^{a_k-1}-1)^n} \geqslant \prod_{k=1}^{n} \frac{a_k}{(a_k^{a_k-1}-1)^{\frac{n}{a_k}}} \geqslant \frac{1}{a_1 \cdots a_n - 1}.$$

点评

看到 $\frac{1}{a_1} + \cdots + \frac{1}{a_n} = 1$ 这个条件可以把 $\frac{1}{a_i}$ 看作权,使用加权平均不等式,再结合赫尔德不等式就能证得结论.

▶ **例 12** 给定整数 $n \geqslant 2$,求最小的实数 λ,使得对任意满足 $\sum_{i=1}^{n} a_i = 1$ 的非负实数 $a_1, a_2, \cdots, a_n$,都有

$$\sum_{i=1}^{n} a_i^2 + \lambda \min\{a_1, a_2, \cdots, a_n\} \geqslant \frac{1}{n-1}.$$

证明

对 $\varepsilon \in \left(0, \frac{1}{n}\right]$,取 $a_1 = \varepsilon, a_2 = \cdots = a_n = \frac{1-\varepsilon}{n-1}$,则

$$\varepsilon^2 + (n-1) \cdot \left(\frac{1-\varepsilon}{n-1}\right)^2 + \lambda\varepsilon \geqslant \frac{1}{n-1},$$

化简可得

$$n\varepsilon + (n-1)\lambda \geqslant 2,$$

令 $\varepsilon \to 0$,可得 $\lambda \geqslant \frac{2}{n-1}$.

下证 $\lambda = \frac{2}{n-1}$ 时,不等式成立. 即证

$$\sum_{i=1}^{n} a_i^2 + \frac{2}{n-1}\min\{a_1, a_2, \cdots, a_n\} \geqslant \frac{1}{n-1}.$$

不妨设 $a_1=\min\{a_1,a_2,\cdots,a_n\}$. 由柯西不等式知,

$$\sum_{i=2}^n a_i^2 \geqslant \frac{1}{n-1}\left(\sum_{i=2}^n a_i\right)^2 = \frac{1}{n-1}(1-a_1)^2,$$

则

$$\sum_{i=1}^n a_i^2 + \frac{2}{n-1}\min\{a_1,a_2,\cdots,a_n\} \geqslant a_1^2 + \frac{1}{n-1}(1-a_1)^2 + \frac{2}{n-1}a_1$$

$$= \frac{1}{n-1} + \frac{n}{n-1}a_1^2$$

$$\geqslant \frac{1}{n-1}.$$

综上,所求 λ 的最小值为 $\frac{2}{n-1}$.

▶ **例 13** 给定整数 $n \geqslant 2$,设非负实数 $x_1,x_2,\cdots,x_n$ 满足 $\sum_{i=1}^n x_i = 1$,求 $S = \sum_{1\leqslant i<j\leqslant n}(j-i)x_ix_j$ 的最大值.

解

一方面,注意到

$$S = \sum_{1\leqslant i<j\leqslant n}(j-i)x_ix_j = \sum_{1\leqslant i\leqslant k<j\leqslant n} x_ix_j$$

$$= \sum_{k=1}^{n-1}\sum_{i=1}^k \sum_{j=k+1}^n x_ix_j = \sum_{k=1}^{n-1}\left(\sum_{i=1}^k x_i\right)\left(\sum_{j=k+1}^n x_j\right),$$

由平均不等式

$$\left(\sum_{i=1}^k x_i\right)\left(\sum_{j=k+1}^n x_j\right) \leqslant \frac{\left(\sum_{i=1}^k x_i + \sum_{j=k+1}^n x_j\right)^2}{4} = \frac{1}{4},$$

所以 $S \leqslant \frac{n-1}{4}$.

另一方面,当 $x_1 = x_n = \frac{1}{2}, x_2 = x_3 = \cdots = x_{n-1} = 0$ 时,$S = \frac{n-1}{4}$.

综上,S 的最大值为 $\frac{n-1}{4}$.

点评

本题的关键在于把 S 恒等变形为 $\sum_{k=1}^{n-1}\left(\sum_{i=1}^k x_i\right)\left(\sum_{j=k+1}^n x_j\right)$,然后每一项用平

均不等式放缩即可得到结论.

▶ **例 14** 设实数 $x_i(i=1,2,\cdots,n)$ 满足 $\sum_{i=1}^{n} x_i = 0$, $\sum_{i=1}^{n} x_i^2 = n(n-1)$, 求 $\sum_{i=1}^{n} x_i^3$ 的最大值和最小值.

解

一方面,当 $x_1 = \cdots = x_{n-1} = -1, x_n = n-1$ 时, $\sum_{i=1}^{n} x_i^3 = n(n-1)(n-2)$;当 $x_1 = \cdots = x_{n-1} = 1, x_n = n-1$ 时,$\sum_{i=1}^{n} x_i^3 = -n(n-1)(n-2)$.

下面证明:
$$-n(n-1)(n-2) \leqslant \sum_{i=1}^{n} x_i^3 \leqslant n(n-1)(n-2).$$

先求 $x_i (1 \leqslant i \leqslant n)$ 的范围,对 $1 \leqslant i \leqslant n$,有
$$\sum_{1 \leqslant j \leqslant n, j \neq i} x_j = -x_i,$$
$$\sum_{1 \leqslant j \leqslant n, j \neq i} x_j^2 = n(n-1) - x_i^2,$$

由柯西不等式得
$$(n-1)\left(\sum_{1 \leqslant j \leqslant n, j \neq i} x_j^2\right) \geqslant \left(\sum_{1 \leqslant j \leqslant n, j \neq i} x_j\right)^2,$$

即为
$$(n-1)[n(n-1) - x_i^2] \geqslant x_i^2,$$

化简得
$$x_i^2 \leqslant (n-1)^2,$$

即
$$-(n-1) \leqslant x_i \leqslant n-1.$$

注意到
$$(x_i - n + 1)(x_i + 1)^2 \leqslant 0,$$

即
$$x_i^3 - (n-3)x_i^2 - (2n-1)x_i - (n-1) \leqslant 0,$$

上式对 $i=1,2,\cdots,n$ 求和可得
$$\sum_{i=1}^{n} x_i^3 \leqslant (n-3)\sum_{i=1}^{n} x_i^2 + (2n-1)\sum_{i=1}^{n} x_i + (n-1)$$
$$= (n-3)n(n-1) + n(n-1)$$
$$= n(n-1)(n-2).$$

同理可证, $\sum_{i=1}^{n} x_i^3 \geqslant -n(n-1)(n-2)$.

综上，$\sum_{i=1}^{n} x_i^3$ 的最大值为 $n(n-1)(n-2)$，最小值为 $-n(n-1)(n-2)$.

点评

本题需要先猜到取等条件（最大值是 $n-1$ 个 -1，1 个 $n-1$ 取到；最小值是 $n-1$ 个 1，1 个 $-(n-1)$ 取到），再由取等条件构造相应的局部不等式来证明结论.

▶ **例 15** 给定正整数 n，设 $-1 \leqslant x_1 \leqslant x_2 \leqslant \cdots \leqslant x_n \leqslant 1$，$-1 \leqslant y_1 \leqslant y_2 \leqslant \cdots \leqslant y_n \leqslant 1$，若 $\sum_{i=1}^{n} x_i = 0$，求 $\sum_{i=1}^{n} |x_i - y_i|$ 的最大值.

解

当 $x_1 = x_2 = \cdots = x_n = 0$，$y_1 = y_2 = \cdots = y_n = 1$ 时，$\sum_{i=1}^{n} |x_i - y_i| = n$.

下证 $\sum_{i=1}^{n} |x_i - y_i| \leqslant n$. 为此证明如下局部不等式：
$$|x_i - y_i| \leqslant 1 - x_i y_i,$$
上式等价于
$$(x_i^2 - 1)(y_i^2 - 1) \geqslant 0,$$
这显然成立.

由上述局部不等式及切比雪夫不等式得
$$\sum_{i=1}^{n} |x_i - y_i| \leqslant \sum_{i=1}^{n} (1 - x_i y_i)$$
$$= n - \sum_{i=1}^{n} x_i y_i$$
$$\leqslant n - \frac{1}{n} \left(\sum_{i=1}^{n} x_i \right) \left(\sum_{i=1}^{n} y_i \right)$$
$$= n.$$

综上，$\sum_{i=1}^{n} |x_i - y_i|$ 的最大值为 n.

点评

本题的关键是找到局部不等式 $|x_i - y_i| \leqslant 1 - x_i y_i$，再结合切比雪夫不等式即可证得结论.

不等式的证明

▶ **例 16** 已知 $a_i > 0 (i=1,\cdots,n)$,求证:
$$\sum_{i=1}^n \frac{i}{\sum_{k=1}^i a_k} \leqslant 2\sum_{i=1}^n \frac{1}{a_i}.$$

证明

对 $1 \leqslant i \leqslant n$,由柯西不等式有

$$\sum_{k=1}^i \frac{k^2}{a_k} \geqslant \frac{\sum_{k=1}^i k}{\sum_{k=1}^i a_k} = \frac{\frac{1}{4}i^2(i+1)^2}{\sum_{k=1}^i a_k},$$

故

$$\frac{i}{\sum_{k=1}^i a_k} \leqslant \frac{4}{i(i+1)^2}\left(\sum_{k=1}^i \frac{k^2}{a_k}\right),$$

则

$$\sum_{i=1}^n \frac{i}{\sum_{k=1}^i a_k} \leqslant \sum_{i=1}^n \frac{4}{i(i+1)^2}\left(\sum_{k=1}^i \frac{k^2}{a_k}\right)$$

$$= \sum_{k=1}^n \frac{k^2}{a_k} \sum_{i=k}^n \frac{4}{i(i+1)^2}$$

$$\leqslant \sum_{k=1}^n \frac{k^2}{a_k} \sum_{i=k}^n 2\left(\frac{1}{i^2} - \frac{1}{(i+1)^2}\right)$$

$$= 2\sum_{k=1}^n \frac{k^2}{a_k}\left(\frac{1}{k^2} - \frac{1}{(n+1)^2}\right)$$

$$\leqslant 2\sum_{k=1}^n \frac{1}{a_k}.$$

综上,结论成立.

点评

本题需要用柯西不等式作局部放缩

$$\sum_{k=1}^i \frac{k^2}{a_k} \geqslant \frac{\sum_{k=1}^i k}{\sum_{k=1}^i a_k} = \frac{\frac{1}{4}i^2(i+1)^2}{\sum_{k=1}^i a_k},$$

这里系数凑配的十分精巧,之后利用交换求和的技巧可以证得结论.

▶ **例 17** 设整数 $n \geq 2$,证明:对任意正实数 $a_1, a_2, \cdots, a_n$,都有

$$\sum_{i=1}^{n} \max\{a_1, a_2, \cdots, a_i\} \cdot \min\{a_i, a_{i+1}, \cdots, a_n\} \leq \frac{n}{2\sqrt{n-1}} \cdot \sum_{i=1}^{n} a_i^2.$$

证明

对 n 用第二数学归纳法.

当 $n=2$ 时,不等式左边 $= a_1 \cdot \min\{a_1, a_2\} + \max\{a_1, a_2\} \cdot a_2$.

若 $a_1 \geq a_2$,不等式即为 $2a_1 a_2 \leq a_1^2 + a_2^2$,由平均不等式知结论成立.

若 $a_1 < a_2$,此时不等式左右两边相等,结论成立.

假设命题对所有大于等于 2 且小于 n 的正整数成立,下面看 n 时的情况.

对 $2 \leq i \leq n$,记 $c_i = \dfrac{i}{2\sqrt{i-1}}$,再补充定义 $c_1 = 1$,容易验证

$$c_1 = c_2 < c_3 < \cdots < c_n.$$

记 $M = \max\{a_1, a_2, \cdots, a_n\}$,并设 $a_k = M$.

当 $k=1$ 时,不等式左边 $= M \sum_{i=1}^{n} \min\{a_i, a_{i+1}, \cdots, a_n\}$. 因为

$$\min\{a_1, a_2, \cdots, a_n\} = \min\{a_2, \cdots, a_n\} \leq \frac{1}{n-1} \sum_{i=2}^{n} a_i,$$

且当 $2 \leq i \leq n$ 时,$\min\{a_i, a_{i+1}, \cdots, a_n\} \leq a_i$,所以

$$\sum_{i=1}^{n} \min\{a_i, a_{i+1}, \cdots, a_n\} \leq \frac{1}{n-1} \sum_{i=2}^{n} a_i + \sum_{i=2}^{n} a_i = \frac{n}{n-1} \sum_{i=2}^{n} a_i,$$

由平均不等式得

$$\text{不等式左边} \leq \frac{n}{n-1} M \sum_{i=1}^{n} a_i$$

$$\leq \frac{n}{2\sqrt{n-1}} \left[M^2 + \frac{1}{n-1} \left(\sum_{i=2}^{n} a_i \right)^2 \right]$$

$$\leq \frac{n}{2\sqrt{n-1}} \left(M^2 + \sum_{i=2}^{n} a_i^2 \right)$$

$$= \frac{n}{2\sqrt{n-1}} \sum_{i=1}^{n} a_i^2.$$

当 $k=n$ 时,$\min\{a_i, a_{i+1}, \cdots, a_n\} = \min\{a_i, a_{i+1}, \cdots, a_{n-1}\}$,所以

$$\text{不等式左边} = \sum_{i=1}^{n} \max\{a_1, a_2, \cdots, a_i\} \cdot \min\{a_i, a_{i+1}, \cdots, a_{n-1}\} + M^2,$$

由归纳假设,

不等式的证明

$$\sum_{i=1}^{n-1} \max\{a_1, a_2, \cdots, a_i\} \cdot \min\{a_i, a_{i+1}, \cdots, a_{n-1}\} \leqslant c_{n-1} \sum_{i=1}^{n-1} a_i^2,$$

所以

$$\text{不等式左边} \leqslant c_{n-1} \sum_{i=1}^{n-1} a_i^2 + M^2 < \frac{n}{2\sqrt{n-1}} \left(\sum_{i=1}^{n-1} a_i^2 + M^2 \right)$$

$$= \frac{n}{2\sqrt{n-1}} \sum_{i=1}^{n} a_i^2.$$

当 $2 \leqslant k \leqslant n-1$ 时,结合 $k=1$ 和 $k=n$ 时的证明得

$$\text{不等式左边} = \sum_{i=1}^{k-1} \max\{a_1, a_2, \cdots, a_i\} \cdot \min\{a_i, a_{i+1}, \cdots, a_n\}$$

$$+ M \sum_{i=k}^{n} \min\{a_i, a_{i+1}, \cdots, a_n\}$$

$$\leqslant \sum_{i=1}^{k-1} \max\{a_1, a_2, \cdots, a_i\} \cdot \min\{a_i, a_{i+1}, \cdots, a_{k-1}\}$$

$$+ \frac{n-k+1}{n-k} M \sum_{i=k+1}^{n} a_i$$

$$\leqslant c_{k-1} \sum_{i=1}^{k-1} a_i^2 + \frac{n-k+1}{2\sqrt{n-k}} \left(M^2 + \sum_{i=k+1}^{n} a_i^2 \right)$$

$$= c_{k-1} \sum_{i=1}^{k-1} a_i^2 + c_{n-k+1} \sum_{i=k}^{n} a_i^2$$

$$< \frac{n}{2\sqrt{n-1}} \sum_{i=1}^{n} a_i^2.$$

综上,命题得证.

点评

取 $a_1 = \sqrt{n-1}, a_2 = \cdots = a_n = 1$ 知,不等式中的常数 $\frac{n}{2\sqrt{n-1}}$ 是最佳的.

▶ **例 18** 求最大的实数 C,使得对任意两两不同的正实数 $a_1, a_2, \cdots, a_{2019}$,均有下述不等式成立:

$$\frac{a_1}{|a_2 - a_3|} + \frac{a_2}{|a_3 - a_4|} + \cdots + \frac{a_{2018}}{|a_{2019} - a_1|} + \frac{a_{2019}}{|a_1 - a_2|} > C.$$

解

不妨设 $a_1 = \min\{a_1, a_2, \cdots, a_{2019}\}$. 注意到如果 $a, b, c > 0 (b \neq c)$,那么 $\frac{a}{|b-c|} >$

$\min\left\{\dfrac{a}{b},\dfrac{a}{c}\right\}$. 因此

$$\dfrac{a_1}{|a_2-a_3|}+\dfrac{a_2}{|a_3-a_4|}+\cdots+\dfrac{a_{2018}}{|a_{2019}-a_1|}+\dfrac{a_{2019}}{|a_1-a_2|}$$

$$>0+\min\left\{\dfrac{a_2}{a_3},\dfrac{a_2}{a_4}\right\}+\cdots+\min\left\{\dfrac{a_{2017}}{a_{2018}},\dfrac{a_{2017}}{a_{2019}}\right\}+\dfrac{a_{2018}}{a_{2019}}+\dfrac{a_{2019}}{a_2}.$$

记上述不等式左边为 S, 右边为 T, 上式即为 $S>T$.

下面构造序列 $\{i_l\}$, 令 $i_0=0$, 对任意 $l\geqslant 0$, 当 $a_{i_l+1}>a_{i_l+2}$ 时, $i_{l+1}=i_l+1$; 当 $a_{i_l+1}\leqslant a_{i_l+2}$ 时, $i_{l+1}=i_l+2$. 一定存在整数 k, 使得 $i_k<2018$ 且 $i_{k+1}\geqslant 2018$. 则

$$T\geqslant\dfrac{a_2}{a_{i_1}}+\dfrac{a_{i_1}}{a_{i_2}}+\cdots+\dfrac{a_{i_k}}{a_{i_{k+1}}}+\dfrac{a_{2018}}{a_{2019}}+\dfrac{a_{2019}}{a_2}, \tag{2}$$

记上式右边为 A. 我们有 $1\leqslant i_{l+1}-i_l\leqslant 2$, 从而 $i_{k+1}\in\{2018,2019\}$.

由于

$$2018\leqslant i_{k+1}=i_0+(i_1-i_0)+\cdots+(i_{k+1}-i_k)\leqslant 2(k+2), \tag{3}$$

从而可知 $k\geqslant 1007$.

当 $k=1007$ 时, 式(3)等号成立, 特别地 $i_{k+1}=2018$. 对 A 中所有数用平均不等式知 $A\geqslant k+3=1010$.

当 $k\geqslant 1008$ 时, 若 $i_{k+1}=2018$ 类似于前面情况可以证明结论. 若 $i_{k+1}=2019$, 则对 A 中除了 $\dfrac{a_{2018}}{a_{2019}}$ 这项用平均不等式知 $A\geqslant k+2=1010$.

所以 $S>T\geqslant A\geqslant 1010$.

对 $\varepsilon>0$, 取 $a_1=1+\varepsilon, a_2=\varepsilon, a_3=1+2\varepsilon, a_4=2\varepsilon, \cdots, a_{2016}=1008\varepsilon, a_{2017}=1+1009\varepsilon, a_{2018}=\varepsilon^2, a_{2019}=1$ 可得

$$S=1009+1008\varepsilon+\dfrac{1008\varepsilon}{1+1009\varepsilon-\varepsilon^2}+\dfrac{1+1009\varepsilon}{1-\varepsilon^2},$$

则 $\lim\limits_{\varepsilon\to 0}S=1010$.

综上, 所求最大值为 1010.

▶ **例 19** 设正实数 $a_1,a_2,\cdots,a_{99}$ 满足对任意 $1\leqslant i<j\leqslant 99$ 均有 $ia_j+ja_i\geqslant i+j$. 求证:

$$(a_1+1)(a_2+2)\cdots(a_{99}+99)\geqslant 100!.$$

证明

由题目条件, 对任意 $1\leqslant i<j\leqslant 99$ 均有

$$ia_j+ja_i\geqslant i+j,$$

不等式的证明

则
$$i(a_j-1)+j(a_i-1)\geq 0,$$

即
$$\frac{a_i-1}{i}+\frac{a_j-1}{j}\geq 0.$$

对 $1\leq i\leq 99$,令 $b_i=\frac{a_i-1}{i}$,则 $b_i>-\frac{1}{i}$,$a_i=ib_i+1$.把题目条件转化为对任意 $1\leq i<j\leq 99$ 均有

$$b_i+b_j\geq 0.$$

注意到

$$\prod_{i=1}^{99}(a_i+i)=\prod_{i=1}^{99}(ib_i+i+1)=100!\prod_{i=1}^{99}\left(1+\frac{i}{i+1}b_i\right),$$

则原不等式等价于

$$\prod_{i=1}^{99}\left(1+\frac{i}{i+1}b_i\right)\geq 1. \tag{4}$$

当 $b_1,b_2,\cdots,b_{99}$ 均为非负数时,式(4)显然成立.

当 $b_1,b_2,\cdots,b_{99}$ 中有负数时,由于对任意 $1\leq i<j\leq 99$ 均有 $b_i+b_j\geq 0$,则负数至多有一个,设 $b_t<0$,记 $s=-b_t$,则 $0<s<\frac{1}{t}$,且当 $i\neq t$ 时 $b_i\geq s$.

则

$$\prod_{i=1}^{99}\left(1+\frac{i}{i+1}b_i\right)\geq\left(1-\frac{t}{t+1}s\right)\prod_{1\leq i\leq 99,i\neq t}\left(1+\frac{i}{i+1}s\right)$$

$$\geq\left(1-\frac{t}{t+1}s\right)\left(1+\sum_{1\leq i\leq 99,i\neq t}\frac{i}{i+1}s\right)$$

$$\geq\left(1-\frac{t}{t+1}s\right)(1+s)$$

$$=1+\frac{1}{t+1}s-\frac{t}{t+1}s^2$$

$$=1+\frac{s(1-ts)}{t+1}$$

$$\geq 1,$$

故结论成立.

 **点评**

先把题目条件转化为 $\frac{a_i-1}{i}+\frac{a_j-1}{j}\geq 0$ 这个易于处理的形式,再令 $b_i=\frac{a_i-1}{i}$,这样把问题转化为关于 b_i 的不等式,讨论一下 b_i 的正负就可以得到结论.

▶**例 20**　n 是给定的大于 1 的奇数,试确定最小的正实数 $\lambda=\lambda(n)$,使得对所有满足 $x_1+x_2+\cdots+x_n=1$ 的实数序列 $x_1,x_2,\cdots,x_n$,均有

$$\lambda \cdot \left(\sum_{i=1}^{n} x_i^2\right)^3 \geqslant \left(\sum_{i=1}^{n} |x_{i+1}-x_i|\right)^2 \cdot \sum_{1\leqslant i<j\leqslant n}(x_i-x_j)^2.$$

解

由于 n 是奇数,设 $n=2m+1$.

设 $y_1,y_2,\cdots,y_n$ 是 $x_1,x_2,\cdots,x_n$ 的一个排列,且 $y_1\leqslant y_2\leqslant\cdots\leqslant y_n$. 去掉绝对值符号,有

$$\sum_{i=1}^{n}|x_{i+1}-x_i|=(x_{i_1}+x_{i_2}+\cdots+x_{i_n})-(x_{j_1}+x_{j_2}+\cdots+x_{j_n})$$
$$\leqslant(2y_n+2y_{n-1}+\cdots+y_{m+1})-(y_{m+1}+2y_m+\cdots+2y_1)$$
$$=2\left(\sum_{i=m+2}^{n} y_i-\sum_{i=1}^{m} y_i\right), \tag{5}$$

根据上述形式,设 $y_{m+1+i}=y_{m+1}+\lambda_i, y_{m+1-i}=y_{m+1}-\mu_i\ (i=1,2,\cdots,m)$,则 $\lambda_i\geqslant 0$, $\mu_i\geqslant 0$.

记 $t=\sum\limits_{i=1}^{m}\lambda_i, s=\sum\limits_{i=1}^{m}\mu_i$. 则式(5)即为

$$\sum_{i=1}^{n}|x_{i+1}-x_i|\leqslant 2(t+s).$$

又由 $\sum\limits_{i=1}^{n} x_i=1$ 知 $y_{m+1}=\dfrac{1+s-t}{n}$,所以

$$\sum_{i=1}^{n} x_i^2=\sum_{i=1}^{n} y_i^2=y_{m+1}^2+\sum_{i=1}^{m}(y_{m+1}+\lambda_i)^2+\sum_{i=1}^{m}(y_{m+1}-\mu_i)^2$$
$$=ny_{m+1}^2+2(t-s)y_{m+1}+\sum_{i=1}^{m}\lambda_i^2+\sum_{i=1}^{m}\mu_i^2$$
$$=\frac{1+s-t}{n}\cdot(1+s-t+2t-2s)+\sum_{i=1}^{m}\lambda_i^2+\sum_{i=1}^{m}\mu_i^2$$
$$=\frac{1-(t-s)^2}{n}+\sum_{i=1}^{m}\lambda_i^2+\sum_{i=1}^{m}\mu_i^2$$
$$=\frac{m+A}{mn},$$

这里 $A=n\left(m\sum\limits_{i=1}^{m}\lambda_i^2+m\sum\limits_{i=1}^{m}\mu_i^2\right)-m(t-s)^2$.

由柯西不等式得

不等式的证明

$$A \geq n(t^2+s^2) - m(t^2+s^2) + 2mts$$
$$= m(t+s)^2 + t^2 + s^2$$
$$\geq \left(m+\frac{1}{2}\right)(t+s)^2,$$

故
$$(t+s)^2 \leq \frac{A}{m+\frac{1}{2}}. \tag{6}$$

而
$$\sum_{1 \leq i < j \leq n}(x_i - x_j)^2 = n\sum_{i=1}^n x_i^2 - \left(\sum_{i=1}^n x_i\right)^2 = \frac{A+m}{m} - 1 = \frac{A}{m},$$

所以
$$\frac{\left(\sum_{i=1}^n |x_{i+1}-x_i|\right)^2 \cdot \sum_{1 \leq i < j \leq n}(x_i-x_j)^2}{\left(\sum_{i=1}^n x_i^2\right)^3} \leq \frac{4(t+s)^2 \cdot \frac{A}{m}}{\left(\frac{A+m}{mn}\right)^3}$$

$$\leq \frac{4 \cdot \frac{A}{m+\frac{1}{2}} \cdot \frac{A}{m} \cdot m^3 n^3}{(A+m)^3}$$

$$= \frac{8m^2 n^2 A^2}{(A+m)^3}. \tag{7}$$

由平均不等式得
$$A + m = \frac{A}{2} + \frac{A}{2} + m \geq 3\sqrt[3]{\frac{mA^2}{4}},$$

所以
$$\text{式(7)右边} \leq \frac{8m^2 n^2 A^2}{27 \cdot \frac{mA^2}{4}} = \frac{16}{27}n^2(n-1),$$

这说明当 $\lambda = \frac{16}{27}n^2(n-1)$ 时,不等式成立.

又当 $x_1 = x_3 = x_5 = \cdots = x_{n-2} = \frac{1}{n} - \frac{1}{\sqrt{mn}}, x_2 = x_4 = \cdots = x_{n-1} = \frac{1}{n} + \frac{1}{\sqrt{mn}}$,

$x_n = \frac{1}{n}$ 时,$\lambda \geq \frac{16}{27}n^2(n-1)$.

综上,$\lambda(n) = \frac{16}{27}n^2(n-1)$.

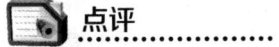 **点评**

本题十分困难,需要先把 x_i 按升序排列成 y_i,再把 $\sum\limits_{i=1}^{n}|x_{i+1}-x_i|$ 放缩成 $2(\sum\limits_{i=m+2}^{n}y_i-\sum\limits_{i=1}^{m}y_i)$,之后考虑每个量与中位数的差,记为 λ_i,μ_i,再把不等式转化为与 λ_i,μ_i 有关的一个整体的量 A,最后用平均不等式得到结论.

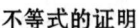

习题 10

1. 设整数 $n \geqslant 2$,正实数 $a_1 \geqslant a_2 \geqslant \cdots \geqslant a_n$. 求证:
$$\sum_{i=1}^{n} \frac{a_i}{a_{i+1}} - n \leqslant \frac{1}{2a_1 a_n} \sum_{i=1}^{n} (a_i - a_{i+1})^2,$$
其中 $a_{n+1} = a_1$.

2. 设整数 $n \geqslant 2$,正实数 $x_1, x_2, \cdots, x_n$ 满足 $x_1 x_2 \cdots x_n = 1$. 求证:
$$\{x_1\} + \{x_2\} + \cdots + \{x_n\} < \frac{2n-1}{2},$$
其中 $\{x\}$ 表示 x 的小数部分.

3. 设 n 是一个正整数,使得存在 $x_1, x_2, \cdots, x_n$ 满足
$$x_1 x_2 \cdots x_n (x_1 + x_2 + \cdots + x_n) = 100n,$$
求 n 的最大可能值.

4. 试求所有的实数 λ,使得不存在无穷正项数列 $\{a_n\}$,满足 $a_n + 1 \leqslant \lambda^{\frac{1}{n}} \cdot a_{n-1}$ 对任意整数 $n \geqslant 2$ 均成立.

5. 给定正整数 n,设 $-1 \leqslant x_1 \leqslant x_2 \leqslant \cdots \leqslant x_n \leqslant 1$,$-1 \leqslant y_1 \leqslant y_2 \leqslant \cdots \leqslant y_n \leqslant 1$,若 $\sum_{i=1}^{n} x_i = \sum_{i=1}^{n} y_i$,求 $\sum_{i=1}^{n} |x_i - y_i|$ 的最大值.

6. 给定整数 $n \geqslant 2$. 求最小的实数 λ,使得对任意 n 个正数 $a_1, a_2, \cdots, a_n$,有
$$\sqrt{n(a_1^2 + a_2^2 + \cdots + a_n^2)} \leqslant a_1 + a_2 + \cdots + a_n + \lambda \sum_{1 \leqslant i < j \leqslant n} |a_i - a_j|.$$

7. 求最小的实常数 λ,使得不等式
$$\lambda \sum_{i=1}^{n} \frac{1}{a_i} \geqslant \sum_{i=1}^{n} \frac{i+1}{a_1 + \cdots + a_i}$$
对任意正实数序列 $\{a_i\}_{i=1}^{\infty}$ 和所有 $n \geqslant 1$ 均成立.

8. 设整数 $n \geqslant 2$,求最大的常数 λ,使得对任意正实数 $a_1, a_2, \cdots, a_n$,均有
$$\left(\sum_{i=1}^{n} \frac{a_i}{a_{i-1} + a_{i+1}} \right) \left(\sum_{i=1}^{n} a_i a_{i+1} \right) \geqslant \lambda \sum_{i=1}^{n} a_i^2.$$

9. 设 $n(n \geqslant 2)$ 个正实数 $a_1, a_2, \cdots, a_n$ 满足 $a_1 \leqslant a_2 \leqslant \cdots \leqslant a_n$. 求证:
$$\sum_{1 \leqslant i < j \leqslant n} (a_i + a_j)^2 \left(\frac{1}{i^2} + \frac{1}{j^2} \right) \geqslant 4(n-1) \sum_{i=1}^{n} \frac{a_i^2}{i^2}.$$

10. 证明:对任意正实数 $x_1, x_2, \cdots, x_n$ 有
$$\sum_{k=1}^{n} \sum_{j=1}^{k} \sum_{i=1}^{j} x_i \leqslant 2 \sum_{k=1}^{n} \left(\sum_{j=1}^{k} x_j \right)^2 x_k^{-1}.$$

参考答案及提示

习题 1

1. 由平均不等式得

$$a+1 \geqslant 2\sqrt{a},$$
$$2a+1 \geqslant 2\sqrt{2a},$$
$$\cdots\cdots$$
$$na+1 \geqslant 2\sqrt{na}.$$

将上面所有不等式相加得

$$(a+1)+(2a+1)+\cdots+(na+1) \geqslant 2\sqrt{a}+2\sqrt{2a}+\cdots+2\sqrt{na},$$

即

$$n(n+1)a+2n \geqslant 4\sqrt{a}(\sqrt{1}+\sqrt{2}+\cdots+\sqrt{n}).$$

2. 由平均不等式

$$\left(\frac{a}{2}\right)^3 \geqslant 3\left(\frac{a}{2}\right)-2, \left(\frac{b}{3}\right)^3 \geqslant 3\left(\frac{b}{3}\right)-2, c^3 \geqslant 3c-2,$$

所以

$$a \leqslant \frac{a^3+16}{12}, b \leqslant \frac{b^3+54}{27}, c \leqslant \frac{c^3+2}{3}.$$

故

$$2a+3b+c \leqslant \frac{a^3+16}{6}+\frac{b^3+54}{9}+\frac{c^3+2}{3}$$

$$=\frac{1}{18}(3a^3+2b^3+6c^3)+\left(\frac{8}{3}+6+\frac{2}{3}\right)=14.$$

当且仅当 $\frac{a}{2}=\frac{b}{3}=c=1$,即 $a=2, b=3, c=1$ 时等号成立.

3. 由 $1 < x < 13$,可知 $x-1$ 与 $13-x$ 都是正数,于是

$$y=(1-x)^2(13-x)=(x-1)^2(13-x)$$

$$=\frac{1}{2}(x-1)(x-1)(26-2x)$$

$$\leqslant \frac{1}{2}\left(\frac{x-1+x-1+26-2x}{3}\right)^3=256.$$

不等式的证明

当且仅当 $x-1=26-2x$ 时, 即 $x=9$ 时等式成立.

所以当 $x=9$ 时, $y=(1-x)^2(13-x)$ 取到最大值为 256.

4. 由于对于任意非负实数 a,b 有平均不等式

$$\sqrt{\frac{a^2+b^2}{2}} \geqslant \frac{a+b}{2},$$

则

$$\sqrt{a^2+b^2} \geqslant \frac{\sqrt{2}}{2}(a+b),$$

所以 $\sqrt{a^2+b^2}+\sqrt{b^2+c^2}+\sqrt{c^2+a^2} \geqslant \frac{\sqrt{2}}{2}(a+b)+\frac{\sqrt{2}}{2}(b+c)+\frac{\sqrt{2}}{2}(c+a)$

$$=\sqrt{2}(a+b+c).$$

5. 由幂平均不等式,可得

$$\sqrt{\frac{a^2+b^2}{2}} \geqslant \frac{a+b}{2}, \quad \sqrt[3]{\frac{b^3+c^3}{2}} \geqslant \frac{b+c}{2},$$

于是

$$\sqrt{\frac{a^2+b^2}{2}}+2\sqrt[3]{\frac{b^3+c^3}{2}} \geqslant \frac{a+b}{2}+2 \cdot \frac{b+c}{2},$$

又由平均不等式有

$$\frac{a+b}{2}+2 \cdot \frac{b+c}{2}=\frac{(a+2b)+(b+2c)}{2} \geqslant \sqrt{(a+2b)(b+2c)}=3,$$

所以

$$\sqrt{\frac{a^2+b^2}{2}}+2\sqrt[3]{\frac{b^3+c^3}{2}} \geqslant 3.$$

6. 由平均不等式

$$3x^2 \leqslant x^3+x^3+1,$$
$$4y^3 \leqslant y^4+y^4+y^4+1,$$

结合题设条件,可得

$$x^3+y^3+3(x^2+y^3) \leqslant 2+3(x^3+y^4),$$

故原不等式成立.

7. 对于整数 $k \in [2,n]$, 由平均不等式得

$$k-1=\frac{(k-1)^2}{k-1}=\frac{k(k-2)+1}{k-1}=\frac{k+k+\cdots+k+1}{k-1}$$

$$\geqslant \sqrt[k-1]{k^{k-2}}=\sqrt[k-1]{\frac{k^{k-1}}{k}}=\frac{k}{\sqrt[k-1]{k}},$$

所以

$$\sqrt[k-1]{k} > \frac{k}{k-1},$$

故
$$2\times\sqrt{3}\times\sqrt[3]{4}\times\cdots\times\sqrt[n-1]{n}>\frac{2}{1}\times\frac{3}{2}\times\frac{4}{3}\times\cdots\times\frac{n}{n-1}=n.$$

8. 对于任意实数 x,y,z,有 $\frac{x+y+z}{3}\leqslant\sqrt{\frac{x^2+y^2+z^2}{3}}$,即
$$x+y+z\leqslant\sqrt{3}\cdot\sqrt{x^2+y^2+z^2},$$

所以
$$\sqrt{4a+1}+\sqrt{4b+1}+\sqrt{4c+1}\leqslant\sqrt{3}\cdot\sqrt{4a+1+4b+1+4c+1}.$$

又由条件 $a+b+c=1$,可得
$$\sqrt{4a+1}+\sqrt{4b+1}+\sqrt{4c+1}\leqslant\sqrt{3}\times\sqrt{7}=\sqrt{21}<5.$$

所以
$$\sqrt{4a+1}+\sqrt{4b+1}+\sqrt{4c+1}<5.$$

9. 因为 $\sqrt[6]{6}<\sqrt{2}<\sqrt[3]{3}$,且当 $0\leqslant x\leqslant 1$ 时,$\sqrt[6]{x}\geqslant\sqrt[3]{x}\geqslant\sqrt{x}\geqslant x$,所以
$$\sqrt{2a}+\sqrt[3]{3b}+\sqrt[6]{6c}\geqslant\sqrt{2}a+\sqrt[3]{3}b+\sqrt[6]{6}c\geqslant\sqrt[6]{6}(a+b+c)=\sqrt[6]{6},$$

又当 $(a,b,c)=(0,0,1)$ 时等号成立,故所求的最小值为 $\sqrt[6]{6}$.

由平均不等式得
$$\sqrt{2a}\leqslant\frac{2a+1}{2},\sqrt[3]{3b}\leqslant\frac{3b+1+1}{3},\sqrt[6]{6c}\leqslant\frac{6c+1+1+1+1+1}{6},$$

三式相加,有
$$\sqrt{2a}+\sqrt[3]{3b}+\sqrt[6]{6c}\leqslant a+\frac{1}{2}+b+\frac{2}{3}+c+\frac{5}{6}=3,$$

又当 $(a,b,c)=\left(\frac{1}{2},\frac{1}{3},\frac{1}{6}\right)$ 时等号成立,故所求的最大值为 3.

10. 因为 $a_1,a_2,\cdots,a_n$ 是 $1,2,\cdots,n$ 的一个排列,所以
$$(a_1+1)(a_2+1)\cdots(a_{n-1}+1)\geqslant(1+1)(2+1)\cdots(n-1+1)=a_1a_2\cdots a_n.$$

于是
$$\frac{a_1}{a_2}+\frac{a_2}{a_3}+\cdots+\frac{a_{n-1}}{a_n}+\frac{1}{1}+\frac{1}{2}+\cdots+\frac{1}{n}$$
$$=\frac{a_1}{a_2}+\frac{a_2}{a_3}+\cdots+\frac{a_{n-1}}{a_n}+\frac{1}{a_1}+\frac{1}{a_2}+\cdots+\frac{1}{a_n}$$
$$=\frac{1}{a_1}+\frac{a_1+1}{a_2}+\frac{a_2+1}{a_3}+\cdots+\frac{a_{n-1}+1}{a_n}$$
$$\geqslant n\sqrt[n]{\frac{(a_1+1)(a_2+1)\cdots(a_{n-1}+1)}{a_1a_2\cdots a_n}}\geqslant n.$$

而 $n=\left(1+\frac{1}{2}+\cdots+\frac{1}{n}\right)+\left(\frac{1}{2}+\frac{2}{3}+\cdots+\frac{n-1}{n}\right)$,所以

$$\frac{a_1}{a_2}+\frac{a_2}{a_3}+\cdots+\frac{a_{n-1}}{a_n}\geqslant \frac{1}{2}+\frac{2}{3}+\cdots+\frac{n-1}{n}.$$

在不等式两边同时加上 $1+\frac{1}{2}+\cdots+\frac{1}{n}$,即加上 $\frac{1}{a_1}+\frac{1}{a_2}+\cdots+\frac{1}{a_n}$,这是一个非常巧妙的想法.

11. 令 $P=(a_1-a_2^2)\cdot(a_2-a_3^2)\cdot\cdots\cdot(a_{2015}-a_{2016}^2)\cdot(a_{2016}-a_1^2)$.

由已知得,对 $i=1,2,\cdots,2015$,均有 $a_i-a_{i+1}^2>\frac{11}{9}a_{i+1}^2-a_{i+1}^2\geqslant 0$.

若 $a_{2016}-a_1^2\leqslant 0$,则 $P\leqslant 0$.

以下考虑 $a_{2016}-a_1^2>0$ 的情况. 约定 $a_{2017}=a_1$. 由平均不等式得

$$P^{\frac{1}{2016}}\leqslant \frac{1}{2016}\sum_{i=1}^{2016}(a_i-a_{i+1}^2)=\frac{1}{2016}\left(\sum_{i=1}^{2016}a_i-\sum_{i=1}^{2016}a_{i+1}^2\right)$$

$$=\frac{1}{2016}\left(\sum_{i=1}^{2016}a_i-\sum_{i=1}^{2016}a_i^2\right)=\frac{1}{2016}\sum_{i=1}^{2016}a_i(1-a_i)$$

$$\leqslant \frac{1}{2016}\sum_{i=1}^{2016}\left(\frac{a_i+(1-a_i)}{2}\right)^2=\frac{1}{2016}\times 2016\times \frac{1}{4}=\frac{1}{4},$$

所以
$$P\leqslant \frac{1}{4^{2016}}.$$

当 $a_1=a_2=\cdots=a_{2016}=\frac{1}{2}$ 时,上述不等式等号成立,且有 $9a_i>11a_{i+1}^2(i=1,2,\cdots,2015)$,此时 $P=\frac{1}{4^{2016}}$.

综上所述,所求最大值为 $\frac{1}{4^{2016}}$.

12. 我们考虑 $[\alpha(1+x)]^5[\beta(1-x)][\gamma(2x-1)]^2$ 的最大值,这里 α,β,γ 是正整数,满足 $5\alpha-\beta+4\gamma=0$,$\alpha(1+x)=\beta(1-x)=\gamma(2x-1)$. 后者即 $\frac{\beta-\alpha}{\beta+\alpha}=\frac{\beta+\gamma}{2\gamma+\beta}$,代入 $\beta=5\alpha+4\gamma$,得

$$0=2(3\alpha\gamma+5\alpha^2-2\gamma^2)=2(5\alpha-2\gamma)(\alpha+\gamma),$$

我们取 $(\alpha,\beta,\gamma)=(2,30,5)$,由平均不等式得

$$[2(1+x)]^5[30(1-x)][5(2x-1)]^2\leqslant \left(\frac{15}{4}\right)^8,$$

此时 $x=\frac{7}{8}$. 所以,当 $x=\frac{7}{8}$ 时,$(1+x)^5(1-x)(1-2x)^2$ 的最大值为 $\frac{3^7\cdot 5^5}{2^{22}}$.

13. 设 $a_{n+1}=1-(a_1+a_2+\cdots+a_n)$. 显然 $a_{n+1}>0$,于是得到和为 1 的 $n+1$

个正实数. 从而,欲证的不等式变为
$$n^{n+1}a_1a_2\cdots a_na_{n+1}\leqslant(1-a_1)(1-a_2)\cdots(1-a_n)(1-a_{n+1}).$$
对于每个 $i(i=1,2,\cdots,n+1)$,由平均不等式,有
$$1-a_i=a_1+a_2+\cdots a_{i-1}+a_{i+1}+\cdots+a_{n+1}\geqslant n\sqrt[n]{a_1a_2\cdots a_{i-1}a_{i+1}\cdots a_{n+1}}.$$
将这 $n+1$ 个不等式相乘,便得
$$(1-a_1)(1-a_2)\cdots(1-a_{n+1})\geqslant n^{n+1}\cdot\sqrt[n]{a_1^na_2^n\cdots a_{n+1}^n}=n^{n+1}a_1a_2\cdots a_{n+1}.$$
巧设 $a_{n+1}=1-(a_1+a_2+\cdots+a_n)$ 是上述解答的关键,这样不仅化简了欲证的不等式,而且还使不等式的"结构"特征更清晰.

14. 因 $a+b+c=1,a,b,c>0$,所以
$$\begin{aligned}(ab+bc+ca)^2&=a^2b^2+b^2c^2+c^2a^2+2a^2bc+2ab^2c+2abc^2\\&=(a^2+b^2)c^2+a^2b^2+2abc(a+b+c)\\&\geqslant 2abc^2+a^2b^2+2abc(a+b+c),\end{aligned}$$

从而有
$$\frac{1}{ab+2c^2+2c}\geqslant\frac{ab}{(ab+bc+ca)^2}.$$

同理
$$\frac{1}{bc+2a^2+2a}\geqslant\frac{bc}{(ab+bc+ca)^2},$$
$$\frac{1}{ca+2b^2+2b}\geqslant\frac{ca}{(ab+bc+ca)^2},$$

将三式相加即可证得原不等式.

15. 因为
$$\frac{ab}{a+b+2c}=\frac{ab}{(a+c)+(b+c)}\leqslant\frac{ab}{4}\left(\frac{1}{a+c}+\frac{1}{b+c}\right),$$

同理 $\frac{bc}{b+c+2a}\leqslant\frac{bc}{4}\left(\frac{1}{a+b}+\frac{1}{a+c}\right),\frac{ac}{c+a+2b}\leqslant\frac{ca}{4}\left(\frac{1}{a+b}+\frac{1}{b+c}\right),$
所以
$$\frac{ab}{a+b+2c}+\frac{bc}{b+c+2a}+\frac{ca}{c+a+2b}\leqslant\frac{1}{4}\left(\frac{bc+ca}{a+b}+\frac{ab+ca}{b+c}+\frac{ab+bc}{c+a}\right)=\frac{1}{4}(a+b+c).$$

16. 由平均不等式,对 $k=2,3,\cdots,n$,有
$$(1+a_k)^k=\left(\frac{1}{k-1}+\frac{1}{k-1}+\cdots+\frac{1}{k-1}+a_k\right)^k\geqslant k^k\cdot\left(\frac{1}{k-1}\right)^{k-1}a_k,$$
所以
$$(1+a_2)^2(1+a_3)^3\cdots(1+a_n)^n$$
$$\geqslant 2^2a_2\cdot 3^3\left(\frac{1}{2}\right)^2a_3\cdot 4^4\left(\frac{1}{3}\right)^3a_4\cdots n^n\left(\frac{1}{n-1}\right)^{n-1}a_n$$
$$=n^n,$$

在 $a_k = \dfrac{1}{k-1}, k=2,\cdots,n$ 时等号成立,这与 $a_2a_3\cdots a_n=1$ 矛盾. 故

$$(1+a_2)^2(1+a_3)^3\cdots(1+a_n)^n > n^n.$$

17. 因为

$$\frac{a}{b^2+1} = a - \frac{ab^2}{b^2+1} \geqslant a - \frac{ab^2}{2b} = a - \frac{ab}{2},$$

所以 $\quad \dfrac{a}{b^2+1} + \dfrac{b}{c^2+1} + \dfrac{c}{d^2+1} + \dfrac{d}{a^2+1} \geqslant 4 - \dfrac{1}{2}(ab+bc+cd+da).$

又

$$ab+bc+cd+da = (a+c)(b+d) \leqslant \left(\frac{a+c+b+d}{2}\right)^2 = 4,$$

所以 $\quad \dfrac{a}{b^2+1} + \dfrac{b}{c^2+1} + \dfrac{c}{d^2+1} + \dfrac{d}{a^2+1} \geqslant 4 - \dfrac{1}{2}(ab+bc+cd+da) \geqslant 2.$

18. 因为 $\dfrac{a^k}{a+b} + \dfrac{1}{4}(a+b) + \underbrace{\dfrac{1}{2} + \dfrac{1}{2} + \cdots + \dfrac{1}{2}}_{(k-2)\text{个} \frac{1}{2}} \geqslant k \cdot \sqrt[k]{\dfrac{a^k}{2^k}} = \dfrac{k}{2}a$,所以

$$\frac{a^k}{a+b} \geqslant \frac{k}{2}a - \frac{1}{4}(a+b) - \frac{k-2}{2}.$$

同理可得

$$\frac{b^k}{b+c} \geqslant \frac{k}{2}b - \frac{1}{4}(b+c) - \frac{k-2}{2},$$

$$\frac{c^k}{c+a} \geqslant \frac{k}{2}c - \frac{1}{4}(c+a) - \frac{k-2}{2}.$$

三式相加可得

$$\frac{a^k}{a+b} + \frac{b^k}{b+c} + \frac{c^k}{c+a} \geqslant \frac{k}{2}(a+b+c) - \frac{1}{2}(a+b+c) - \frac{3}{2}(k-2)$$

$$= \frac{k-1}{2}(a+b+c) - \frac{3}{2}(k-2)$$

$$\geqslant \frac{3}{2}(k-1) - \frac{3}{2}(k-2) = \frac{3}{2}.$$

19. (1) 记 $t = \sqrt{\dfrac{xy+yz+zx}{3}}$,由平均不等式得

$$xyz = (\sqrt[3]{(xy)(yz)(zx)})^{\frac{3}{2}} \leqslant \left(\frac{xy+yz+zx}{3}\right)^{\frac{3}{2}}.$$

于是 $\quad 4 = 9xyz + xy + yz + zx \leqslant 9t^3 + 3t^2,$

所以 $\quad (3t-2)(3t^2+3t+2) \geqslant 0,$

而 $3t^2+3t+2 > 0$,所以 $3t-2 \geqslant 0$,即 $t \geqslant \dfrac{2}{3}$,从而

$$xy+yz+zx \geqslant \frac{4}{3}.$$

(2) 因为
$$(x+y+z)^2 \geqslant 3(xy+yz+zx),$$
所以
$$(x+y+z)^2 \geqslant 4,$$
故
$$x+y+z \geqslant 2.$$

20. 设 $a,b>0$,由平均不等式有
$$4ab+\frac{a}{b}=2\sqrt{4ab \cdot \frac{a}{b}}=4a,$$
故
$$\frac{a}{b} \geqslant 4(a-ab).$$
所以
$$\frac{x_1 x_2 \cdots x_k}{x_{k+1}} \geqslant 4(x_1 x_2 \cdots x_k - x_1 x_2 \cdots x_{k+1}), k=1,2,\cdots,n+1.$$
于是
$$\frac{1}{x_1}+\frac{x_1}{x_2}+\frac{x_1 x_2}{x_3}+\frac{x_1 x_2 x_3}{x_4}+\cdots+\frac{x_1 x_2 \cdots x_n}{x_{n+1}}$$
$$\geqslant 4(1-x_1)+4(x_1-x_1 x_2)+\cdots+4(x_1 x_2 \cdots x_n - x_1 x_2 \cdots x_{n+1})$$
$$=4(1-x_1 x_2 \cdots x_{n+1}).$$

21. 当 $n \geqslant 3$ 时,取 $a=2, b=c=\frac{1}{2}$,则
$$abc(a^n+b^n+c^n)=\frac{1}{2}\left(2^n+\frac{1}{2^n}+\frac{1}{2^n}\right)>3.$$

当 $n=1$ 时,由平均不等式,有
$$abc(a+b+c) \leqslant \left(\frac{a+b+c}{3}\right)^3 (a+b+c)=3,$$
不等式成立.

当 $n=2$ 时,原不等式为
$$abc(a^2+b^2+c^2) \leqslant 3. \tag{1}$$

为了用条件 $a+b+c=3$,我们需要引入 $x=ab+bc+ca$,这时
$$a^2+b^2+c^2=9-2x.$$
而由平均不等式,有
$$(ab+bc+ca)^2 \geqslant 3abc(a+b+c),$$
所以,$abc \leqslant \frac{x^2}{9}.$

不等式的证明

于是 $$abc(a^2+b^2+c^2) \leqslant \frac{x^2}{9}(9-2x).$$

由 $$\frac{x^2}{9}(9-2x) \leqslant 3 \Leftrightarrow (2x+3)(x-3)^2 \geqslant 0$$

知式(1)成立.

22. 由平均不等式,有

$$\frac{x^3}{y^3+8} + \frac{y+2}{27} + \frac{y^2-2y+4}{27} \geqslant 3\sqrt[3]{\frac{x^3}{y^3+8} \cdot \frac{y+2}{27} \cdot \frac{y^2-2y+4}{27}} = \frac{x}{3},$$

即 $$\frac{x^3}{y^3+8} \geqslant \frac{x}{3} - \frac{y+2}{27} - \frac{y^2-2y+4}{27},$$

同理可得 $$\frac{y^3}{z^3+8} \geqslant \frac{y}{3} - \frac{z+2}{27} - \frac{z^2-2z+4}{27},$$

$$\frac{z^3}{x^3+8} \geqslant \frac{z}{3} - \frac{x+2}{27} - \frac{x^2-2x+4}{27},$$

于是 $$\frac{x^3}{y^3+8} + \frac{y^3}{z^3+8} + \frac{z^3}{x^3+8} \geqslant \sum_{cyc} \left(\frac{x}{3} - \frac{y+2}{27} - \frac{y^2-2y+4}{27} \right).$$

又因为 $x+y+z=3$,所以

$$\frac{x^2+y^2+z^2}{27} = \frac{(x+y+z)^2 - 2(xy+yz+zx)}{27},$$

所以 $$\frac{x^3}{y^3+8} + \frac{y^3}{z^3+8} + \frac{z^3}{x^3+8} \geqslant \sum_{cyc} \left(\frac{x}{3} - \frac{y+2}{27} - \frac{y^2-2y+4}{27} \right)$$

$$= \frac{1}{9} + \frac{2}{27}(xy+yz+zx).$$

23. 当 $a_1 = a_2 = \cdots = a_n = 1$ 时,所求式的取值为 $n^n - 1$.

由幂平均不等式及平均不等式得

$$\left[(n^{n-1}-1)\sqrt[n]{a_1 \cdots a_n} + \sqrt[n]{\frac{a_1^n + \cdots + a_n^n}{n}} \right]^n$$

$$= \left[\underbrace{\sqrt[n]{a_1 \cdots a_n} + \cdots + \sqrt[n]{a_1 \cdots a_n}}_{n^{n-1}-1} + \sqrt[n]{\frac{a_1^n + \cdots + a_n^n}{n}} \right]^n$$

$$\leqslant (n^{n-1})^{n-1} \left[(n^{n-1}-1) a_1 \cdots a_n + \frac{a_1^n + \cdots + a_n^n}{n} \right]$$

$$= n^{n(n-2)} \left[a_1^n + \cdots + a_n^n + (n^n - n) a_1 \cdots a_n \right]$$

$$\leqslant n^{n(n-2)} (a_1 + \cdots + a_n)^n = n^{n(n-1)},$$

故 $$(n^{n-1}-1)\sqrt[n]{a_1 \cdots a_n} + \sqrt[n]{\frac{a_1^n + \cdots + a_n^n}{n}} \leqslant n^{n-1}.$$

综上可知,所求式的最大值为 n^{n-1}.

习题 2

1. 由柯西不等式得
$$\left(\frac{1}{2}+\frac{1}{3}+\frac{1}{6}\right)(2b^2+3c^2+6d^2)\geqslant(b+c+d)^2,$$
所以
$$\left(\frac{1}{2}+\frac{1}{3}+\frac{1}{6}\right)(5-a^2)\geqslant(3-a)^2,$$
即
$$a^2-3a+2\leqslant 0,$$
解得 $1\leqslant a\leqslant 2$.

2. 由已知条件的结构,容易想到柯西不等式,利用不等式等号成立的条件达到求值的目的.

由柯西不等式,有
$$25\times 36=(a^2+b^2+c^2)(x^2+y^2+z^2)\geqslant(ax+by+cz)^2=30^2,$$
上述不等式等号成立.由柯西不等式等号成立的条件知
$$\frac{a}{x}=\frac{b}{y}=\frac{c}{z}=k.$$
于是
$$k^2=\frac{a^2+b^2+c^2}{x^2+y^2+z^2}=\frac{25}{36}.$$
$k=\frac{5}{6}\left(k=-\frac{5}{6}\text{舍去}\right)$. 从而有 $\frac{a+b+c}{x+y+z}=k=\frac{5}{6}$.

3. 由柯西不等式得
$$(a(b+c)+b(c+a)+c(a+b))\left(\frac{a}{b+c}+\frac{b}{c+a}+\frac{c}{a+b}\right)$$
$$\geqslant(a+b+c)^2\geqslant 3(ab+bc+ca),$$
所以
$$\frac{a}{b+c}+\frac{b}{c+a}+\frac{c}{a+b}\geqslant\frac{3}{2}.$$

4. 由柯西不等式得
$$(1^2+1^2+1^2+1^2)\left((a-1)^2+\left(\frac{b}{a}-1\right)^2+\left(\frac{c}{b}-1\right)^2+\left(\frac{4}{c}-1\right)^2\right)$$
$$\geqslant\left((a-1)+\left(\frac{b}{a}-1\right)+\left(\frac{c}{b}-1\right)+\left(\frac{4}{c}-1\right)\right)^2$$
$$=\left(a+\frac{b}{a}+\frac{c}{b}+\frac{4}{c}-4\right)^2,$$

由平均不等式得

$$a + \frac{b}{a} + \frac{c}{b} + \frac{4}{c} - 4 \geqslant 4\sqrt[4]{a \cdot \frac{b}{a} \cdot \frac{c}{b} \cdot \frac{4}{c}} - 4 = 4\sqrt{2} - 4,$$

所以 $\quad (a-1)^2 + \left(\frac{b}{a}-1\right)^2 + \left(\frac{c}{b}-1\right)^2 + \left(\frac{4}{c}-1\right)^2 \geqslant 4(\sqrt{2}-1)^2.$

当 $a = \sqrt{2}, b = 2, c = 2\sqrt{2}$ 时等号成立,故欲求的最小值为 $4(\sqrt{2}-1)^2$.

5. 由柯西不等式得

$$(a(b+2c) + b(c+2a) + c(a+2b))\left(\frac{a}{b+2c} + \frac{b}{c+2a} + \frac{c}{a+2b}\right) \geqslant (a+b+c)^2,$$

即 $\quad 3(ab+bc+ca)\left(\frac{a}{b+2c} + \frac{b}{c+2a} + \frac{c}{a+2b}\right) \geqslant (a+b+c)^2,$

而 $\quad (a+b+c)^2 \geqslant 3(ab+bc+ca),$

故 $\quad \frac{a}{b+2c} + \frac{b}{c+2a} + \frac{c}{a+2b} \geqslant 1.$

6. 由柯西不等式得

$$\left(\sum_{i=1}^{n} a_i\right)^2 = ((a_1 + a_2) + a_3 + \cdots + a_n)^2$$
$$\leqslant (1^2 + 1^2 + \cdots + 1^2)((a_1+a_2)^2 + a_3^2 + \cdots + a_n^2)$$
$$= (n-1)\left(\sum_{i=1}^{n} a_i^2 + 2a_1 a_2\right),$$

所以 $\quad A + \sum_{i=1}^{n} a_i^2 < \frac{1}{n-1}\left(\sum_{i=1}^{n} a_i\right)^2 \leqslant \frac{1}{n-1} \cdot (n-1)\left(\sum_{i=1}^{n} a_i^2 + 2a_1 a_2\right),$

故 $A < 2a_1 a_2.$

同理,对于 $1 \leqslant i < j \leqslant n$,均有 $A < 2a_i a_j$.

7. 由柯西不等式得

$$(x_1 + 3x_2 + 5x_3)\left(x_1 + \frac{x_2}{3} + \frac{x_3}{5}\right) \geqslant \left(\sqrt{x_1} \cdot \sqrt{x_1} + \sqrt{3x_2} \cdot \sqrt{\frac{x_2}{3}} + \sqrt{5x_3} \cdot \sqrt{\frac{x_3}{5}}\right)^2$$
$$= (x_1 + x_2 + x_3)^2 = 1,$$

当 $x_1 = 1, x_2 = 0, x_3 = 0$ 时不等式等号成立,故欲求的最小值为 1.

因为

$$(x_1 + 3x_2 + 5x_3)\left(x_1 + \frac{x_2}{3} + \frac{x_3}{5}\right) = \frac{1}{5}(x_1 + 3x_2 + 5x_3)\left(5x_1 + \frac{5x_2}{3} + x_3\right)$$
$$\leqslant \frac{1}{5} \cdot \frac{1}{4}\left((x_1 + 3x_2 + 5x_3) + \left(5x_1 + \frac{5x_2}{3} + x_3\right)\right)^2$$
$$= \frac{1}{20}\left(6x_1 + \frac{14}{3}x_2 + 6x_3\right)^2$$

$$\leqslant \frac{1}{20}(6x_1+6x_2+6x_3)^2=\frac{9}{5},$$

当 $x_1=\frac{1}{2}, x_2=0, x_3=\frac{1}{2}$ 时不等式等号成立,故欲求的最大值为 $\frac{9}{5}$.

8. 因为
$$1-\frac{1}{2}+\frac{1}{3}-\frac{1}{4}+\cdots+\frac{1}{2n-1}-\frac{1}{2n}$$
$$=\left(1+\frac{1}{2}+\frac{1}{3}+\cdots+\frac{1}{2n}\right)-2\left(\frac{1}{2}+\frac{1}{4}+\cdots+\frac{1}{2n}\right)$$
$$=\frac{1}{n+1}+\frac{1}{n+2}+\cdots+\frac{1}{2n},$$

所以,要证明的原不等式等价于
$$\frac{4}{7}<\frac{1}{n+1}+\frac{1}{n+2}+\cdots+\frac{1}{2n}<\frac{\sqrt{2}}{2}.$$

由柯西不等式,有
$$\left(\frac{1}{n+1}+\frac{1}{n+2}+\cdots+\frac{1}{2n}\right)[(n+1)+(n+2)+\cdots+2n]>n^2.$$

于是
$$\frac{1}{n+1}+\frac{1}{n+2}+\cdots+\frac{1}{2n}>\frac{n^2}{(n+1)+(n+2)+\cdots+2n}=\frac{2n}{3n+1}$$
$$=\frac{2}{3+\frac{1}{n}}\geqslant\frac{2}{3+\frac{1}{2}}=\frac{4}{7}.$$

又由柯西不等式,有
$$\frac{1}{n+1}+\frac{1}{n+2}+\cdots+\frac{1}{2n}<\sqrt{(1+1+\cdots+1)\left[\frac{1}{(n+1)^2}+\frac{1}{(n+2)^2}+\cdots+\frac{1}{(2n)^2}\right]}$$
$$<\sqrt{n\left[\frac{1}{n(n+1)}+\frac{1}{(n+1)(n+2)}+\cdots+\frac{1}{(2n-1)2n}\right]}$$
$$=\sqrt{n\left[\left(\frac{1}{n}-\frac{1}{2n}\right)\right]}=\frac{\sqrt{2}}{2}.$$

9. 设 $a+c-b=x, a+b-c=y, b+c-a=z$,则
$$a=\frac{x+y}{2}, b=\frac{y+z}{2}, c=\frac{z+x}{2}, a+b+c=x+y+z.$$

记原不等式的左边为 S,则 $S=\frac{2x^4}{y(x+y)}+\frac{2y^4}{z(y+z)}+\frac{2z^4}{x(z+x)}$.

由柯西不等式得
$$\frac{S}{2}\cdot[y(x+y)+z(y+z)+x(z+x)]\geqslant(x^2+y^2+z^2)^2,$$

从而有

$$S \geq \frac{2(x^2+y^2+z^2)^2}{x^2+y^2+z^2+xy+yz+zx} \geq \frac{2(x^2+y^2+z^2)^2}{x^2+y^2+z^2+(x^2+y^2+z^2)}$$

$$= x^2+y^2+z^2 \geq \frac{(x+y+z)^2}{3} = \frac{(a+b+c)^2}{3} \geq ab+bc+ca.$$

10. 由拉格朗日恒等式：

$$\left(\sum_{i=1}^n x_i^2\right)\left(\sum_{i=1}^n y_i^2\right) = \left(\sum_{i=1}^n x_i y_i\right)^2 + \sum_{1 \leq i < j \leq n}(x_i y_j - x_j y_i)^2,$$

令 $x_i = \sqrt{a_i}, y_i = \frac{1}{\sqrt{a_i}}$，则 $\left(\sum_{i=1}^n a_i\right)\left(\sum_{i=1}^n \frac{1}{a_i}\right) = n^2 + \sum_{1 \leq i < j \leq n}\left(\sqrt{\frac{a_i}{a_j}} - \sqrt{\frac{a_j}{a_i}}\right)^2.$

对固定的一对下标 i, j，令 $a = \max\{a_i a_j\}, b = \min\{a_i a_j\}$，则

$$\left(\sqrt{\frac{a_i}{a_j}} - \sqrt{\frac{a_j}{a_i}}\right)^2 = \left(\sqrt{\frac{a}{b}} - \sqrt{\frac{b}{a}}\right)^2 \leq \left(\sqrt{\frac{a}{b}} - \sqrt{\frac{b}{a}}\right)^2 + \frac{(a-b)(a(b-1)+b)}{ab}$$

$$= \frac{(a-b)((a-b)+a(b-1)+b)}{ab} = a - b = |a_i - a_j|,$$

从而

$$\left(\sum_{i=1}^n a_i\right)\left(\sum_{i=1}^n \frac{1}{a_i}\right) \leq n^2 + \sum_{1 \leq i < j \leq n}|a_i - a_j|.$$

11. 因 $x, z > 0$，所以

$$zx + z + x \geq 3\sqrt[3]{z^2 x^2}.$$

记原不等式的左边为 S，则

$$S \geq \frac{(x+1)(y+1)^2}{(z+1)(x+1)} + \frac{(y+1)(z+1)^2}{(x+1)(y+1)} + \frac{(z+1)(x+1)^2}{(y+1)(z+1)}$$

$$= \frac{(y+1)^2}{(z+1)} + \frac{(z+1)^2}{(x+1)} + \frac{(x+1)^2}{(y+1)}.$$

设 $a = x+1, b = y+1, c = z+1$，则

$$S \geq \frac{a^2}{b} + \frac{b^2}{c} + \frac{c^2}{a}.$$

由柯西不等式得

$$S \geq \frac{1}{(a+b+c)}(a+b+c)\left(\frac{a^2}{b} + \frac{b^2}{c} + \frac{c^2}{a}\right)$$

$$\geq \frac{1}{(a+b+c)}(a+b+c)^2$$

$$= a+b+c = x+y+z+3.$$

12. 由柯西不等式得 $(x_1+x_2+\cdots+x_n)^2 \leq n(x_1^2+x_2^2+\cdots+x_n^2).$
因此有 $(a-x_0)^2 \leq n(b-x_n^2)$，即

$$(n+1)x_0^2 - 2ax_0 + a^2 - nb \leq 0. \tag{1}$$

这个二次三项式的判别式为 $\Delta = 4a^2 - 4(n+1)(a^2-nb) = 4n(n+1)\left(b - \dfrac{a^2}{n+1}\right)$.

若 $b < \dfrac{a^2}{n+1}$,则 $\Delta < 0$,此时满足式(1)的 x_0 不存在;

若 $b = \dfrac{a^2}{n+1}$,则 $\Delta = 0$,此时满足式(1)的 $x_0 = \dfrac{a}{n+1}$;

若 $b > \dfrac{a^2}{n+1}$,则 $\Delta > 0$,此时满足式(1)的 x_0 的取值范围是

$$\dfrac{a - \frac{1}{2}\sqrt{\Delta}}{n+1} \leqslant x_0 \leqslant \dfrac{a + \frac{1}{2}\sqrt{\Delta}}{n+1}.$$

13. 因为 a,b,c 为正数,故原不等式可化为

$$k \leqslant \dfrac{(a+b)^2 + (a+b+4c)^2}{abc} \cdot (a+b+c),$$

设其右边为 h.

因为 $(a+b)^2 + (a+b+4c)^2 \geqslant (2\sqrt{ab})^2 + (2\sqrt{2ac} + 2\sqrt{2bc})^2$
$= 4ab + 8ac + 8bc + 16c\sqrt{ab}$,

所以 $h \geqslant \dfrac{4ab + 8ac + 8bc + 16c\sqrt{ab}}{abc} \cdot (a+b+c)$

$= \left(\dfrac{4}{c} + \dfrac{8}{b} + \dfrac{8}{a} + \dfrac{16}{\sqrt{ab}}\right) \cdot (a+b+c)$

$= 8\left(\dfrac{1}{2c} + \dfrac{1}{b} + \dfrac{1}{a} + \dfrac{1}{\sqrt{ab}} + \dfrac{1}{\sqrt{ab}}\right)\left(\dfrac{a}{2} + \dfrac{a}{2} + \dfrac{b}{2} + \dfrac{b}{2} + c\right)$

$\geqslant 8\left(5\sqrt[5]{\dfrac{1}{2a^2b^2c}}\right) \cdot \left(5\sqrt[5]{\dfrac{a^2b^2c}{2^4}}\right) = 100,$

其中当且仅当 $a=b=2c$ 时等号取到. 故 $k_{\max} = 100$.

14. $\left(\sum\limits_{i=1}^{n} a_i\right)^2 + \left(\sum\limits_{i=1}^{\left[\frac{n}{2}\right]} a_i - \sum\limits_{j=\left[\frac{n}{2}\right]+1}^{n} a_j\right)^2 \leqslant (n+1)\left(\sum\limits_{i=1}^{n} a_i^2\right),$ (2)

即对 $i=1,\cdots,\left[\dfrac{n}{2}\right]$,取 $\varepsilon_i = 1$;对 $i = \left[\dfrac{n}{2}\right]+1,\cdots,n$,取 $\varepsilon_i = -1$ 符合要求.(这里,$[x]$ 表示实数 x 的整数部分)

事实上,式(2)的左边为

$\left(\sum\limits_{i=1}^{\left[\frac{n}{2}\right]} a_i + \sum\limits_{j=\left[\frac{n}{2}\right]+1}^{n} a_j\right)^2 + \left(\sum\limits_{i=1}^{\left[\frac{n}{2}\right]} a_i - \sum\limits_{j=\left[\frac{n}{2}\right]+1}^{n} a_j\right)^2$

$$= 2\left(\sum_{i=1}^{\left[\frac{n}{2}\right]} a_i\right)^2 + 2\left(\sum_{j=\left[\frac{n}{2}\right]+1}^{n} a_j\right)^2$$

$$\leqslant 2\left[\frac{n}{2}\right]\left(\sum_{i=1}^{\left[\frac{n}{2}\right]} a_i^2\right) + 2\left(n - \left[\frac{n}{2}\right]\right)\left(\sum_{j=\left[\frac{n}{2}\right]+1}^{n} a_j^2\right) \text{（柯西不等式）}$$

$$= 2\left[\frac{n}{2}\right]\left(\sum_{i=1}^{\left[\frac{n}{2}\right]} a_i^2\right) + 2\left(\left[\frac{n+1}{2}\right]\right)\left(\sum_{j=\left[\frac{n}{2}\right]+1}^{n} a_j^2\right) \left(\text{利用 } n - \left[\frac{n}{2}\right] = \left[\frac{n+1}{2}\right]\right)$$

$$\leqslant n\left(\sum_{i=1}^{\left[\frac{n}{2}\right]} a_i^2\right) + (n+1)\left(\sum_{j=\left[\frac{n}{2}\right]+1}^{n} a_j^2\right) \text{（利用}[x]\leqslant x\text{）}$$

$$\leqslant (n+1)\left(\sum_{i=1}^{n} a_i^2\right),$$

所以式(2)得证，从而本题得证.

15. 由柯西不等式得

$$\left(1+1+\cdots+1+\frac{1}{n^2}\right)\left(\frac{1}{a_1^2}+\frac{1}{a_2^2}+\cdots+\frac{1}{a_n^2}+\frac{1}{(a_1+a_2+\cdots+a_n)^2}\right)$$

$$\geqslant \left(\frac{1}{a_1}+\frac{1}{a_2}+\cdots+\frac{1}{a_n}+\frac{1}{n(a_1+a_2+\cdots+a_n)}\right)^2,$$

所以

$$\frac{1}{a_1^2}+\frac{1}{a_2^2}+\cdots+\frac{1}{a_n^2}+\frac{1}{(a_1+a_2+\cdots+a_n)^2}$$

$$\geqslant \frac{n^2}{n^3+1}\left(\frac{1}{a_1}+\frac{1}{a_2}+\cdots+\frac{1}{a_n}+\frac{1}{n(a_1+a_2+\cdots+a_n)}\right)^2,$$

于是只需证

$$\frac{n^2}{n^3+1}\left(\frac{1}{a_1}+\frac{1}{a_2}+\cdots+\frac{1}{a_n}+\frac{1}{n(a_1+a_2+\cdots+a_n)}\right)^2$$

$$\geqslant \frac{n^3+1}{(n^2+2021)^2}\left(\frac{1}{a_1}+\frac{1}{a_2}+\cdots+\frac{1}{a_n}+\frac{2021}{a_1+a_2+\cdots+a_n}\right)^2$$

$$\Leftrightarrow n(n^2+2021)\left(\frac{1}{a_1}+\frac{1}{a_2}+\cdots+\frac{1}{a_n}+\frac{1}{n(a_1+a_2+\cdots+a_n)}\right)$$

$$\geqslant (n^3+1)\left(\frac{1}{a_1}+\frac{1}{a_2}+\cdots+\frac{1}{a_n}+\frac{2021}{a_1+a_2+\cdots+a_n}\right)$$

$$\Leftrightarrow (n^3+2021n)\sum_{i=1}^{n}\frac{1}{a_i}+(n^2+2021)\frac{1}{\sum_{i=1}^{n}a_i}$$

$$\geqslant (n^3+1)\sum_{i=1}^{n}\frac{1}{a_i}+(2021n^3+2021)\frac{1}{\sum_{i=1}^{n}a_i}$$

$$\Leftrightarrow (2021n-1)\sum_{i=1}^{n}\frac{1}{a_i} \geqslant (2021n-1)n^2 \frac{1}{\sum_{i=1}^{n}a_i}$$

$$\Leftrightarrow \sum_{i=1}^{n}a_i \sum_{i=1}^{n}\frac{1}{a_i} \geqslant n^2,$$

从而命题得证.

16. 由 $abc=1$,有 $\frac{1}{a}+\frac{1}{b}+\frac{1}{c}=bc+ca+ab$. 由柯西不等式得

$$\left[\frac{1}{a^3(b+c)}+\frac{1}{b^3(a+c)}+\frac{1}{c^3(a+b)}\right] \cdot [a(b+c)+b(a+c)+c(a+b)]$$
$$\geqslant \left(\frac{1}{a}+\frac{1}{b}+\frac{1}{c}\right)^2.$$

于是

$$\frac{1}{a^3(b+c)}+\frac{1}{b^3(a+c)}+\frac{1}{c^3(a+b)} \geqslant \frac{1}{2}(a+b+c) \geqslant \frac{3}{2} \cdot \sqrt[3]{\frac{1}{abc}} = \frac{3}{2}.$$

17. 由于 $1-\frac{1}{4^k}=\frac{3}{4}\left(\frac{1}{4^{k-1}}+\frac{1}{4^{k-2}}+\cdots+\frac{1}{4}+1\right)$,由柯西不等式得

$$b_k = \sqrt{\frac{3}{4}} \cdot \sqrt{\frac{1}{4^{k-1}}+\frac{1}{4^{k-2}}+\cdots+\frac{1}{4}+1} \cdot \sqrt{a_1^2+a_2^2+\cdots+a_k^2}$$

$$\geqslant \sqrt{\frac{3}{4}}\left(\frac{a_1}{2^{k-1}}+\frac{a_2}{2^{k-2}}+\cdots+\frac{a_{k-1}}{2}+a_k\right),$$

所以 $\sum_{k=1}^{n}b_k \geqslant \sqrt{\frac{3}{4}}\left(a_1 \cdot \sum_{k=1}^{n}\frac{1}{2^{k-1}}+a_2 \cdot \sum_{k=1}^{n}\frac{1}{2^{k-1}}+\cdots+a_{n-1}\cdot\left(1+\frac{1}{2}\right)+a_n\right)$

$$= \sqrt{\frac{3}{4}}\left(a_1 \cdot 2\left(1-\frac{1}{2^n}\right)+a_2 \cdot 2\left(1-\frac{1}{2^{n-1}}\right)+\cdots+a_{n-1}\cdot 2\left(1-\frac{1}{2^2}\right)\right.$$
$$\left.+a_n \cdot 2\left(1-\frac{1}{2}\right)\right)$$

$$= \sqrt{\frac{3}{4}}(2(a_1+a_2+\cdots+a_n)) - \sqrt{\frac{3}{4}}\left(\frac{a_1}{2^{n-1}}+\frac{a_2}{2^{n-2}}+\cdots+\frac{a_{n-1}}{2}+a_n\right)$$

$$\geqslant \sqrt{3} - b_n,$$

故 $$b_1+b_2+\cdots+b_{n-1}+2b_n \geqslant \sqrt{3}.$$

令 $a_1=\frac{1}{2^n-1}, a_2=\frac{2}{2^n-1}, a_3=\frac{2^2}{2^n-1}, \cdots, a_n=\frac{2^{n-1}}{2^n-1}$,则 $a_1+a_2+\cdots+a_n=$

1,计算可得 $b_k=\left(2^k-\frac{1}{2^k}\right)\frac{1}{(2^n-1)\sqrt{3}}, k=1,2,3,\cdots$,且 $b_1+b_2+\cdots+b_{n-1}+2b_n=$

$\sqrt{3}$,从而能取到等号.

综上所述,对于所有的整数 $n \geq 2$,原式的最小值为 $\sqrt{3}$.

18. 显然 $0 < x_i < 1, i = 1, 2, \cdots, n$,由柯西不等式与平均不等式得

$$\left(\sum_{i=1}^{n} \frac{x_i}{x_{i+1} - x_{i+1}^3}\right) \cdot \left(\sum_{i=1}^{n} (1 - x_{i+1}^2)\right) \geq \left(\sum_{i=1}^{n} \sqrt{\frac{x_i}{x_{i+1} - x_{i+1}^3}} \cdot \sqrt{1 - x_{i+1}^2}\right)^2$$

$$= \left(\sum_{i=1}^{n} \sqrt{\frac{x_i}{x_{i+1}}}\right)^2 \geq \left(n \cdot \left(\prod_{i=1}^{n} \sqrt{\frac{x_i}{x_{i+1}}}\right)^{\frac{1}{n}}\right)^2 = n^2. \tag{3}$$

$$\sum_{i=1}^{n} (1 - x_{i+1}^2) = n - \sum_{i=1}^{n} x_i^2 \leq n - \frac{1}{n} \cdot \left(\sum_{i=1}^{n} x_i\right)^2 = \frac{n^2 - 1}{n}. \tag{4}$$

由式(3)(4)得,$\sum_{i=1}^{n} \frac{x_i}{x_{i+1} - x_{i+1}^3} \geq \frac{n^3}{n^2 - 1}$.

19. 对任意 $1 \leq k \leq n$,有

$$(ka_k)^2 \leq \left(\sum_{i=1}^{n} ia_i\right)^2 = \left(\sum_{i=1}^{n} ib_i\right)^2$$

$$\leq \left(\sum_{i=1}^{n} i^2 b_i\right) \cdot \left(\sum_{i=1}^{n} b_i\right) = \left(10 - \sum_{i=1}^{n} i^2 a_i\right) \cdot \left(1 - \sum_{i=1}^{n} a_i\right)$$

$$\leq (10 - k^2 a_k) \cdot (1 - a_k) = 10 - (10 + k^2) a_k + k^2 a_k^2,$$

从而 $a_k \leq \frac{10}{10 + k^2}$.

同理有 $b_k \leq \frac{10}{10 + k^2}$,所以 $\max\{a_k, b_k\} \leq \frac{10}{10 + k^2}$.

20. (1) 由于将所有 x_i 减去一个相同的数,不等式两边不变,因此,我们不妨设 $\sum_{i=1}^{n} x_i = 0$. 由条件,我们有

$$\sum_{i=1}^{n} \sum_{j=1}^{n} |x_i - x_j| = 2 \sum_{i<j} (x_j - x_i) = 2 \sum_{i=1}^{n} (2i - n - 1) x_i,$$

由柯西不等式得

$$\left(\sum_{i=1}^{n} \sum_{j=1}^{n} |x_i - x_j|\right)^2 = 4 \left(\sum_{i=1}^{n} (2i - n - 1) x_i\right)^2$$

$$\leq 4 \sum_{i=1}^{n} (2i - n - 1)^2 \sum_{i=1}^{n} x_i^2$$

$$= \frac{4n(n+1)(n-1)}{3} \sum_{i=1}^{n} x_i^2.$$

另一方面,

$$\sum_{i=1}^{n}\sum_{j=1}^{n}(x_i-x_j)^2 = n\sum_{i=1}^{n}x_i^2 - \sum_{i=1}^{n}x_i\sum_{j=1}^{n}x_j + n\sum_{j=1}^{n}x_j^2 = 2n\sum_{i=1}^{n}x_i^2,$$

所以 $$\left(\sum_{i=1}^{n}\sum_{j=1}^{n}|x_i-x_j|\right)^2 \leqslant \frac{2(n^2-1)}{3}\sum_{i=1}^{n}\sum_{j=1}^{n}(x_i-x_j)^2.$$

(2) 由柯西不等式等号成立的条件可知,若等号成立,则存在实数 k,使得 $x_i = k(2i-n-1)$,即 $x_i = 2ki - k(n+1)$,故 $x_1, x_2, \cdots, x_n$ 成等差数列.

若 $x_1, x_2, \cdots, x_n$ 是一个公差为 d 的等差数列,则 $x_i = \frac{d}{2}(2i-n-1) + \frac{x_1+x_n}{2}$,将每个 x_i 减去 $\frac{x_1+x_n}{2}$,就有 $x_i = \frac{d}{2}(2i-n-1)$,且 $\sum_{i=1}^{n}x_i = 0$,此时不等式取等号.

21. 由柯西不等式变形 4 得

$$\sum_{i=1}^{n}\frac{a_i}{a_{i+1}} \geqslant \frac{\left(\sum_{i=1}^{n}a_i\right)^2}{\sum_{i=1}^{n}a_{i+1}a_i} = \frac{1}{\sum_{i=1}^{n}a_{i+1}a_i},$$

所以 $$\sum_{i=1}^{n}a_{i+1}a_i \geqslant \frac{1}{\sum_{i=1}^{n}\frac{a_i}{a_{i+1}}},$$ (其中 $a_{n+1}=a_1$,下同)

于是只需证明

$$\sum_{i=1}^{n}\frac{a_i}{(a_{i+1}+1)a_{i+1}} \geqslant \frac{n}{n+1}\sum_{i=1}^{n}\frac{a_i}{a_{i+1}}. \tag{5}$$

由柯西不等式得

$$\sum_{i=1}^{n}\frac{a_i}{(a_{i+1}+1)a_{i+1}} = \sum_{i=1}^{n}\frac{\left(\frac{a_i}{a_{i+1}}\right)^2}{\frac{a_i}{a_{i+1}}+a_i} \geqslant \frac{\left(\sum_{i=1}^{n}\frac{a_i}{a_{i+1}}\right)^2}{\sum_{i=1}^{n}\left(\frac{a_i}{a_{i+1}}+a_i\right)}$$

$$= \frac{\left(\sum_{i=1}^{n}\frac{a_i}{a_{i+1}}\right)^2}{\left(\sum_{i=1}^{n}\frac{a_i}{a_{i+1}}\right)+1} = \frac{T^2}{T+1},$$

其中 $T = \sum_{i=1}^{n}\frac{a_i}{a_{i+1}}$.

由平均不等式知 $T \geqslant n$,于是 $\frac{T^2}{T+1} \geqslant \frac{n}{n+1}T$,从而式(5)成立.

22. 易知 $x_k \leqslant 1, 0 \leqslant k \leqslant n$. 所以

不等式的证明

$$(1-a_k)(1-x_{k-1}) \leqslant 0,$$

即
$$1+a_k x_{k-1} \leqslant a_k + x_{k-1},$$

所以
$$\frac{1}{x_k} = 1 + a_k x_{k-1} \leqslant a_k + x_{k-1}, k=1,2,\cdots,n.$$

将上面的这 n 个不等式相加得

$$\frac{1}{x_1} + \frac{1}{x_2} + \cdots + \frac{1}{x_n} \leqslant a_1 + a_2 + \cdots + a_n + x_0 + x_1 + \cdots + x_{n-1}$$

$$= A + x_1 + \cdots + x_{n-1}$$

$$< A + x_1 + \cdots + x_{n-1} + x_n,$$

又因为
$$\frac{1}{x_1} + \frac{1}{x_2} + \cdots + \frac{1}{x_n} \geqslant \frac{n^2}{x_1 + x_2 + \cdots + x_n},$$

所以
$$\frac{n^2}{x_1 + x_2 + \cdots + x_n} < A + x_1 + \cdots + x_{n-1} + x_n,$$

于是
$$(x_1 + x_2 + \cdots + x_n)^2 + A(x_1 + x_2 + \cdots + x_n) - n^2 \geqslant 0,$$

故
$$x_1 + x_2 + \cdots + x_n > \frac{-A + \sqrt{A^2 + 4n^2}}{2} = \frac{2n^2}{A + \sqrt{A^2 + 4n^2}}$$

$$\geqslant \frac{2n^2}{A + A + \frac{2n^2}{A}} = \frac{n^2 A}{n^2 + A^2}.$$

23. 由柯西不等式得

$$\frac{k^2(k+1)^2}{4} = \left(\sum_{i=1}^{k} \frac{i}{\sqrt{a_i}} \cdot \sqrt{a_i}\right)^2 \leqslant \left(\sum_{i=1}^{k} \frac{i^2}{a_i}\right)\left(\sum_{i=1}^{k} a_i\right),$$

于是
$$\frac{k}{\sum_{i=1}^{k} a_i} \leqslant \frac{4}{k(k+1)^2} \sum_{i=1}^{k} \frac{i^2}{a_i}, k=1,2,\cdots,n.$$

所以原不等式

$$\text{左边} \leqslant \sum_{k=1}^{n} \left[\frac{4}{k(k+1)^2} \sum_{i=1}^{k} \frac{i^2}{a_i}\right] < 2\sum_{k=1}^{n}\left[\frac{2k+1}{k^2(k+1)^2} \sum_{i=1}^{k} \frac{i^2}{a_i}\right]$$

$$= 2\sum_{i=1}^{n}\left[\frac{i^2}{a_i} \sum_{k=i}^{n} \frac{2k+1}{k^2(k+1)^2}\right]$$

$$= 2\sum_{i=1}^{n}\left[\frac{i^2}{a_i} \sum_{k=i}^{n} \frac{1}{k^2} + \frac{1}{(k+1)^2}\right]$$

$$= 2\sum_{i=1}^{n} \frac{i^2}{a_i}\left(\frac{1}{i^2} - \frac{1}{(n+1)^2}\right) < 2\sum_{i=1}^{n} \frac{i^2}{a_i} \cdot \frac{1}{i^2}$$

$$= 2\sum_{i=1}^{n} \frac{1}{a_i},$$

于是命题得证.

24. 欲证的原不等式等价于

$$\left(\sum_{k=2}^{n} a_k^2\right) \cdot \left(\sum_{k=2}^{n} b_k^2\right) + 2a_1 b_1 \cdot \sum_{k=2}^{n} a_k b_k \leqslant \left(\sum_{k=2}^{n} a_k b_k\right)^2 + \left(\sum_{k=2}^{n} a_k^2\right) \cdot b_1^2 + \left(\sum_{k=2}^{n} b_k^2\right) \cdot a_1^2,$$

由平均不等式有

$$2|a_1 b_1| \cdot \sqrt{\left(\sum_{k=2}^{n} a_k^2\right) \cdot \left(\sum_{k=2}^{n} b_k^2\right)} \leqslant \left(\sum_{k=2}^{n} a_k^2\right) \cdot b_1^2 + \left(\sum_{k=2}^{n} b_k^2\right) \cdot a_1^2,$$

由柯西不等式有

$$|a_1| \cdot |b_1| = \sqrt{a_1^2 \cdot b_1^2} \geqslant \sqrt{\left(\sum_{k=2}^{n} a_k^2\right) \cdot \left(\sum_{k=2}^{n} b_k^2\right)} \geqslant \left|\sum_{k=2}^{n} a_k b_k\right|,$$

所以

$$2|a_1| \cdot |b_1| \geqslant \left(\sqrt{\left(\sum_{k=2}^{n} a_k^2\right) \cdot \left(\sum_{k=2}^{n} b_k^2\right)} + \left|\sum_{k=2}^{n} a_k b_k\right|\right),$$

于是

$$\left(\sum_{k=2}^{n} a_k^2\right) \cdot b_1^2 + \left(\sum_{k=2}^{n} b_k^2\right) \cdot a_1^2 - 2a_1 b_1 \cdot \sum_{k=2}^{n} a_k b_k$$

$$\geqslant 2|a_1| \cdot |b_1| \cdot \sqrt{\left(\sum_{k=2}^{n} a_k^2\right) \cdot \left(\sum_{k=2}^{n} b_k^2\right)} - 2|a_1| \cdot |b_1| \cdot \left|\sum_{k=2}^{n} a_k b_k\right|$$

$$\geqslant 2|a_1| \cdot |b_1| \cdot \left(\sqrt{\left(\sum_{k=2}^{n} a_k^2\right) \cdot \left(\sum_{k=2}^{n} b_k^2\right)} - \left|\sum_{k=2}^{n} a_k b_k\right|\right)$$

$$\geqslant \left(\sum_{k=2}^{n} a_k^2\right) \cdot \left(\sum_{k=2}^{n} b_k^2\right) - \left(\sum_{k=2}^{n} a_k b_k\right)^2,$$

从而命题得证.

25. 将 z_k 的实部和虚部分离,容易知道,可设 $z_k \in \mathbf{R}$. 记 $z_k = x_k, k = 1, 2, \cdots, n$.

由对称性,不妨设 $|x_1| = \max\limits_{1 \leqslant k \leqslant n} |x_k|$, 再设 $a_1 = x_1$,

$$a_k = x_k - x_{k-1}, k = 2, 3, \cdots, n.$$

则 $x_k = a_1 + \cdots + a_k$, 且 $na_1 + (n-1)a_2 + \cdots + a_n = 0$,

$$a_2^2 + a_3^2 + \cdots + a_n^2 + (a_2 + a_3 + \cdots + a_n)^2 \geqslant ca_1^2. \tag{6}$$

由柯西不等式得

$$n^2 a_1^2 = [(n-1)a_2 + (n-2)a_3 + \cdots + a_n]^2$$

$$= \left[\frac{n-1}{2} a_2 + \frac{n-3}{2} a_3 + \cdots + \frac{3-n}{2} a_n + \frac{n-1}{2}(a_2 + a_3 + \cdots + a_n)\right]^2$$

$$\leqslant \left(\sum_{k=2}^{n}\left(\frac{n+3}{2}-k\right)^2+\left(\frac{n-1}{2}\right)^2\right)\left(\sum_{k=2}^{n}a_k^2+\left(\sum_{k=2}^{n}a_k\right)^2\right)$$

$$=\frac{n(n^2-1)}{12}\left(\sum_{k=2}^{n}a_k^2+\left(\sum_{k=2}^{n}a_k\right)^2\right).$$

于是
$$a_2^2+a_3^2+\cdots+a_n^2+(a_2+a_3+\cdots+a_n)^2\geqslant\frac{12n}{n^2-1}a_1^2,$$

即 $c=\frac{12n}{n^2-1}$ 时式(6)成立.

当取 $a_1=-\frac{n^2-1}{12},a_2=\frac{n-1}{2},a_3=\frac{n-3}{2},\cdots,a_n=\frac{3-n}{2}$ 时,容易验证满足要求且此时 $c\leqslant\frac{12n}{n^2-1}$.

故所求最大的正实数 c 为 $\frac{12n}{n^2-1}$.

习题 3

1. 不妨设 $a\leqslant b\leqslant c$,则 $A\leqslant B\leqslant C$,于是由切比雪夫不等式得
$$aA+bB+cC\geqslant\frac{1}{3}(a+b+c)(A+B+C)=\frac{\pi}{3}(a+b+c);$$

所以
$$\frac{aA+bB+cC}{a+b+c}\geqslant\frac{\pi}{3}.$$

又 a,b,c 是三角形的三边长,所以
$$2aA<(a+b+c)A,$$
$$2bB<(a+b+c)B,$$
$$2cC<(a+b+c)C,$$

于是 $2(aA+bB+cC)<(a+b+c)(A+B+C),$

故 $\frac{aA+bB+cC}{a+b+c}<\frac{\pi}{2}.$

2. 对任意正整数 n,设 $b_1,b_2,\cdots,b_n$ 为 $a_1,a_2,\cdots,a_n$ 的一个排列,且 $b_1<b_2<\cdots<b_n$. 于是 $b_1\geqslant 1,b_2\geqslant 2,\cdots,b_n\geqslant n$. 由于 $b_1,b_2,\cdots,b_n$ 与 $1,\frac{1}{2^2},\cdots,\frac{1}{n^2}$ 是反序,由排序不等式得

$$\sum_{k=1}^{n}\frac{a_k}{k^2}\geqslant\sum_{k=1}^{n}\frac{b_k}{k^2}\geqslant\sum_{k=1}^{n}\frac{k}{k^2}=\sum_{k=1}^{n}\frac{1}{k}.$$

3. 不妨设 $a\leqslant b\leqslant c$,则

$$a^2 \leqslant b^2 \leqslant c^2, \frac{1}{c} \leqslant \frac{1}{b} \leqslant \frac{1}{a}.$$

由排序不等式

$$a^2 \cdot \frac{1}{a} + b^2 \cdot \frac{1}{b} + c^2 \cdot \frac{1}{c} \leqslant a^2 \cdot \frac{1}{b} + b^2 \cdot \frac{1}{c} + c^2 \cdot \frac{1}{a},$$

$$a^2 \cdot \frac{1}{a} + b^2 \cdot \frac{1}{b} + c^2 \cdot \frac{1}{c} \leqslant a^2 \cdot \frac{1}{c} + b^2 \cdot \frac{1}{a} + c^2 \cdot \frac{1}{b},$$

把上面两式相加得

$$\frac{a^2+b^2}{c} + \frac{b^2+c^2}{a} + \frac{c^2+a^2}{b} \geqslant 2.$$

4. 原不等式等价于

$$\sum_{i=1}^n x_i^2 - 2\sum_{i=1}^n x_i y_i + \sum_{i=1}^n y_i^2 \leqslant \sum_{i=1}^n x_i^2 - 2\sum_{i=1}^n x_i z_i + \sum_{i=1}^n z_i^2$$

$$\Leftrightarrow \sum_{i=1}^n x_i z_i \leqslant \sum_{i=1}^n x_i y_i \left(\sum_{i=1}^n y_i^2 = \sum_{i=1}^n z_i^2 \right),$$

由排序不等式中的"乱序和"≤"顺序和"知上式成立,所以原不等式成立.

5. 因为 $a_1, a_2, \cdots, a_{2021}; b_1, b_2, \cdots, b_{2021}$ 分别是 $1, 2, \cdots, 2021$ 的排列,所以

$$a_1 b_1 + a_2 b_2 + \cdots + a_{2021} b_{2021} \leqslant 1 \cdot 1 + 2 \cdot 2 + \cdots + 2021 \cdot 2021 = \sum_{k=1}^{2021} k^2.$$

又因为 $c_1, c_2, \cdots, c_{2021}; d_1, d_2, \cdots, d_{2021}$ 也都是 $1, 2, \cdots, 2021$ 的排列,所以

$$2(c_1 d_1 + c_2 d_2 + \cdots + c_{2021} d_{2021}) \geqslant 2(1 \cdot 2021 + 2 \cdot 2020 + \cdots + 2021 \cdot 1)$$

$$= 2\sum_{k=1}^{2021} k(2022-k) = 4044\sum_{k=1}^{2021} k - 2\sum_{k=1}^{2021} k^2,$$

若 $a_1 b_1 + a_2 b_2 + \cdots + a_{2021} b_{2021} = 2(c_1 d_1 + c_2 d_2 + \cdots + c_{2021} d_{2021})$,则

$$\sum_{k=1}^{2021} k^2 \geqslant 4044\sum_{k=1}^{2021} k - 2\sum_{k=1}^{2021} k^2,$$

即

$$3\sum_{k=1}^{2021} k^2 \geqslant 4044\sum_{k=1}^{2021} k,$$

从而得 $4043 \geqslant 4044$,矛盾!

6. 不妨设 $0 \leqslant a \leqslant b \leqslant c \leqslant d$,则

$$a^2 \leqslant b^2 \leqslant c^2 \leqslant d^2,$$

$$\frac{1}{b+c+d} \leqslant \frac{1}{c+d+a} \leqslant \frac{1}{d+a+b} \leqslant \frac{1}{a+b+c},$$

由切比雪夫不等式可得

不等式的证明

$$\frac{a^2}{b+c+d}+\frac{b^2}{c+d+a}+\frac{c^2}{d+a+b}+\frac{d^2}{a+b+c}$$
$$\geqslant \frac{1}{4}(a^2+b^2+c^2+d^2)\left(\frac{1}{a+b+c}+\frac{1}{b+c+d}+\frac{1}{c+d+a}+\frac{1}{d+a+b}\right),$$

由平均不等式得
$$(a+b+c+d)^2 \leqslant 4(a^2+b^2+c^2+d^2)=4,$$

所以
$$a+b+c+d \leqslant 2.$$

再由平均不等式得
$$\frac{1}{a+b+c}+\frac{1}{b+c+d}+\frac{1}{c+d+a}+\frac{1}{d+a+b}$$
$$\geqslant \frac{16}{(a+b+c)+(b+c+d)+(c+d+a)+(d+a+b)}$$
$$=\frac{16}{3(a+b+c+d)} \geqslant \frac{8}{3},$$

于是
$$\frac{a^2}{b+c+d}+\frac{b^2}{c+d+a}+\frac{c^2}{d+a+b}+\frac{d^2}{a+b+c} \geqslant \frac{1}{4} \cdot \frac{8}{3}=\frac{2}{3},$$

故命题得证.

7. 不妨设 $a \leqslant b \leqslant c$,则
$$ab \leqslant ac \leqslant bc, \frac{bc}{a(b+c)} \geqslant \frac{ca}{b(c+a)} \geqslant \frac{ab}{c(a+b)},$$

于是由排序不等式可得
$$\frac{1}{a^3(b+c)}+\frac{1}{b^3(c+a)}+\frac{1}{c^3(a+b)}=\frac{(abc)^2}{a^3(b+c)}+\frac{(abc)^2}{b^3(c+a)}+\frac{(abc)^2}{c^3(a+b)}$$
$$=\frac{bc}{a(b+c)} \cdot bc+\frac{ca}{b(c+a)} \cdot ca+\frac{ab}{c(a+b)} \cdot ab$$
$$\geqslant \frac{bc}{a(b+c)} \cdot ca+\frac{ca}{b(c+a)} \cdot ab+\frac{ab}{c(a+b)} \cdot bc,$$

以及
$$\frac{bc}{a(b+c)} \cdot bc+\frac{ca}{b(c+a)} \cdot ca+\frac{ab}{c(a+b)} \cdot ab$$
$$\geqslant \frac{bc}{a(b+c)} \cdot ca+\frac{ca}{b(c+a)} \cdot ab+\frac{ab}{c(a+b)} \cdot bc,$$

把上面两个不等式相加得
$$2\left(\frac{1}{a^3(b+c)}+\frac{1}{b^3(c+a)}+\frac{1}{c^3(a+b)}\right) \geqslant \frac{1}{a}+\frac{1}{b}+\frac{1}{c}$$
$$\geqslant 3\sqrt[3]{\frac{1}{a} \cdot \frac{1}{b} \cdot \frac{1}{c}}=3,$$

故
$$\frac{1}{a^3(b+c)}+\frac{1}{b^3(c+a)}+\frac{1}{c^3(a+b)} \geqslant \frac{3}{2}.$$

8. 由 $a \leqslant b \leqslant c \leqslant d \leqslant e$ 可得
$$a+b \leqslant a+c \leqslant b+d \leqslant c+e \leqslant d+e,$$
由切比雪夫不等式得
$$a(d+e)+b(c+e)+c(b+d)+d(a+c)+e(a+b)$$
$$\leqslant \frac{1}{5}(a+b+c+d+e)(a+b+a+c+b+d+c+e+d+e),$$
所以
$$2(ad+dc+cb+be+ea) \leqslant \frac{2}{5},$$
故 $ad+dc+cb+be+ea \leqslant \frac{1}{5}$,当 $a=b=c=d=e=\frac{1}{5}$ 时等号成立.

所以,$ad+dc+cb+be+ea$ 的最大值是 $\frac{1}{5}$.

9. 不妨设 $a \leqslant b \leqslant c$,则
$$\frac{1}{\sqrt{a+b}} \geqslant \frac{1}{\sqrt{c+a}} \geqslant \frac{1}{\sqrt{b+c}},$$
由切比雪夫不等式得
$$\frac{a}{\sqrt{b+c}}+\frac{b}{\sqrt{c+a}}+\frac{c}{\sqrt{a+b}} \geqslant \frac{1}{3}(a+b+c)\left(\frac{1}{\sqrt{a+b}}+\frac{1}{\sqrt{b+c}}+\frac{1}{\sqrt{c+a}}\right),$$
由平均不等式得
$$\frac{1}{\sqrt{a+b}}+\frac{1}{\sqrt{b+c}}+\frac{1}{\sqrt{c+a}} \geqslant \frac{9}{\sqrt{a+b}+\sqrt{b+c}+\sqrt{c+a}},$$
$$\sqrt{a+b}+\sqrt{b+c}+\sqrt{c+a} \leqslant \sqrt{3(a+b+b+c+c+a)},$$
所以
$$\frac{a}{\sqrt{b+c}}+\frac{b}{\sqrt{c+a}}+\frac{c}{\sqrt{a+b}} \geqslant \frac{1}{3}(a+b+c) \cdot \frac{9}{\sqrt{a+b}+\sqrt{b+c}+\sqrt{c+a}}$$
$$\geqslant 3(a+b+c) \cdot \frac{1}{\sqrt{3 \cdot 2(a+b+c)}}=\sqrt{\frac{3}{2}}\sqrt{a+b+c}.$$

10. 令 $x=bc, y=ca, z=ab$,则欲证的原不等式为
$$\frac{1}{4-x}+\frac{1}{4-y}+\frac{1}{4-z} \leqslant 1,$$
即
$$\frac{1-x}{4-x}+\frac{1-y}{4-y}+\frac{1-z}{4-z} \geqslant 0,$$

上述不等式等价于 $\dfrac{1-x^2}{4+3x-x^2}+\dfrac{1-y^2}{4+3y-y^2}+\dfrac{1-z^2}{4+3z-z^2}\geqslant 0.$ \hfill (1)

由 $$a^4+b^4+c^4\geqslant a^2b^2+b^2c^2+c^2a^2,$$
可得 $$x^2+y^2+z^2\leqslant 3.$$

不妨设 $x\leqslant y\leqslant z$，则
$$1-x^2\geqslant 1-y^2\geqslant 1-z^2,$$
$$4+3x-x^2\leqslant 4+3y-y^2\leqslant 4+3z-z^2,$$

于是由切比雪夫不等式得
$$\dfrac{1-x^2}{4+3x-x^2}+\dfrac{1-y^2}{4+3y-y^2}+\dfrac{1-z^2}{4+3z-z^2}$$
$$\geqslant \dfrac{1}{3}(1-x^2+1-y^2+1-z^2)\left(\dfrac{1}{4+3x-x^2}+\dfrac{1}{4+3y-y^2}+\dfrac{1}{4+3z-z^2}\right)$$
$$\geqslant 0,$$

从而式(1)得证，故原不等式得证.

11. 由题设可得
$$\sum_{k=1}^{n}\left(\dfrac{1}{n-1+x_k}-\dfrac{1}{n}\right)=0,$$
所以
$$\sum_{k=1}^{n}\dfrac{1-x_k}{n-1+x_k}=0,$$

不妨设 $x_1\leqslant x_2\leqslant\cdots\leqslant x_n$，则
$$\dfrac{1}{n-1+x_1^2}\geqslant\dfrac{1}{n-1+x_2^2}\geqslant\cdots\geqslant\dfrac{1}{n-1+x_n^2},$$
$$\dfrac{1-x_1}{n-1+x_1}\geqslant\dfrac{1-x_2}{n-1+x_2}\geqslant\cdots\geqslant\dfrac{1-x_n}{n-1+x_n},$$

所以由切比雪夫不等式得
$$\sum_{k=1}^{n}\dfrac{1-x_k}{n-1+x_k}\cdot\dfrac{1}{n-1+x_k^2}\geqslant\dfrac{1}{n}\sum_{k=1}^{n}\dfrac{1-x_k}{n-1+x_k}\cdot\sum_{k=1}^{n}\dfrac{1}{n-1+x_k^2}=0,$$
即
$$\sum_{k=1}^{n}\dfrac{1}{n-1}\left(\dfrac{1}{n-1+x_k}-\dfrac{x_k}{n-1+x_k^2}\right)\geqslant 0,$$
所以
$$\sum_{k=1}^{n}\dfrac{x_k}{n-1+x_k^2}\leqslant\sum_{k=1}^{n}\dfrac{1}{n-1+x_k}=1.$$

12. $\lambda(n)$ 的最大值为 $\dfrac{n(n+1)^2}{4}$.

首先，令 $a_1=a_2=\cdots=a_n=1$，得 $\lambda(n)\leqslant\dfrac{n(n+1)^2}{4}.$

下面证明:对任何满足条件的序列 $a_0, a_1, a_2, \cdots, a_n$,有不等式

$$\left(\sum_{i=1}^{n} ia_i\right)^2 \geqslant \frac{n(n+1)^2}{4}\left(\sum_{i=1}^{n} a_i^2\right). \tag{2}$$

先证明 $a_1 \geqslant \frac{a_2}{2} \geqslant \cdots \geqslant \frac{a_n}{n}$.

事实上,由条件有 $2ia_i \geqslant i(a_{i+1}+a_{i-1})$ 对任意 $i=1,2,\cdots,n-1$ 成立.

对于给定的正整数 $1 \leqslant l \leqslant n-1$,将此式对 $i=1,2,\cdots,l$ 求和得 $(l+1)a_l \geqslant la_{l+1}$,即 $\frac{a_l}{l} \geqslant \frac{a_{l+1}}{l+1}$ 对任意 $l=1,2,\cdots,n-1$ 成立.

下面证明,对于 $i,j,k \in \{1,2,\cdots,n\}$,若 $i>j$,则 $\frac{2ik^2}{i+k} > \frac{2jk^2}{j+k}$.

事实上,上式等价于 $2ik^2(j+k) > 2jk^2(i+k)$,即 $(i-j)k^2 > 0$,显然成立.

现在来证明式(2).首先对于 $1 \leqslant i < j \leqslant n$,来估计 $a_i a_j$ 的下界.

由前述可知 $\frac{a_i}{i} \geqslant \frac{a_j}{j}$,即 $ja_i - ia_j \geqslant 0$.

又因为 $a_i - a_j \leqslant 0$,故 $(ja_i - ia_j)(a_j - a_i) \geqslant 0$,即

$$a_i a_j \geqslant \frac{i}{i+j}a_j^2 + \frac{j}{i+j}a_i^2.$$

于是有
$$\left(\sum_{i=1}^{n} ia_i\right)^2 = \sum_{i=1}^{n} i^2 a_i^2 + 2\sum_{1 \leqslant i < j \leqslant n} ija_i a_j$$
$$\geqslant \sum_{i=1}^{n} i^2 \cdot a_i^2 + 2\sum_{1 \leqslant i < j \leqslant n} \left(\frac{i^2 j}{i+j}a_j^2 + \frac{ij^2}{i+j}a_i^2\right)$$
$$= \sum_{i=1}^{n}\left(a_i^2 \cdot \sum_{k=1}^{n} \frac{2ik^2}{i+k}\right).$$

记 $b_i = \sum_{k=1}^{n} \frac{2ik^2}{i+k}$,由前面证明可知 $b_1 \leqslant b_2 \leqslant \cdots \leqslant b_n$.

又 $a_1^2 \leqslant a_2^2 \leqslant \cdots \leqslant a_n^2$,由切比雪夫不等式得

$$\sum_{i=1}^{n} a_i^2 b_i \geqslant \frac{1}{n}\left(\sum_{i=1}^{n} a_i^2\right)\left(\sum_{i=1}^{n} b_i\right).$$

这样
$$\left(\sum_{i=1}^{n} ia_i\right)^2 \geqslant \frac{1}{n}\left(\sum_{i=1}^{n} a_i^2\right)\left(\sum_{i=1}^{n} b_i\right).$$

而
$$\sum_{i=1}^{n} b_i = \sum_{i=1}^{n}\sum_{k=1}^{n} \frac{2ik^2}{i+k} = \sum_{i=1}^{n} i^2 + 2\sum_{1 \leqslant i < j \leqslant n}\left(\frac{i^2 j}{i+j} + \frac{ij^2}{i+j}\right)$$
$$= \sum_{i=1}^{n} i^2 + 2\sum_{1 \leqslant i < j \leqslant n} ij = \left(\sum_{i=1}^{n} i\right)^2 = \frac{n^2(n+1)^2}{4},$$

因此
$$\left(\sum_{i=1}^{n} ia_i\right)^2 \geqslant \frac{n(n+1)^2}{4}\sum_{i=1}^{n} a_i^2,$$

故式(2)获证.

综上所述,可知 $\lambda(n)$ 的最大值为 $\frac{n(n+1)^2}{4}$.

习题 4

1. 由赫尔德不等式
$$(a^2+ab+b^2)(b^2+bc+c^2)(c^2+ca+a^2)$$
$$=(ab+a^2+b^2)(b^2+c^2+bc)(a^2+ca+c^2)$$
$$\geqslant (ab+bc+ca)^3.$$

2. 由赫尔德不等式
$$(a^2b^2+a^2+b^2+1)(b^2+c^2+b^2c^2+1)(a^2+a^2c^2+c^2+1)(1+1+1+1)$$
$$\geqslant (ab+ac+bc+1)^4,$$

即 $\qquad 4(1+a^2)^2(1+b^2)^2(1+c^2)^2 \geqslant 4^4,$

故 $\qquad (1+a^2)(1+b^2)(1+c^2) \geqslant 8.$

3. 由赫尔德不等式
$$\left(\frac{a^{k+1}}{b^k}+\frac{b^{k+1}}{c^k}+\frac{c^{k+1}}{a^k}\right)^{k-1}(a+b+c) \geqslant \left(\frac{a^k}{b^{k-1}}+\frac{b^k}{c^{k-1}}+\frac{c^k}{a^{k-1}}\right)^k,$$

所以只需证明
$$\frac{a^k}{b^{k-1}}+\frac{b^k}{c^{k-1}}+\frac{c^k}{a^{k-1}} \geqslant a+b+c.$$

再用赫尔德不等式可得
$$\left(\frac{a^k}{b^{k-1}}+\frac{b^k}{c^{k-1}}+\frac{c^k}{a^{k-1}}\right)(a+b+c)^{k-1} \geqslant (a+b+c)^k,$$

所以 $\qquad \dfrac{a^k}{b^{k-1}}+\dfrac{b^k}{c^{k-1}}+\dfrac{c^k}{a^{k-1}} \geqslant a+b+c,$

从而命题得证.

4. 对于 $x \in \mathbf{R}^*$,x^2-1 与 x^3-1 具有相同的符号,所以
$$(x^2-1)(x^3-1) \geqslant 0,$$

即 $\qquad x^5-x^2+3 \geqslant x^3+2.$

于是 $\quad (a^5-a^2+3)(b^5-b^2+3)(c^5-c^2+3) \geqslant (a^3+2)(b^3+2)(c^3+2).$

而由赫尔德不等式,有
$$(a^3+2)(b^3+2)(c^3+2)=(a^3+1+1)(1+b^3+1)(1+1+c^3)$$

$$\geqslant (a+b+c)^3,$$

从而命题得证.

5. 因为 $(25a+16b)^3 \geqslant 16^3(a+b)^3 \geqslant 16^3(a^3+b^3)$
$$=(27+8+1+28)(27+8+1+28)(c^3+d^3+e^3+28)$$
$$\geqslant (9c+4d+e+28)^3,$$

所以 $25a+16b-9c-4d-e \geqslant 28$. 当 $a=0, b=4, c=3, d=2, e=1$ 时取等号.

6. 由赫尔德不等式得
$$(a_1^3+1)(a_1^3+1)(a_2^3+1) \geqslant (a_1 a_1 a_2+1)^3,$$
$$(a_2^3+1)(a_2^3+1)(a_3^3+1) \geqslant (a_2 a_2 a_3+1)^3,$$
$$\cdots$$
$$(a_n^3+1)(a_n^3+1)(a_1^3+1) \geqslant (a_n a_n a_1+1)^3.$$

把上面这些相乘得
$$\prod (a_i^3+1) \geqslant \prod (a_i^2 a_{i+1}+1).$$

7. 左边
$$=\sqrt{\frac{a^6}{a^3(1+b^3)(1+c^3)}}+\sqrt{\frac{b^6}{b^3(1+c^3)(1+a^3)}}+\sqrt{\frac{c^6}{c^3(1+a^3)(1+b^3)}}$$
$$=\frac{a^3}{\sqrt{a^3+a^3b^3+a^3c^3+8^3}}+\frac{b^3}{\sqrt{b^3+b^3c^3+b^3a^3+8^3}}+\frac{c^3}{\sqrt{c^3+c^3a^3+c^3b^3+8^3}}$$
$$=\frac{(a^2)^{\frac{3}{2}}}{\sqrt{a^3+a^3b^3+a^3c^3+8^3}}+\frac{(b^2)^{\frac{3}{2}}}{\sqrt{b^3+b^3c^3+b^3a^3+8^3}}+\frac{(c^2)^{\frac{3}{2}}}{\sqrt{c^3+c^3a^3+c^3b^3+8^3}},$$

由赫尔德不等式得
$$左边 \geqslant \frac{(a^2+b^2+c^2)^{\frac{3}{2}}}{\sqrt{a^3+b^3+c^3+2(a^3b^3+a^3c^3+b^3c^3)+3\cdot 8^3}},$$

我们只需证明 $\dfrac{(a^2+b^2+c^2)^{\frac{3}{2}}}{\sqrt{a^3+b^3+c^3+2(a^3b^3+a^3c^3+b^3c^3)+3\cdot 8^3}} \geqslant \dfrac{2\sqrt{2}}{3}$,

即 $\qquad 9(a^2+b^2+c^2)^3 \geqslant 8(a^3+b^3+c^3)+16(a^3b^3+b^3c^3+c^3a^3)+3\cdot 8^4.$ (1)

式(1)左边 $=$
$$9(a^6+b^6+c^6)+27(a^4b^2+b^4a^2+a^4c^2+c^4a^2+b^4c^2+c^4b^2)+54a^2b^2c^2,$$

并且 $\dfrac{1}{2}(a^6+2^6) \geqslant 8a^3$, 同理 $\dfrac{1}{2}(b^6+2^6) \geqslant 8b^3, \dfrac{1}{2}(c^6+2^6) \geqslant 8c^3$, 又
$$8(a^4b^2+a^2b^4) \geqslant 16a^3b^3,$$
$$8(a^4c^2+a^2c^4) \geqslant 16a^3c^3,$$
$$8(c^4b^2+c^2b^4) \geqslant 16b^3c^3$$

不等式的证明

所以只需证明

$$\frac{17}{2}(a^6+b^6+c^6)+19(a^4b^2+b^4a^2+a^4c^2+c^4a^2+b^4c^2+c^4b^2)+54a^2b^2c^2$$
$$-3 \cdot 2^5 \geqslant 3 \cdot 8^4.$$

由平均值不等式及 $abc=8$,易知该结论成立.

所以原不等式成立.

8. 原不等式 $\Leftrightarrow n^3 \leqslant \left(\left(\sum_{i=1}^{n} a_i\right)\left(\sum_{i=1}^{n} b_i\right)-\left(\sum_{i=1}^{n} c_i\right)^2\right) \cdot \left(\sum_{i=1}^{n} \frac{1}{a_ib_i-c_i^2}\right).$

因为 $a_i,a_i,c_i>0, i=1,2,\cdots,n$,由柯西不等式知 $\left(\sum_{i=1}^{n} a_i\right)\left(\sum_{i=1}^{n} b_i\right) \geqslant \left(\sum_{i=1}^{n} \sqrt{a_ib_i}\right)^2$,所以

$$\left(\sum_{i=1}^{n} a_i\right)\left(\sum_{i=1}^{n} b_i\right) - \left(\sum_{i=1}^{n} c_i\right)^2 \geqslant \left(\sum_{i=1}^{n} \sqrt{a_ib_i}\right)^2 - \left(\sum_{i=1}^{n} c_i\right)^2$$
$$= \left(\sum_{i=1}^{n} (\sqrt{a_ib_i}-c_i)\right) \cdot \left(\sum_{i=1}^{n} (\sqrt{a_ib_i}+c_i)\right).$$

于是只需证明:

$$\left(\sum_{i=1}^{n}(\sqrt{a_ib_i}-c_i)\right) \cdot \left(\sum_{i=1}^{n}(\sqrt{a_ib_i}+c_i)\right) \cdot \left(\sum_{i=1}^{n} \frac{1}{(\sqrt{a_ib_i}-c_i)\cdot(\sqrt{a_ib_i}+c_i)}\right) \geqslant n^3.$$

因为 $a_ib_i-c_i^2>0, i=1,2,\cdots,n$,所以 $\sqrt{a_ib_i}-c_i>0, i=1,2,\cdots,n$,

所以,由赫尔德不等式得

$$\left(\sum_{i=1}^{n}(\sqrt{a_ib_i}-c_i)\right) \cdot \left(\sum_{i=1}^{n}(\sqrt{a_ib_i}+c_i)\right) \cdot \left(\sum_{i=1}^{n} \frac{1}{(\sqrt{a_ib_i}-c_i)\cdot(\sqrt{a_ib_i}+c_i)}\right) \geqslant n^3.$$

9. 由赫尔德不等式得

$$\left(\sum_{cyc} \frac{a}{b^2+b}\right) \cdot \left(\sum_{cyc} a(b+1)\right) \cdot \left(\sum_{cyc} ab\right) \geqslant \left(\sum a\right)^3 = 64,$$

注意到 $\sum ab=(a+c)(b+d)$,所以只需证明 $\sum_{cyc} a(b+1) \leqslant 8$.

因为
$$\sum_{cyc} a(b+1) = (a+c)(b+d)+4$$
$$\leqslant \frac{(a+c+b+d)^2}{4}+4=8,$$

从而命题得证.

10. 由赫尔德不等式得

$$\prod_{i=1}^{n} a_i = \prod_{i=1}^{n}[b_i+(a_i-b_i)] \geqslant \left(\sqrt[n]{\prod_{i=1}^{n} b_i}+\sqrt[n]{\prod_{i=1}^{n}(a_i-b_i)}\right)^n,$$

于是
$$\sqrt[n]{\prod_{i=1}^{n}a_i}-\sqrt[n]{\prod_{i=1}^{n}b_i}\geqslant\sqrt[n]{\prod_{i=1}^{n}(a_i-b_i)},$$

从而只需证明
$$\prod_{i=1}^{n}a_i-\prod_{i=1}^{n}b_i\geqslant n\left(\sqrt[n]{\prod_{i=1}^{n}a_i}-\sqrt[n]{\prod_{i=1}^{n}b_i}\right).$$

记 $x=\sqrt[n]{\prod_{i=1}^{n}a_i}$,则由条件知 $x>1$,且 $\sqrt[n]{\prod_{i=1}^{n}b_i}=\dfrac{1}{x}$,故只需证明
$$x^n-\dfrac{1}{x^n}\geqslant n\left(x-\dfrac{1}{x}\right).$$

因为
$$x^n-\dfrac{1}{x^n}=\left(x-\dfrac{1}{x}\right)\left(x^{n-1}+x^{n-3}+\cdots+\dfrac{1}{x^{n-3}}+\dfrac{1}{x^{n-1}}\right)\geqslant n\left(x-\dfrac{1}{x}\right),$$

故命题得证.

习题 5

1. 令 $f(x)=\sin x, x\in[0,\pi]$,则 $f''(x)=-\sin x<0$,所以 $f(x)$ 是向上凸的函数,于是由詹生不等式得
$$\dfrac{1}{3}(\sin A+\sin B+\sin C)=\dfrac{1}{3}(f(A)+f(B)+f(C))$$
$$\leqslant f\left(\dfrac{A+B+C}{3}\right)=\sin\dfrac{A+B+C}{3}=\dfrac{\sqrt{3}}{2},$$

故
$$\sin A+\sin B+\sin C\leqslant\dfrac{3\sqrt{3}}{2}.$$

当 $A=B=C$ 时等号成立.

2. 令 $f(x)=\ln\sin x, x\in\left(0,\dfrac{\pi}{2}\right)$,则 $f'(x)=\cot x, f''(x)=-\csc^2 x<0$,所以 $f(x)$ 是向上凸的函数,于是由詹生不等式得
$$\dfrac{1}{3}\left(\ln\sin\dfrac{A}{2}+\ln\sin\dfrac{B}{2}+\ln\sin\dfrac{C}{2}\right)=\dfrac{1}{3}\left(f\left(\dfrac{A}{2}\right)+f\left(\dfrac{B}{2}\right)+f\left(\dfrac{C}{2}\right)\right)$$
$$\leqslant f\left(\dfrac{\dfrac{A}{2}+\dfrac{B}{2}+\dfrac{C}{2}}{3}\right)=f\left(\dfrac{\pi}{6}\right)=\ln\dfrac{1}{2},$$

所以
$$\ln\sin\dfrac{A}{2}\sin\dfrac{B}{2}\sin\dfrac{C}{2}\leqslant\ln\dfrac{1}{8},$$

故
$$\sin\frac{A}{2}\sin\frac{B}{2}\sin\frac{C}{2} \leqslant \frac{1}{8}.$$

当 $A=B=C$ 时等号成立.

3. 设 $f(x)=\sqrt{x+5}$,则 $f(x)$ 是向上凸的函数,于是由詹生不等式得

$$\sqrt{\tan\frac{A}{2}\tan\frac{B}{2}+5}+\sqrt{\tan\frac{B}{2}\tan\frac{C}{2}+5}+\sqrt{\tan\frac{C}{2}\tan\frac{A}{2}+5}$$

$$=f\left(\tan\frac{A}{2}\tan\frac{B}{2}\right)+f\left(\tan\frac{B}{2}\tan\frac{C}{2}\right)+f\left(\tan\frac{C}{2}\tan\frac{A}{2}\right)$$

$$\leqslant 3f\left(\frac{\tan\frac{A}{2}\tan\frac{B}{2}+\tan\frac{B}{2}\tan\frac{C}{2}+\tan\frac{C}{2}\tan\frac{A}{2}}{3}\right)=3f\left(\frac{1}{3}\right)$$

$$=3\sqrt{\frac{1}{3}+5}=4\sqrt{3}.$$

4. 设 $f(x)=\frac{1}{\sin x}$,则 $f'(x)=-\frac{\cos x}{\sin^2 x}$,$f''(x)=\frac{\sin^2 x+2\cos^2 x}{\sin^3 x}\geqslant 0$,故 $f(x)$ 是向下凸的函数,于是由詹生不等式得

$$\frac{1}{\sin A}+\frac{1}{\sin B}+\frac{1}{\sin C}=f(A)+f(B)+f(C)$$

$$\geqslant 3f\left(\frac{A+B+C}{3}\right)=3f\left(\frac{\pi}{3}\right)$$

$$=\frac{3}{\sin\frac{\pi}{3}}=2\sqrt{3}.$$

当 $A=B=C$ 时等号成立.

5. 设 $f(x)=\tan\frac{x}{m}$,$x\in(0,\pi)$ 则

$$f'(x)=\frac{1}{m}\sec^2\frac{x}{m},\ f''(x)=\frac{2}{m^2}\sec^2\frac{x}{m}\tan\frac{x}{m}>0,$$

故 $f(x)$ 是向下凸的函数,于是由詹生不等式得

$$\tan\frac{A}{m}+\tan\frac{B}{m}+\tan\frac{C}{m}=f(A)+f(B)+f(C)$$

$$\geqslant 3f\left(\frac{A+B+C}{3}\right)=3\tan\frac{\frac{A}{m}+\frac{B}{m}+\frac{C}{m}}{3}$$

$$=3\tan\frac{\pi}{3m}.$$

6. 令 $f(x)=\left(x+\frac{1}{x}\right)^k$,则 $f'(x)=k\left(x+\frac{1}{x}\right)^{k-1}\left(1-\frac{1}{x^2}\right)$,

$$f''(x)=k(k-1)\left(x+\frac{1}{x}\right)^{k-2}\left(1-\frac{1}{x^2}\right)^2+k\left(x+\frac{1}{x}\right)^{k-1}\left(\frac{2}{x^3}\right)>0,$$

故 $f(x)$ 是向下凸的函数,于是由詹生不等式得

$$\left(a+\frac{1}{a}\right)^k+\left(b+\frac{1}{b}\right)^k=f(a)+f(b)\geqslant 2f\left(\frac{a+b}{2}\right)$$

$$=2\left(\frac{1}{2}+2\right)^k=\frac{5^k}{2^{k-1}}.$$

7. 令 $f(x)=\ln\left(x+\frac{1}{x^2}\right), x\in(0,1)$,则 $f'(x)=\frac{x^3-2}{x^4+x}$,

$$f''(x)=\frac{-x^6+10x^3+2}{(x^4+x)^2}=\frac{x^3(10-x^3)+2}{(x^4+x)^2}>0,$$

故 $f(x)$ 是向下凸的函数,于是由詹生不等式得

$$\ln\left(x+\frac{1}{x^2}\right)\left(y+\frac{1}{y^2}\right)\left(z+\frac{1}{z^2}\right)=\ln\left(x+\frac{1}{x^2}\right)+\ln\left(y+\frac{1}{y^2}\right)+\ln\left(z+\frac{1}{z^2}\right)$$

$$=f(x)+f(y)+f(z)\geqslant 3f\left(\frac{x+y+z}{3}\right)$$

$$=3f\left(\frac{1}{3}\right)=3\ln\left(\frac{1}{3}+9\right)=\ln\left(\frac{28}{3}\right)^3,$$

故

$$\left(x+\frac{1}{x^2}\right)\left(y+\frac{1}{y^2}\right)\left(z+\frac{1}{z^2}\right)\geqslant\left(\frac{28}{3}\right)^3.$$

8. 令 $f(x)=\frac{x^2}{\sqrt{1+x}}, x\in\mathbf{R}^*$. 则

$$f''(x)=\frac{3x^2+8x+8}{4(x+1)^2\sqrt{x+1}}>0,$$

故 $f(x)$ 是向下凸的函数,于是由詹生不等式得

$$\frac{a^2}{\sqrt{1+a}}+\frac{b^2}{\sqrt{1+b}}+\frac{c^2}{\sqrt{1+c}}=f(a)+f(b)+f(c)$$

$$\geqslant 3f\left(\frac{a+b+c}{3}\right)=3\cdot\frac{\left(\frac{a+b+c}{3}\right)^2}{\sqrt{1+\left(\frac{a+b+c}{3}\right)}}$$

$$=\frac{(a+b+c)^2}{\sqrt{9+3(a+b+c)}}.$$

令 $x=a+b+c$,因为 $a+b+c\geqslant 3\sqrt[3]{abc}=3$,故 $x\geqslant 3$. 记 $g(x)=\frac{x^2}{\sqrt{9+3x}}$,则

$$g'(x)=\frac{3x^2+12x}{2(3+x)\sqrt{9+3x}}>0,$$

所以，$g(x)$ 在 $[3,+\infty)$ 上是递增的，于是 $g(x) \geqslant g(3) = \dfrac{3\sqrt{2}}{2} > 2$，从而命题得证.

9. 令 $f(x) = \dfrac{1}{x^2+x}$，$x \in (0,+\infty)$，则

$$f''(x) = \dfrac{6x^2+6x+2}{x^3(x+1)} > 0,$$

故 $f(x)$ 是向下凸的函数，于是由詹生不等式得

$$\dfrac{a}{4} \cdot \dfrac{1}{b^2+b} + \dfrac{b}{4} \cdot \dfrac{1}{c^2+c} + \dfrac{c}{4} \cdot \dfrac{1}{d^2+d} + \dfrac{d}{4} \cdot \dfrac{1}{a^2+a}$$

$$= \dfrac{a}{4}f(b) + \dfrac{b}{4}f(c) + \dfrac{c}{4}f(d) + \dfrac{d}{4}f(a)$$

$$\geqslant f\left(\dfrac{a}{4} \cdot b + \dfrac{b}{4} \cdot c + \dfrac{c}{4} \cdot d + \dfrac{d}{4} \cdot a\right)$$

$$= f\left(\dfrac{ab+bc+cd+da}{4}\right)$$

$$= \dfrac{16}{(ab+bc+cd+da)^2 + 4(ab+bc+cd+da)},$$

所以，只需证明

$$\dfrac{64}{(ab+bc+cd+da)^2 + 4(ab+bc+cd+da)} \geqslant \dfrac{8}{(a+c)(b+d)},$$

即

$$\dfrac{8}{(ab+bc+cd+da)+4} \geqslant 1$$

等价于

$$ab+bc+cd+da \leqslant 4.$$

因为

$$ab+bc+cd+da = (a+c)(b+d) \leqslant \dfrac{(a+c+b+d)^2}{4} = 4,$$

从而命题得证.

10. 设半圆的圆心为 O，$\angle A_i O A_{i+1} = 2\theta_i$，$i = 1, 2, \cdots, n$. 由正弦定理知 $a_i = 2\sin\theta_i$，于是欲证的不等式转化为

$$\sum_{i=1}^{n} \sin^2\theta_i + 2\sum_{i=1}^{n} \sin\theta_i \sin\theta_{i+1} \sin\theta_{i+2} < \dfrac{n+\pi}{2},$$

其中 $\theta_{i+1} = \theta_1$，$\theta_{i+2} = \theta_2$.

令 $f(x) = \sin x$，$x \in \left[0, \dfrac{\pi}{2}\right]$，则 $f(x)$ 是递增且向上凸的函数，于是由詹生不等式及 $\sin x < x$ 可得

$$\sum_{i=1}^{n}\sin\theta_i \leqslant n\sin\frac{\sum_{i=1}^{n}\theta_i}{n} \leqslant n\sin\frac{\pi}{2n} < n\cdot\frac{\pi}{2n} = \frac{\pi}{2},$$

又因为 $0<\theta_{i+1}+\theta_{i+2}<\frac{\pi}{2}, i=1,2,\cdots,n$,所以

$$0<\sin\theta_{i+1}<\cos\theta_{i+2},\sin^2\theta_{i+1}+\sin^2\theta_{i+2}<1,$$

于是

$$\sum_{i=1}^{n}\sin^2\theta_i + 2\sum_{i=1}^{n}\sin\theta_i\sin\theta_{i+1}\sin\theta_{i+2}$$

$$= \sum_{i=1}^{n}\sin^2\theta_i + \sum_{i=1}^{n}(2\sin\theta_{i+1}\sin\theta_{i+2})\sin\theta_i$$

$$\leqslant \sum_{i=1}^{n}\sin^2\theta_i + \sum_{i=1}^{n}(\sin^2\theta_{i+1}+\sin^2\theta_{i+2})\sin\theta_i$$

$$= \frac{1}{2}\sum_{i=1}^{n}(\sin^2\theta_{i+1}+\sin^2\theta_{i+2}) + \sum_{i=1}^{n}(\sin^2\theta_{i+1}+\sin^2\theta_{i+2})\sin\theta_i$$

$$\leqslant \frac{n}{2} + \sum_{i=1}^{n}\sin\theta_i < \frac{n}{2} + \frac{\pi}{2}$$

$$= \frac{n+\pi}{2},$$

从而命题得证.

11. 记 $\sqrt[j]{a_1\cdots a_j} = x_j (j=1,2,\cdots,n)$,并令 $x_0 = 1$,则 $a_j = \dfrac{x_j^j}{x_{j-1}^{j-1}} (j=1,2,\cdots,n)$.

由于不等式左边关于 $a_1, a_2, \cdots, a_n$ 齐次,故可设 $\sum_{j=1}^{n} x_j = \sum_{j=1}^{n} \sqrt[j]{a_1\cdots a_j} = 1$. 原不等式等价于

$$\left(\sum_{j=1}^{n}\frac{x_j^j}{x_{j-1}^{j-1}}\right)^{-\frac{1}{n}} + x_n \leqslant \frac{n+1}{n}. \tag{1}$$

令 $f(x) = x^{-\frac{1}{n}}$,则 $f''(x) = \dfrac{n+1}{n} x^{-\frac{1}{n}-2} \geqslant 0$,于是函数 $f(x)$ 在 $(0,+\infty)$ 上是向上凸的函数,由詹生不等式我们有

$$\left(\sum_{j=1}^{n}\frac{x_j^j}{x_{j-1}^{j-1}}\right)^{-\frac{1}{n}} = \left(\sum_{j=1}^{n} x_j \frac{x_j^{j-1}}{x_{j-1}^{j-1}}\right)^{-\frac{1}{n}} \leqslant \sum_{j=1}^{n} x_j \left(\frac{x_j^{j-1}}{x_{j-1}^{j-1}}\right)^{-\frac{1}{n}} \text{(加权詹生不等式)}$$

$$= \sum_{j=1}^{n}(x_{j-1})^{\frac{j-1}{n}}(x_j)^{1-\frac{j-1}{n}} \leqslant \sum_{j=1}^{n}\left(\frac{j-1}{n}x_{j-1} + \left(1-\frac{j-1}{n}\right)x_j\right) \text{(加权平均值不等式)}$$

$$= \frac{n+1}{n}\sum_{j=1}^{n} x_j + \sum_{j=1}^{n}\left(\frac{j-1}{n}x_{j-1} - \frac{j}{n}x_j\right) = \frac{n+1}{n} - x_n,$$

这等价于式(1).

习题 6

1. 由伯努利不等式得

$$\left(1+\frac{x}{n}\right)^n > 1 + n \cdot \frac{x}{n} = 1 + x,$$

所以
$$\sqrt[n]{1+x} < 1 + \frac{x}{n}.$$

2. 因为

$$\frac{a_{n+1}}{a_n} = \frac{\left(1+\frac{1}{n+1}\right)^{n+1}}{\left(1+\frac{1}{n}\right)^n} = \frac{(n+2)^{n+1} n^n}{(n+1)^{2n+1}}$$

$$= \left(1 - \frac{1}{(n+1)^2}\right)^{n+1} \cdot \frac{n+1}{n}$$

$$> \left(1 - \frac{n+1}{(n+1)^2}\right) \cdot \frac{n+1}{n} = 1,$$

所以,数列$\{a_n\}$是递增数列.

3. 由伯努利不等式得

$$\left(1+\frac{1}{n}\right)^{\alpha+1} < 1 + \frac{\alpha+1}{n},$$

$$\left(1-\frac{1}{n}\right)^{\alpha+1} < 1 - \frac{\alpha+1}{n},$$

所以
$$(n+1)^{\alpha+1} < n^{\alpha+1} + (\alpha+1)n^\alpha,$$
$$(n-1)^{\alpha+1} < n^{\alpha+1} - (\alpha+1)n^\alpha,$$

于是
$$(n+1)^{\alpha+1} - n^{\alpha+1} < (\alpha+1)n^\alpha,$$
$$(n-1)^{\alpha+1} - n^{\alpha+1} < -(\alpha+1)n^\alpha,$$

故
$$\frac{(n+1)^{\alpha+1} - n^{\alpha+1}}{\alpha+1} < n^\alpha < \frac{n^{\alpha+1} - (n-1)^{\alpha+1}}{\alpha+1}.$$

4. 欲证的不等式等价于

$$4\sum a - 8\sum ab + 12abc \geqslant 3abc$$

$$\Leftrightarrow 4\sum a - 8\sum ab + 9abc \geqslant 0$$

$$\Leftrightarrow 8 - 8\sum ab + 9abc \geqslant 0.$$

由舒尔不等式得
$$\left(\sum a\right)^3 - 4\sum a\sum bc + 9abc \geqslant 0,$$
将 $a+b+c=2$ 代入得
$$8 - 8\sum bc + 9abc \geqslant 0,$$
从而命题得证.

5. 由舒尔不等式及平均不等式,可得
$$x^3 + y^3 + z^3 + 3xyz \geqslant x^2(y+z) + y^2(z+x) + z^2(x+y)$$
$$= xy(x+y) + yz(y+z) + zx(z+x)$$
$$\geqslant 2((xy)^{\frac{3}{2}} + (yz)^{\frac{3}{2}} + (zx)^{\frac{3}{2}}),$$
不等式获证.

6. 由于 $abc=1$,则存在正实数 x,y,z 满足 $a=\dfrac{x}{y}, b=\dfrac{y}{z}, c=\dfrac{z}{x}$,则原不等式化为
$$(y+z-x)(z+x-y)(x+y-z) \leqslant xyz,$$
将上式展开,即为
$$x^3 + y^3 + z^3 + 3xyz \geqslant x^2(y+z) + y^2(z+x) + z^2(x+y),$$
这就是舒尔不等式,从而不等式获证.

7. 由舒尔不等式的变形 II,得
$$\left(\sum x\right)^3 - 4\sum x \sum yz + 9xyz \geqslant 0,$$
由题设条件 $\sum x = 1$,得
$$1 - 4\sum yz + 9xyz \geqslant 0,$$
$$\sum yz - 2xyz \leqslant \frac{1}{4} + \frac{1}{4}xyz$$
$$\leqslant \frac{1}{4} + \frac{1}{4}\left(\frac{x+y+z}{3}\right)^3 = \frac{7}{27}.$$
另一方面,$\sum yz - 2xyz \geqslant \sum yz - xy - yz = zx \geqslant 0.$
从而命题得证.

8. 由阿贝尔变换及平均不等式得
$$\sum_{k=1}^{n} b_k \cdot \left(\frac{a_k}{b_k} - 1\right) = b_n \sum_{k=1}^{n}\left(\frac{a_k}{b_k} - 1\right) + \sum_{k=1}^{n}(b_k - b_{k+1})\sum_{i=1}^{k}\left(\frac{a_i}{b_i} - 1\right)$$
$$= b_n\left(\sum_{k=1}^{n}\frac{a_k}{b_k} - n\right) + \sum_{k=1}^{n}(b_k - b_{k+1})\left(\sum_{i=1}^{k}\frac{a_i}{b_i} - k\right)$$

$$\geqslant b_n(n-n) + \sum_{k=1}^{n}(b_k - b_{k+1})(k-k) = 0,$$

所以
$$\sum_{k=1}^{n} a_k - \sum_{k=1}^{n} b_k = \sum_{k=1}^{n} b_k \cdot \left(\frac{a_k}{b_k} - 1\right) \geqslant 0,$$

即
$$a_1 + a_2 + \cdots + a_n \geqslant b_1 + b_2 + \cdots + b_n.$$

9. 令 $b_i = \sqrt{i} - \sqrt{i-1}, i=1,2,\cdots,n$,则题设条件为

$$a_1 + a_2 + \cdots + a_k \geqslant b_1 + b_2 + \cdots + b_k, k=1,2,\cdots,n,$$

且 $b_1 \geqslant b_2 \geqslant \cdots \geqslant b_n$. 于是由 6.1 例 3 的结论知

$$\sum_{i=1}^{k} a_i^2 \geqslant \sum_{i=1}^{k} b_i^2, k=1,2,\cdots,n.$$

而
$$\sum_{i=1}^{n} b_i^2 = \sum_{i=1}^{n}(\sqrt{i} - \sqrt{i+1})^2 = \sum_{i=1}^{n} \frac{1}{(\sqrt{i}+\sqrt{i+1})^2}$$

$$> \sum_{i=1}^{n} \frac{1}{(2\sqrt{i})^2} = \frac{1}{4}\sum_{i=1}^{n} \frac{1}{i},$$

所以
$$a_1^2 + a_2^2 + \cdots + a_n^2 > \frac{1}{4}\left(1 + \frac{1}{2} + \cdots + \frac{1}{n}\right).$$

10. 当 $n=1$ 时,命题显然成立. 当 $n \geqslant 2$ 时,令

$$S_k = a_1 + a_2 + \cdots + a_k, k=1,2,\cdots.$$

由阿贝尔变换得

$$\sum_{i=1}^{n} \frac{a_i}{i} = \sum_{i=1}^{n} \frac{1}{i} \cdot a_i = \frac{1}{n}\sum_{i=1}^{n} a_i + \sum_{i=1}^{n-1}\left(\frac{1}{i} - \frac{1}{i+1}\right)S_i.$$

因为
$$2S_i = (a_1 + a_{i+1}) + (a_2 + a_{i-1}) + \cdots + (a_i + a_1)$$
$$\geqslant a_{i+1} + a_{i-1+2} + \cdots + a_{1+i} = ia_{i+1},$$

所以
$$S_i \geqslant \frac{ia_{i+1}}{2}, i=1,2,\cdots.$$

于是
$$\sum_{i=1}^{n} \frac{a_i}{i} \geqslant \frac{1}{n}S_n + \sum_{i=1}^{n-1}\left(\frac{1}{i} - \frac{1}{i+1}\right)\frac{ia_{i+1}}{2}$$

$$= \frac{1}{n}S_n + \frac{1}{2}\sum_{i=1}^{n-1} a_{i+1} + \frac{1}{2}\sum_{i=1}^{n-1}\frac{ia_{i+1}}{i+1}$$

$$\geqslant \frac{1}{n}S_n + \frac{1}{2}S_n + \frac{1}{2}\sum_{i=1}^{n-1} \frac{a_{i+1}}{i+1}$$

$$\geqslant \frac{1}{n}S_n + \frac{1}{2}a_1 + \frac{1}{2}\sum_{i=2}^{n} \frac{a_i}{i}$$

$$= \frac{1}{n}S_n + \frac{1}{2}\sum_{i=1}^{n}\frac{a_i}{i},$$

所以
$$\sum_{i=1}^{n}\frac{a_i}{i} \geqslant \frac{2}{n}S_n = \frac{2}{n}(S_{n-1} + a_n)$$
$$\geqslant \frac{2}{n}\left(\frac{n-1}{2}a_n + a_n\right)$$
$$= \frac{n+1}{n}a_n > a_n.$$

故原不等式成立.

11. 令 $S_k = a_1 + a_2 + \cdots + a_k, k = 1, 2, \cdots, n, b_{n+1} = 0$. 由阿贝尔变换得

$$\sum_{k=1}^{n}a_k b_k = \sum_{k=1}^{n+1}a_k b_k = b_{n+1}S_n + \sum_{k=1}^{n}(b_k - b_{k+1})S_k$$
$$= \sum_{k=1}^{n}k(b_k - b_{k+1}) \cdot \frac{S_k}{k}.$$

再用阿贝尔变换得

$$\sum_{k=1}^{n}k(b_k - b_{k-1}) \cdot \frac{S_k}{k} = \frac{S_n}{n}\sum_{k=1}^{n}b_k + \sum_{k=1}^{n-1}\left(\frac{S_k}{k} - \frac{S_{k+1}}{k+1}\right)\sum_{i=1}^{k}i(b_i - b_{i+1}).$$

因为 $a_1 \geqslant \frac{a_1 + a_2}{2} \geqslant \cdots \geqslant \frac{a_1 + a_2 + \cdots + a_n}{n}$, 所以 $\frac{S_1}{1} \geqslant \frac{S_2}{2} \geqslant \cdots \geqslant \frac{S_n}{n}$.

又因为 $b_1 \geqslant \frac{b_1 + b_2}{2} \geqslant \cdots \geqslant \frac{b_1 + b_2 + \cdots + b_n}{n}$, 所以

$$\sum_{i=1}^{k}i(b_i - b_{i+1}) = b_1 + b_2 + \cdots + b_k - kb_{k+1}$$
$$= (k+1)(b_1 + b_2 + \cdots + b_k) - k(b_1 + b_2 + \cdots + b_{k-1})$$
$$= k(k+1)\left(\frac{b_1 + b_2 + \cdots + b_k}{k} - \frac{b_1 + b_2 + \cdots + b_{k+1}}{k+1}\right) \geqslant 0,$$

故
$$\sum_{k=1}^{n}k(b_k - b_{k+1}) \cdot \frac{S_k}{k} \geqslant \frac{S_n}{n}\sum_{k=1}^{n}b_k,$$

即
$$a_1 b_1 + a_2 b_2 + \cdots + a_n b_n \geqslant \frac{1}{n}(a_1 + a_2 + \cdots + a_n)(b_1 + b_2 + \cdots + b_n).$$

12. 当 $a = b = 1, c = 0$ 时, $\frac{1}{a+b} + \frac{1}{b+c} + \frac{1}{c+a} = \frac{5}{2}$.

下面证明:

$$\frac{1}{a+b} + \frac{1}{b+c} + \frac{1}{c+a} \geqslant \frac{5}{2}$$
$$\Leftrightarrow \frac{\sum(a+b)(b+c)}{(a+b)(b+c)(c+a)} \geqslant \frac{5}{2}$$

$$\Leftrightarrow 2\sum a^2 + 6\sum ab \geqslant 5\sum a^2 b + 5\sum ab^2 + 10abc$$

$$\Leftrightarrow 2\left(\sum a\right)^2 + 2\sum ab \geqslant 5\sum a \sum ab - 5abc \ (\text{因为} \sum ab = 1)$$

$$\Leftrightarrow 2\left(\sum a\right)^2 - 5\sum a + 2 + 5abc \geqslant 0. \tag{1}$$

(1) 若 $\sum a \geqslant 2$，则

$$2\left(\sum a\right)^2 - 5\sum a + 2 + 5abc = \left(2\sum a - 1\right)\left(\sum a - 2\right) + 5abc \geqslant 0,$$

故式(1)成立.

(2) 若 $\sum a < 2$，则由舒尔不等式得

$$\sum a^3 + 3abc \geqslant \sum a^2 b + \sum ab^2$$

$$\Leftrightarrow \left(\sum a^3 + 3\sum a^2 b + 3\sum ab^2 + 6abc\right) - \left(4\sum a^2 b + 4\sum ab^2 + 12abc\right) + 9abc \geqslant 0$$

$$\Leftrightarrow abc \geqslant \frac{1}{9}\left(4\sum a \sum ab - \left(\sum a\right)^3\right) = \frac{1}{9}\left(4\sum a - \left(\sum a\right)^3\right),$$

所以
$$2\left(\sum a\right)^2 - 5\sum a + 2 + 5abc$$
$$\geqslant 2\left(\sum a\right)^2 - 5\sum a + 2 + \frac{5}{9}\left(4\sum a - \left(\sum a\right)^3\right)$$
$$= \frac{1}{9}\left(2 - \sum a\right)\left(5\left(\sum a\right)^2 - 8\sum a + 9\right) \geqslant 0,$$

故此时式(1)也成立.

综上所述，欲求的最小值为 $\frac{5}{2}$.

13. 令 $\frac{yz}{x} = a^2, \frac{zx}{y} = b^2, \frac{xy}{z} = c^2$，则 $xyz = a^2 b^2 c^2$，从而

$$x = bc, y = ca, z = ab.$$

于是，欲证的原不等式等价于

$$(a^2 + b^2 + c^2)^3 > 8(b^3 c^3 + c^3 a^3 + a^3 b^3)$$

$$\Leftrightarrow \sum a^6 + 3\sum (a^4 b^2 + a^2 b^4) + 6a^2 b^2 c^2 > 8(b^3 c^3 + c^3 a^3 + a^3 b^3).$$

由舒尔不等式

$$\sum a^6 - 3\sum (a^4 b^2 + a^2 b^4) + 3a^2 b^2 c^2 \geqslant 0,$$

所以 $\sum a^6 + 3\sum (a^4 b^2 + a^2 b^4) + 6a^2 b^2 c^2 \geqslant 4\sum (a^4 b^2 + a^2 b^4) + 3a^2 b^2 c^2$

$$\geqslant 4\sum (a^2 b^2 + a^2 b^4)$$

$$\geqslant 8(b^3 c^3 + c^3 a^3 + a^3 b^3).$$

14. 由舒尔不等式可得

$$\sum d \sum a(a-b)(a-c) \geqslant 0,$$

将上式展开得

$$\sum (a^3 d + ad^3) - 2\sum (a^2 bc + a^2 cd + a^2 bd) + 12abcd \geqslant 0. \qquad (2)$$

又由舒尔不等式得

$$\sum_{a,b,c} \sum a^2 (a-b)(a-c) \geqslant 0,$$

将上式展开得

$$3\sum a^4 - 2\sum (a^3 d + ad^3) + \sum (a^2 bc + a^2 cd + a^2 bd) \geqslant 0, \qquad (3)$$

由式(2)×2+式(3)得

$$3\sum a^4 - 3\sum (a^2 bc + a^2 cd + a^2 bd) + 24abcd \geqslant 0,$$

于是 $\sum a^4 + 8abcd \geqslant \sum (a^2 bc + ab^2 c + abc^2) = \sum abc(a+b+c).$

15. 若存在 i,使得 $x_i > 1$,则上述不等式左边有 $n-1$ 项大于 1,不等式成立.

若对所有 i 均有 $x_i \leqslant 1$,我们有

$$(x_1 + \cdots + x_{i-1} + x_{i+1} + \cdots + x_n)^{x_i} \geqslant \frac{x_1 + \cdots + x_{i-1} + x_{i+1} + \cdots + x_n}{x_1 + \cdots + x_n},$$

再对 $i=1,\cdots,n$ 求和可得

$$\sum_{i=1}^{n} (x_1 + \cdots + x_{i-1} + x_{i+1} + \cdots + x_n)^{x_i} > n-1.$$

16. 当 $n=1$ 时,命题显然成立.

当 $n \geqslant 2$ 时,令 $a_i = 1, b_i = \sqrt{i}, i=1,2,\cdots,n$,则由阿贝尔变换得

$$\sum_{i=1}^{n} \sqrt{i} = \sum_{i=1}^{n} a_i b_i = \sqrt{n} \cdot n + \sum_{i=1}^{n-1} (\sqrt{i} - \sqrt{i+1}) i$$

$$= n\sqrt{n} - \sum_{i=1}^{n-1} \frac{i}{\sqrt{i} + \sqrt{i+1}}.$$

因为 $\frac{i}{\sqrt{i} + \sqrt{i+1}} < \frac{i}{2\sqrt{i}} = \frac{1}{2}\sqrt{i}$,所以

$$\sum_{i=1}^{n} \sqrt{i} < n\sqrt{n} - \frac{1}{2} \sum_{i=1}^{n-1} \sqrt{i} < n\sqrt{n} - \frac{1}{2}\left(\sum_{i=1}^{n} \sqrt{i} - \sqrt{n}\right),$$

解得

$$\sum_{i=1}^{n} \sqrt{i} > \frac{2n+1}{3}\sqrt{n}.$$

于是左边的不等式得证.

令 $a_i=i, b_i=\dfrac{1}{\sqrt{i}}, i=1,2,\cdots,n$,由阿贝尔变换得

$$\sum_{i=1}^n \sqrt{i} = \sum_{i=1}^n i \cdot \dfrac{1}{\sqrt{i}} = \dfrac{1}{\sqrt{n}} \cdot \sum_{i=1}^n i + \sum_{i=1}^{n-1}\left(\dfrac{1}{\sqrt{i}} - \dfrac{1}{\sqrt{i+1}}\right)\sum_{k=1}^i k$$

$$= \dfrac{n(n+1)}{2\sqrt{n}} + \sum_{i=1}^{n-1}\left(\dfrac{1}{\sqrt{i}} - \dfrac{1}{\sqrt{i+1}}\right)\cdot\dfrac{i(i+1)}{2}$$

$$= \dfrac{n(n+1)}{2\sqrt{n}} + \sum_{i=1}^{n-1}\dfrac{1}{\sqrt{i(i+1)}(\sqrt{i}+\sqrt{i+1})}\cdot\dfrac{i(i+1)}{2}$$

$$= \dfrac{n+1}{2}\sqrt{n} + \dfrac{1}{2}\sum_{i=1}^{n-1}\dfrac{\sqrt{i(i+1)}}{\sqrt{i}+\sqrt{i+1}}.$$

因为 $\dfrac{\sqrt{i(i+1)}}{\sqrt{i}+\sqrt{i+1}} < \dfrac{1}{4}(\sqrt{i}+\sqrt{i+1}), i=1,2,\cdots,n-1$,

所以
$$\sum_{i=1}^n \sqrt{i} = \dfrac{n+1}{2}\sqrt{n} + \dfrac{1}{2}\sum_{i=1}^{n-1}\dfrac{\sqrt{i(i+1)}}{\sqrt{i}+\sqrt{i+1}}$$

$$< \dfrac{n+1}{2}\sqrt{n} + \dfrac{1}{2}\sum_{i=1}^{n-1}\dfrac{1}{4}(\sqrt{i}+\sqrt{i+1})$$

$$= \dfrac{n+1}{2}\sqrt{n} + \dfrac{1}{8}\left(2\sum_{i=1}^n \sqrt{i} - \sqrt{n} - 1\right),$$

所以
$$\sum_{i=1}^n \sqrt{i} \leqslant \dfrac{4n+3}{6}\sqrt{n} - \dfrac{1}{6}.$$

故右边的不等式得证.

17. (1) 固定 y,令

$$g(x) = f(x) - f(y) - (x-y)f'(y),$$

则
$$g'(x) = f'(x) - f'(y).$$

由于 $f(x)$ 是在 (a,b) 上连续,且二阶可导的向下凸的函数,所以在 (a,b) 上 $f''(x)\geqslant 0$,即 $f'(x)$ 单调递增.故当 $x\geqslant y$ 时,$f'(x)\geqslant f'(y)$,即 $g'(x)\geqslant 0$;当 $x<y$ 时,$f'(x)\leqslant f'(y)$,即 $g'(x)\leqslant 0$.所以 $g(x)\geqslant g(y)=0$.

(2) 由(1)的结论可知

$$f(x_i)\geqslant f(y_i)+(x_i-y_i)f'(y_i),$$

从而
$$\sum_{i=1}^n f(x_i) \geqslant \sum_{i=1}^n f(y_i) + \sum_{i=1}^n (x_i-y_i)f'(y_i),$$

故只需证明
$$\sum_{i=1}^n (x_i-y_i)f'(y_i) \geqslant 0.$$

由(i)可知 $\sum_{i=1}^{n}(x_i-y_i)=0$,由(ii)可知 $f'(y_1)\geqslant f'(y_2)\geqslant\cdots\geqslant f'(y_n)$,由(iii)可知对任意 $1\leqslant k<n$,均有 $\sum_{i=1}^{k}(x_i-y_i)\geqslant 0$.

由阿贝尔变换公式可知

$$\sum_{i=1}^{n}(x_i-y_i)f'(y_i)=\sum_{i=1}^{n-1}\Big[\sum_{k=1}^{i}(x_k-y_k)\Big](f'(y_i)-f'(y_{i+1}))$$
$$+\Big[\sum_{k=1}^{n}(x_k-y_k)\Big]f'(y_n),$$

上式右边第一个和式每一项均大于等于0,第二项等于0,故

$$\sum_{i=1}^{n}(x_i-y_i)f'(y_i)\geqslant 0.$$

习题 7

1. 令 $f(x)=x^2+2x+\dfrac{4}{x}$, $x\in(0,+\infty)$,则

$$f'(x)=\dfrac{2(x-1)(x^2+2x+2)}{x^2}.$$

当 $x\in(0,1)$ 时,$f'(x)<0$;当 $x\in(1,+\infty)$ 时,$f'(x)>0$. 故

$$f(x)\geqslant f_{\min}(x)=f(1)=7.$$

所以
$$a^2+2a+\dfrac{4}{a}\geqslant 7.$$

2. 令 $f(x)=e^x-(1+x)$,则 $f'(x)=e^x-1$.

当 $x>0$ 时,$f'(x)>0$,故 $f(x)$ 在 $(1,+\infty)$ 上单调递增.

当 $x<0$ 时,$f'(x)<0$,故 $f(x)$ 在 $(-\infty,1)$ 上单调递减.

所以对任意 $x\in\mathbf{R}$,均有 $f(x)\geqslant f(0)=0$.

3. 令 $f(x)=\ln(1+x)-\dfrac{x}{1+x}$,则 $f'(x)=\dfrac{x}{(1+x)^2}$.

当 $x>0$ 时,$f'(x)>0$,故 $f(x)$ 在 $(1,+\infty)$ 上单调递增.

当 $-1<x<0$ 时,$f'(x)<0$,故 $f(x)$ 在 $(-1,0)$ 上单调递减.

所以 $f(x)\geqslant f(0)=0$.

4. 在上一题中取 $x=\dfrac{1}{k}$ 得

$$\ln\Big(1+\dfrac{1}{k}\Big)\geqslant\dfrac{\dfrac{1}{k}}{1+\dfrac{1}{k}}=\dfrac{1}{k+1},$$

等号取不到,故有

$$\ln\left(1+\frac{1}{k}\right) > \frac{1}{k+1},$$

将上式对 $k=n, n+1, \cdots, 2n-1$ 求和,可得

$$\frac{1}{n+1} + \frac{1}{n+2} + \cdots + \frac{1}{2n} < \ln 2.$$

5. 函数的定义域为 $x \in [-1,1]$. 令 $t = \sqrt{1+x} + \sqrt{1-x}$,则 $t^2 = 2x + 2\sqrt{1-x^2}$,于是 $\sqrt{2} \leqslant t \leqslant 2$.

$$f(x) = (t-3)\left(\frac{t^2-2}{2}+1\right) = \frac{1}{2}(t-3)t^2.$$

令 $g(t) = \frac{1}{2}(t-3)t^2, t \in [\sqrt{2}, 2]$,则 $g'(t) = \frac{3}{2}(t^2-2t) \leqslant 0$,所以 $g(t)$ 是减函数,于是 $g(t)_{\min} = g(2) = -2, g(t)_{\max} = g(\sqrt{2}) = \sqrt{2}-3$.

故 $f(x)$ 的最大值为 $\sqrt{2}-3$, $f(x)$ 的最小值为 -2.

6. 令 $t = \sin x, x \in (0, \pi)$,则 $t \in (0, 1]$. 于是 $f(t) = \frac{t}{2} + \frac{2}{t}$,

$$f'(t) = \frac{1}{2} - \frac{2}{t^2} = \frac{t^2-4}{2t^2} < 0,$$

所以,函数 $f(t)$ 在 $(0,1]$ 上是严格递减的,所以

$$f(t) \geqslant f(1) = \frac{5}{2},$$

即 $f(x) \geqslant \frac{5}{2}$,当 $x = \frac{\pi}{2}$ 时等号成立.

故 $f(x)$ 的最小值为 $\frac{5}{2}$.

7. 因为 $f\left(\frac{\pi}{2}\right) = \frac{1}{2} \leqslant a \cdot \frac{\pi}{2}$,所以 $a > 0$.

令 $g(x) = ax - f(x)$. 因为

$$g'(x) = a - \frac{2\cos x + 1}{(2+\cos x)^2} = a - \frac{2}{2+\cos x} + \frac{3}{(2+\cos x)^2}$$

$$= 3\left(\frac{1}{2+\cos x} - \frac{1}{3}\right)^2 + a - \frac{1}{3}.$$

当 $a \geqslant \frac{1}{3}$ 时,$g'(x) \geqslant 0, g(x) \geqslant g(0) = 0$. 即 $f(x) \leqslant ax$.

下面我们证明当 $0<a<\dfrac{1}{3}$ 时，$f(x)\leqslant ax$ 对任意的 $x\geqslant 0$ 不能恒成立. 只需证明存在 $x_0\geqslant 0$，使得 $f(x_0)>ax_0$.

因为 $f(x)=\dfrac{\sin x}{2+\cos x}\geqslant \dfrac{\sin x}{3}$. 所以只需证明 $\dfrac{\sin x}{3}>ax$.

令 $h(x)=\dfrac{\sin x}{3}-ax$，则 $h'(x)=\dfrac{\cos x-3a}{3}$.

故当 $x\in(0,\arccos 3a)$ 时，$h'(x)>0$，$h(x)\geqslant h(0)=0$，即 $\dfrac{\sin x}{3}>ax$. 所以实数 a 的取值范围为 $\left[\dfrac{1}{3},+\infty\right)$.

8. 考虑如下局部不等式

$$\dfrac{1}{x^3+2}\geqslant -\dfrac{1}{6}x^2+\dfrac{1}{2},\text{其中 }x>0.$$

上式等价于

$$x^2(x-1)^2(x+2)\geqslant 0,$$

这显然成立.

所以

$$\sum_{i=1}^{n}\dfrac{1}{a_i^3+2}\geqslant \sum_{i=1}^{n}\left(-\dfrac{1}{6}a_i^2+\dfrac{1}{2}\right)=\dfrac{n}{3}.$$

9. 原不等式等价于

$$a^2+b^2+c^2+9\left(\dfrac{1}{a}+\dfrac{1}{b}+\dfrac{1}{c}\right)-10(a+b+c)\geqslant 0.$$

考虑函数 $f(x)=x^2+\dfrac{9}{x}-10x+17\ln x,x\in(0,+\infty)$，则

$$f'(x)=2x-\dfrac{9}{x^2}-10+\dfrac{17}{x}=\dfrac{(x-1)[2(x-2)^2+1]}{x^2}.$$

当 $x\in(0,1)$ 时，$f'(x)<0$，故 $f(x)$ 在 $(0,1)$ 上是递减的；当 $x\in(1,+\infty)$ 时，$f'(x)>0$，故 $f(x)$ 在 $(1,+\infty)$ 上是递增的，所以 $f(x)\geqslant f(1)$，即

$$x^2+\dfrac{9}{x}-10x+17\ln x\geqslant 0,$$

所以 $a^2+b^2+c^2+9\left(\dfrac{1}{a}+\dfrac{1}{b}+\dfrac{1}{c}\right)-10(a+b+c)\geqslant -17(\ln a+\ln b+\ln c)=0.$

10. 令 $f(x)=\dfrac{1}{1+x^2},x\in(0,1)$，则函数 $f(x)$ 在点 $\left(\dfrac{1}{3},\dfrac{9}{10}\right)$ 处的切线方程为

$$y = -\frac{27}{50}x + \frac{27}{25},$$

于是 $$\frac{1}{1+x^2} \leqslant -\frac{27}{50}x + \frac{27}{25} \Leftrightarrow (3x-1)^2(3x-4) \leqslant 0,$$

因为 $x<1$，故上述不等式是成立的，于是

$$\frac{1}{1+a^2} + \frac{1}{1+b^2} + \frac{1}{1+c^2} \leqslant -\frac{27}{50}(a+b+c) + \frac{81}{25} = \frac{27}{10}.$$

11. 令 $f(t) = \dfrac{t}{(at+b)(ct+d)}, t \in \mathbf{R}, a,b,c,d \in \mathbf{R}^*$. 则

$$f'(t) = \frac{(at+b)(ct+d) - t(2act+ad+bc)}{(at+b)^2(ct+d)^2}.$$

当 $t^2 < \dfrac{bd}{ac}$ 时，$f'(t) > 0$，故 $f(t)$ 严格递增；当 $t^2 > \dfrac{bd}{ac}$ 时，$f'(t) < 0$，故 $f(t)$ 严格递减. 因此 $f(t) \leqslant f\left(\sqrt{\dfrac{bd}{ac}}\right) = \dfrac{1}{(\sqrt{ad}+\sqrt{bc})^2}$. 于是

$$\frac{x}{(1+5x)(4x+3y)} \leqslant \frac{1}{(\sqrt{15y}+2)^2},$$

$$\frac{z}{(5y+6z)(z+18)} \leqslant \frac{1}{(\sqrt{5y}+6\sqrt{3})^2},$$

所以 $\dfrac{xyz}{(1+5x)(4x+3y)(5y+6z)(z+18)} \leqslant \dfrac{1}{(\sqrt{15y}+2)^2} \cdot \dfrac{1}{(\sqrt{5y}+6\sqrt{3})^2} \cdot y$

$$= \left[\frac{\sqrt{y}}{(\sqrt{15y}+2)(\sqrt{5y}+6\sqrt{3})}\right]^2 \leqslant \left[\frac{1}{(\sqrt{18\sqrt{5}}+\sqrt{2\sqrt{5}})^2}\right]^2 = \frac{1}{5120}.$$

12. 令 $a+b+c=1$，原不等式化为

$$\frac{(1+a)^2}{2a^2+(1-a)^2} + \frac{(1+b)^2}{2b^2+(1-b)^2} + \frac{(1+c)^2}{2c^2+(1-c)^2} \leqslant 8.$$

由于此不等式在 $a=b=c=\dfrac{1}{3}$ 时等号成立，令 $f(x) = \dfrac{(1+x)^2}{2x^2+(1-x)^2}$，它在点 $\left(\dfrac{1}{3}, \dfrac{8}{3}\right)$ 处的切线方程为

$$y - \frac{8}{3} = f'\left(\frac{1}{3}\right)\left(x - \frac{1}{3}\right).$$

由 $f'(x) = \dfrac{4(-2x^2-x+1)}{(3x^2-2x+1)^2}$，得 $f'\left(\dfrac{1}{3}\right) = 4$，所以切线方程为

$$y = 4\left(x - \frac{1}{3}\right) + \frac{8}{3}.$$

因为 $\dfrac{(1+x)^2}{2x^2+(1-x)^2} \leqslant 4\left(x-\dfrac{1}{3}\right)+\dfrac{8}{3}, x\in(0,1)$,

此不等式等价于 $(3x-1)^2(4x+1)\geqslant 0, x\in(0,1)$,显然成立.
于是可得

$$f(a)+f(b)+f(c)\leqslant 4\left(a-\dfrac{1}{3}\right)+4\left(b-\dfrac{1}{3}\right)+4\left(c-\dfrac{1}{3}\right)+\dfrac{8}{3}\times 3$$

$$=4\left(a+b+c-\dfrac{1}{3}\times 3\right)+8=8.$$

13. 不妨设 $a+b+c=1$,则原不等式为

$$\dfrac{a}{\sqrt{1-a}}+\dfrac{b}{\sqrt{1-b}}+\dfrac{c}{\sqrt{1-c}}\geqslant\sqrt{\dfrac{3}{2}}.$$

下面证明 $\dfrac{x}{\sqrt{1-x}}\geqslant\dfrac{5\sqrt{6}}{8}\left(x-\dfrac{1}{15}\right).$

令 $1-x=6t^2, t>0$,则

$$\dfrac{x}{\sqrt{1-x}}\geqslant\dfrac{5\sqrt{6}}{8}\left(x-\dfrac{1}{15}\right) \Leftrightarrow \dfrac{x}{\sqrt{1-x}}-\dfrac{5\sqrt{6}}{8}\left(x-\dfrac{1}{15}\right)\geqslant 0$$

$$\Leftrightarrow \dfrac{1-6t^2}{\sqrt{6}t}-\dfrac{5\sqrt{6}}{8}\left(1-6t^2-\dfrac{1}{15}\right)\geqslant 0$$

$$\Leftrightarrow \dfrac{\sqrt{6}(5t+2)(3t-1)^2}{12t}\geqslant 0,$$

最后一个不等式显然成立,所以

$$\dfrac{a}{\sqrt{1-a}}+\dfrac{b}{\sqrt{1-b}}+\dfrac{c}{\sqrt{1-c}}\geqslant\dfrac{5\sqrt{6}}{8}\left(a+b+c-\dfrac{1}{5}\right)=\sqrt{\dfrac{3}{2}}.$$

14. 原不等式等价于 $\sum\limits_{i=1}^{4}\dfrac{\sqrt{2}\sin x_i-1}{\cos x}\geqslant 0$. 令

$$f(x)=\dfrac{\sqrt{2}\sin x-1}{\cos x}, x\in\left(0,\dfrac{\pi}{2}\right).$$

则 $f(0)=-1, f\left(\dfrac{\pi}{4}\right)=0. f'(x)=\dfrac{\sqrt{2}-\sin x}{\cos^2 x}. f(x)$ 在 $\left(\dfrac{\pi}{4},0\right)$ 处的切线方程为

$$y=\sqrt{2}\left(x-\dfrac{\pi}{4}\right).$$

令 $g(x)=\dfrac{\sqrt{2}\sin x-1}{\cos x}-\sqrt{2}\left(x-\dfrac{\pi}{4}\right), x\in\left(0,\dfrac{\pi}{2}\right)$,则

$$g'(x)=\dfrac{\sqrt{2}-\sin x}{\cos^2 x}-\sqrt{2}=\dfrac{\sqrt{2}\sin^2 x-\sin x}{\cos^2 x}$$

不等式的证明

$$= \frac{\sin x(\sqrt{2}\sin x - 1)}{\cos^2 x},$$

所以,当 $x \in \left(0, \frac{\pi}{4}\right)$ 时,$g'(x) < 0$,当 $x \in \left(\frac{\pi}{4}, \frac{\pi}{2}\right)$ 时,$g'(x) > 0$,从而 $g(x) \geqslant g\left(\frac{\pi}{4}\right)$,

即

$$\frac{\sqrt{2}\sin x - 1}{\cos x} - \sqrt{2}\left(x - \frac{\pi}{4}\right) \geqslant 0,$$

所以

$$\frac{\sqrt{2}\sin x - 1}{\cos x} \geqslant \sqrt{2}\left(x - \frac{\pi}{4}\right), x \in \left(0, \frac{\pi}{2}\right),$$

故

$$\sum_{i=1}^{4} \frac{\sqrt{2}\sin x_i - 1}{\cos x_i} \geqslant \sum_{i=1}^{4} \sqrt{2}\left(x_i - \frac{\pi}{4}\right) = \sqrt{2}\sum_{i=1}^{4} x_i - \sqrt{2}\pi = 0.$$

15. 不妨设 $x \leqslant y \leqslant z$.

若 $x = y = z$,不等式显然成立.

若 x, y, z 不全相等. 当 $2y \leqslant x + z$ 时,

$$\frac{x+y+z}{3} \leqslant \frac{x+z}{2} \leqslant z, \frac{x+y+z}{3} \leqslant \frac{y+z}{2} \leqslant z,$$

则存在 $s, t \in [0, 1]$,使得

$$\frac{x+z}{2} = \left(\frac{x+y+z}{3}\right) \cdot s + z \cdot (1-s),$$

$$\frac{y+z}{2} = \left(\frac{x+y+z}{3}\right) \cdot t + z \cdot (1-t),$$

上两式相加可得

$$\frac{x+y-2z}{2} = \frac{x+y-2z}{3} \cdot (s+t),$$

从而 $s + t = \frac{3}{2}$.

由詹生不等式得

$$f\left(\frac{x+z}{2}\right) \leqslant s \cdot f\left(\frac{x+y+z}{3}\right) + (1-s) \cdot f(z),$$

$$f\left(\frac{y+z}{2}\right) \leqslant t \cdot f\left(\frac{x+y+z}{3}\right) + (1-t) \cdot f(z),$$

$$f\left(\frac{x+y}{2}\right) \leqslant \frac{1}{2}f(x) + \frac{1}{2}f(y),$$

三式相加可得原不等式.

当 $2y > x + z$ 时,同理可得.

习题 8

1. 不等式等号成立的条件是 $x_1=x_2=\cdots=x_n=1$.

若 x_i 不全相同,则其中一定有数大于 1,也一定有数小于 1. 不妨设 $x_1<1<x_2$,则
$$(x_1-1)(x_2-1)<0,$$
即 $x_1x_2+1<x_1+x_2$.

令 $x_1'=1, x_2'=x_1x_2$,有 $x_1'x_2'\cdots x_n'=1$,且 $\sum_{i=1}^n x_i > \sum_{i=1}^n x_i'$.

这样不断调整,直至所有 $x_i=1$,故
$$x_1+x_2+\cdots+x_n\geqslant \underbrace{1+1+\cdots+1}_{n\text{个}}=n.$$

2. 首先暂时固定 A,考虑 B,C 变动时 u 的最大值 $u(A)$.
注意到
$$u=\sin\frac{A}{2}\cdot\frac{1}{2}\left(\cos\frac{B-C}{2}-\cos\frac{B+C}{2}\right)$$
$$=\frac{1}{2}\sin\frac{A}{2}\left(\cos\frac{B-C}{2}-\sin\frac{A}{2}\right)\leqslant\frac{1}{2}\sin\frac{A}{2}\left(1-\sin\frac{A}{2}\right).$$

当 $B=C$ 时,u 取到最大值
$$u(A)=\frac{1}{2}\sin\frac{A}{2}\left(1-\sin\frac{A}{2}\right). \tag{1}$$

其次考虑 A 变化时 $u(A)$ 的最大值.
由式(1)得
$$u(A)=\frac{1}{8}-\frac{1}{8}\left(2\sin\frac{A}{2}-1\right)^2\leqslant\frac{1}{8},$$

当 $\sin\frac{A}{2}=\frac{1}{2}$,即 $A=60°$ 时,$u(A)$ 取到最大值 $\frac{1}{8}$.

综上所述,可知 u 的最大值为 $\frac{1}{8}$(当 $A=B=C=60°$ 时取到).

3. 暂时固定 b,c,将 S 看成 a 的函数
$$\varphi(a)=(1-bc)a+b+c.$$

注意到 $\varphi(a)$ 为一次函数或常值函数,故当 $a\in[-1,2]$ 时,$\varphi(a)$ 的最大值与最小值必会在 $\varphi(-1),\varphi(2)$ 中出现. 换言之,在考虑 S 的最值时,可将 a 调整到边界值 -1 或 2,而不影响结果.

类似地,可逐步将 b,c 也调整到边界值 -1 或 2. 从而仅需考虑 $a,b,c \in \{-1,2\}$ 的情形.

当 a,b,c 都取 -1 时,$S=-2$;

当 a,b,c 中两个取 -1、一个取 2 时,$S=-2$;

当 a,b,c 中一个取 -1、两个取 2 时,$S=7$;

当 a,b,c 都取 2 时,$S=-2$.

综上,S 的最大值为 7,最小值为 -2.

4. 先固定 $x_1,x_2,\cdots,x_{n-2}$,注意到 $(1-x_{n-1})(1-x_n)=1-x_{n-1}-x_n+x_{n-1}x_n$,其中 $x_{n-1}+x_n$ 为定值,所以 $x_{n-1}x_n$ 的值越小则原式值越小,故令
$$x_i'=x_i, i=1,2,\cdots,n-2, x_{n-1}'=x_{n-1}+x_n, x_n'=0,$$
此时 $x_{n-1}'x_n'=0 \leqslant x_{n-1}x_n$,所以
$$(1-x_1')(1-x_2')\cdots(1-x_{n-1}') \leqslant (1-x_1)(1-x_2)\cdots(1-x_n),$$
其中,$x_1'+x_2'+\cdots+x_{n-1}'=x_1+x_2+\cdots+x_n \leqslant \frac{1}{2}$.

再进行 $n-2$ 次类似的调整过程可知
$$(1-x_1)(1-x_2)\cdots(1-x_n) \geqslant 1-(x_1+x_2+\cdots+x_n) \geqslant \frac{1}{2},$$
等号当 $x_1=\frac{1}{2}, x_2=x_3=\cdots=x_n=0$ 时可取到,所以所求最小值为 $\frac{1}{2}$.

5. 令
$$f(a,b,c)=(a+b)(b+c)(c+a)-4(a+b+c-1).$$

不妨设 $a \geqslant b \geqslant c$,则
$$f(a,b,c)-f(a,\sqrt{bc},\sqrt{bc})$$
$$=(\sqrt{b}-\sqrt{c})^2[(a+b)(a+c)+2\sqrt{a}-4].$$

因为 $a \geqslant b \geqslant c$,所以 $a \geqslant 1$,故
$$(a+b)(a+c)+2\sqrt{a}-4 \geqslant 2\sqrt{ab} \cdot 2\sqrt{ac}+2\sqrt{a}-4$$
$$=4\sqrt{a}+2\sqrt{a}-4>0,$$
所以
$$f(a,b,c) \geqslant f(a,\sqrt{bc},\sqrt{bc}).$$

下面证明 $f(a,\sqrt{bc},\sqrt{bc}) \geqslant 0$. 令 $x=\sqrt{bc}$,则 $a=\frac{1}{x^2}$,于是只需证明
$$2x\left(\frac{1}{x^2}+x\right)^2-4\left(\frac{1}{x^2}+2x-1\right) \geqslant 0,$$

上式等价于
$$\frac{(x-1)^2[(x^2-1)^2+x^4+4x^3+1]}{x^3}\geq 0,$$
而这显然成立,从而原不等式得证.

6. 不等式的取等条件是 $x_1=x_2=\cdots=x_n=\dfrac{1}{n}$.

若 x_i 不全相同,则其中一定有数大于 $\dfrac{1}{n}$,也一定有数小于 $\dfrac{1}{n}$,不妨设 $x_1<\dfrac{1}{n}<x_2$. 令 $x_1'=\dfrac{1}{n}, x_2'=x_1+x_2-\dfrac{1}{n}, x_i'=x_i(i\geq 3)$. 只需验证

$$\prod_{i=1}^{n}\frac{1-x_i}{x_i}\geq\prod_{i=1}^{n}\frac{1-x_i'}{x_i'}$$
$$\Leftrightarrow\frac{(1-x_1)(1-x_2)}{x_1x_2}\geq\frac{(1-x_1')(1-x_2')}{x_1'x_2'}$$
$$\Leftrightarrow\frac{1-(x_1+x_2)}{x_1x_2}\geq\frac{1-(x_1'+x_2')}{x_1'x_2'}$$
$$\Leftrightarrow(x_1+x_2-1)(x_1x_2-x_1'x_2')\geq 0$$
$$\Leftrightarrow x_1x_2\leq x_1'x_2'$$
$$\Leftrightarrow x_1x_2\leq\frac{1}{n}\left(x_1+x_2-\frac{1}{n}\right)$$
$$\Leftrightarrow\left(x_1-\frac{1}{n}\right)\left(x_2-\frac{1}{n}\right)\leq 0,$$

这显然成立. 所以每次调整后,不等式左边的值均减小,这样有限次调整后可以得到

$$\prod_{i=1}^{n}\frac{1-x_i}{x_i}\geq(n-1)^n.$$

7. 令 $f(x_1,x_2,\cdots,x_n)=\prod_{i=1}^{n}(\sqrt{2}+x_i)$.

当 $x_1=x_2=\cdots=x_n=1$ 时,不等式等号成立.

当 $x_1,x_2,\cdots,x_n$ 不全相等时,则其中必有大于 1 的数,也必有小于 1 的数. 由对称性,不妨设 $x_1>1, x_2<1$. 则

$$f(x_1,x_2,x_3,\cdots,x_n)-f(1,x_1x_2,x_3,\cdots,x_n)$$
$$=[(\sqrt{2}+x_1)(\sqrt{2}+x_2)-(\sqrt{2}+1)(\sqrt{2}+x_1x_2)]\prod_{i=3}^{n}(\sqrt{2}+x_i)$$
$$=\sqrt{2}(x_1-1)(1-x_2)\prod_{i=3}^{n}(\sqrt{2}+x_i)>0,$$

即
$$f(x_1,x_2,x_3,\cdots,x_n)>f(1,x_1x_2,x_3,\cdots,x_n),$$

所以,把 x_1,x_2 调整为 $1,x_1x_2$ 时,$\prod_{i=1}^{n} x_i = 1$ 不变,但是 $f(x_1,x_2,\cdots,x_n)$ 的值变小,于是最多经过 $n-1$ 次调整,可以把 $x_1,x_2,\cdots,x_n$ 全部调整为 1,故
$$f(x_1,x_2,x_3,\cdots,x_n) > f(1,1,\cdots,1) = (\sqrt{2}+1)^n,$$
命题得证.

8. 记 $f(a,b,c) = \dfrac{1}{a} + \dfrac{1}{b} + \dfrac{1}{c} + \dfrac{3}{a+b+c}$.

当 $a=b=c=1$ 时不等式成立.

若 a,b,c 不全为 1,不妨设 $a>1>b$. 令 $a'=1, b'=ab, c'=c$,则
$$f(a,b,c)-f(a',b',c') = \dfrac{1}{a}+\dfrac{1}{b}+\dfrac{1}{c}+\dfrac{3}{a+b+c} - \left(1+\dfrac{1}{ab}+\dfrac{1}{c}+\dfrac{3}{1+ab+c}\right)$$
$$= \dfrac{(a-1)(b-1)[3ab-(a+b+c)(1+ab+c)]}{(a+b+c)(1+ab+c)ab},$$

注意到 $a-1 \geq 0, b-1 \leq 0, 3ab-(a+b+c)(1+ab+c) \leq 3ab-3(1+ab+c) < 0$,从而 $f(a,b,c) \geq f(a',b',c')$. 这样有限次调整后,可得
$$f(a,b,c) \geq f(1,1,1) = 4.$$

9. 由对称性,不妨设 $a>b>c$.

若 $c>0$,则保持 a,b,c 两两之间的差不变,将 a,b,c 分别减小为
$$a'=a-c, b'=b-c, c'=c-c=0,$$
则
$$\dfrac{1}{(a'-b')^2} + \dfrac{1}{(b'-c')^2} + \dfrac{1}{(c'-a')^2} = \dfrac{1}{(a-b)^2} + \dfrac{1}{(b-c)^2} + \dfrac{1}{(c-a)^2} = 1,$$
并且
$$S' = a'b' + b'c' + c'a' < ab+bc+ca < S.$$

因此,为求 S 的最小值,仅需考虑 $a>b>c=0$ 的情形. 此时
$$S = ab = ab \cdot \left[\dfrac{1}{(a-b)^2} + \dfrac{1}{b^2} + \dfrac{1}{(-a)^2}\right] = \dfrac{1}{\dfrac{a}{b}+\dfrac{b}{a}-2} + \dfrac{a}{b} + \dfrac{b}{a}. \qquad (2)$$

令 $t = \dfrac{a}{b} + \dfrac{b}{a} - 2$,由 $a>b>0$ 知 $t>0$,于是由式(2)得
$$S = \dfrac{1}{t} + t + 2 \geq 4.$$

当 $t=1$ 时,上述不等式取等号,此时 $\dfrac{a}{b} = \dfrac{3+\sqrt{5}}{2}$,结合 $\dfrac{1}{(a-b)^2} + \dfrac{1}{b^2} + \dfrac{1}{(-a)^2}$
$=1$,可得到 $a=\sqrt{5}+1, b=\sqrt{5}-1$. 这表明 S 可以取到 4(如 $(a,b,c) = (\sqrt{5}+1, \sqrt{5}$

−1,0)的情形).

综上所述,S 的最小值为 4.

10. 由于不等式是对称的,不妨设 $x_1 \geqslant x_2 \geqslant \cdots \geqslant x_n \geqslant 0$,又因为不等式两边次数相等,故可设 $\sum_{i=1}^{n} x_i = 1$. 于是只需讨论

$$F(x_1, x_2, \cdots, x_n) = \sum_{1 \leqslant i < j \leqslant n} x_i x_j (x_i^2 + x_j^2)$$

的最大值即可.

设 $x_1, x_2, \cdots, x_n$ 中最后一个非零数为 $x_{k+1}(k \geqslant 2)$,将

$$x = (x_1, x_2, \cdots, x_k, x_{k+1}, 0, \cdots, 0)$$

调整为 $\quad x' = (x_1, x_2, \cdots, x_{k-1}, x_k + x_{k+1}, 0, \cdots, 0),$

则相应的函数值

$$F(x') - F(x) = x_k x_{k+1} \Big[3(x_k + x_{k+1}) \sum_{i=1}^{k-1} x_i - x_k^2 - x_{k+1}^2 \Big]$$

$$= x_k x_{k+1} [3(x_k + x_{k+1})(1 - x_k - x_{k+1}) - x_k^2 - x_{k+1}^2]$$

$$= x_k x_{k+1} [(x_k + x_{k+1})(3 - 4(x_k + x_{k+1})) + 2x_k x_{k+1}].$$

因为 $1 \geqslant x_1 + x_k + x_{k+1} \geqslant \frac{1}{2}(x_k + x_{k+1}) + (x_k + x_{k+1})$,所以

$$x_k + x_{k+1} \leqslant \frac{2}{3} < \frac{3}{4},$$

因此 $\quad F(x') - F(x) > 0.$

换言之,将 x 调整为 x' 时,函数值 F 严格增加.

对于任意 $x = (x_1, x_2, \cdots, x_n)$,经过若干次调整,最终可得

$$F(x) \leqslant F(a, b, 0, \cdots, 0) = ab(a^2 + b^2)$$

$$= \frac{1}{2}(2ab)(1 - 2ab) \leqslant \frac{1}{8}.$$

所以 c 的最小值为 $\frac{1}{8}$,且等号成立的充要条件是其中两个 x_i 相等,其余的 $n-2$ 个 x_i 均为 0.

11. (1) 因为 2021 表示成正整数之和的表示式只有有限个,所以对应的乘积也只有有限个,因而其中必有最大者. 设正整数 $a_1, a_2, \cdots, a_n$ 满足条件

$$a_1 + a_2 + \cdots + a_n = 2021,$$

并且乘积 $p = a_1 a_2 \cdots a_n$ 最大,这时,$a_i (i=1, 2, \cdots, n)$ 必有下列性质:

(i) $a_i \leqslant 4 (i=1, 2, \cdots, n)$. 若不然,设某个 $a_i > 4$,将 a_i 拆成 $a_i - 2$ 与 2 之和,

其余的不变,由于
$$2(a_i-2)=a_i+(a_i-4)>a_i,$$
这与 p 的最大性矛盾.

(ii) $a_i\neq 1(i=1,2,\cdots,n)$. 若不然,不妨设 $a_1=1$,则有
$$(1+a_2)+a_3+\cdots+a_n=2021,$$
而 $$(1+a_2)a_3\cdots a_n>a_1a_2\cdots a_n=p,$$
这也与 p 的最大性矛盾.

(iii) 若 $a_i(i=1,2,\cdots,n)$ 中有某个等于 4,则可用 $2+2$ 代替,而不改变乘积 p 的值.

由上面的(i),(ii),(iii)知,最大乘积 p 应具有 $p=2^r \cdot 3^s$ 的形式. 并且 $r<3$,因为若 $r\geq 3$,则由 $2+2+2=3+3$,而 $2^3<3^2$,即把 3 个 2 换成 2 个 3 时,乘积变大. 故 $r<3$.

由于 $2021=3\times 673+2$,故最大积为 $2\cdot 3^{673}$.

(2) 由于允许的分法数有限,故存在一种使乘积最大,不妨设分为 a_1, $a_2,\cdots,a_k$,其中 $a_1+a_2+\cdots+a_k=2021(a_1<a_2<\cdots<a_k)$,使乘积 $a_1a_2\cdots a_k$ 最大,则该分法有以下性质:

(i) $2\leq a_1\leq 4$(否则,若 $a_1=1$,则重新分为 $a_2,\cdots,a_{k+1},a_k+1$,乘积更大;若 $a_1\geq 5$,则重新分为 $2,a_1-2,a_2,\cdots,a_k$,乘积更大).

(ii) 不存在 $i(1\leq i\leq k-1)$,使 $a_{i+1}-a_i\geq 3$(否则用 $a_i+1,a_{i+1}-1$ 代替 a_i, a_{i+1},乘积更大),且不存在 $i,j(1\leq i<j\leq k-1)$,使 $a_{i+1}-a_i\geq 2,a_{j+1}-a_j\geq 2$(否则用 $a_i+1,a_{j+1}-1$ 代替 a_i,a_{j+1},乘积更大).

因此,$(a_1,a_2,\cdots,a_k)$ 仅可能为以下两类情况:

第 1 类:$(a,a+1,\cdots,a+k-1)$,其中 $a=2,3,4$;

第 2 类:$(a,a+1,\cdots,i-1,i+1,i+2,\cdots,a+k)(a<i<a+k)$,其中 $a=2,3,4$.

当 $a=2,3,4$ 时,有
$$a+(a+1)+\cdots+(a+k-1)\begin{cases}<2021,k\leq 63,\\>2021,k\geq 64,\end{cases}$$
故第 1 类情况不发生. 对于第 2 类情况,要求
$$\frac{(2a+k)(k+1)}{2}-i=a+(a+1)+\cdots+(a+k)-i=2021,$$
结合 $a+1\leq i\leq a+k-1$ 知,

$$\begin{cases}(k+a)(k+a+1) \geqslant 4040+a^2+a > 63 \times 64, \\ (k+a)(k+a-1) \leqslant 4036+a^2-a < 65 \times 64.\end{cases}$$

从而必有 $k+a=64$. 对 $a=2,3,4$, 分别得 $(a_1,a_2,\cdots,a_k)$ 为

$$(2,3,\cdots,60,61,63,64),$$
$$(3,4,\cdots,58,59,61,\cdots,64),$$
$$(4,5,\cdots,55,56,58,\cdots,64),$$

相应的乘积为 $\dfrac{64!}{62}, \dfrac{64!}{2 \times 60}, \dfrac{64!}{2 \times 3 \times 57}$.

经比较得最大值为 $\dfrac{64!}{62}$, 当把 2021 拆分为 $2,3,\cdots,60,61,62,63,64$ 时取到.

12. 先证明如下两个引理.

引理 1: 设 $a \leqslant u \leqslant v \leqslant b$, 则 $\dfrac{\dfrac{u^2}{v}+\dfrac{v^2}{u}}{u+v} \leqslant \dfrac{\dfrac{a^2}{b}+\dfrac{b^2}{a}}{a+b}$.

证明: 我们有

$$\dfrac{\dfrac{u^2}{v}+\dfrac{v^2}{u}}{u+v}=\dfrac{u^2-uv+v^2}{uv}=\dfrac{u}{v}+\dfrac{v}{u}-1,$$

同理

$$\dfrac{\dfrac{a^2}{b}+\dfrac{b^2}{a}}{a+b}=\dfrac{a}{b}+\dfrac{b}{a}-1.$$

因为函数 $f(t)=t+\dfrac{1}{t}$ 在区间 $[1,+\infty)$ 上单调增加, 且 $1 \leqslant \dfrac{v}{u} \leqslant \dfrac{b}{a}$, 所以 $f\left(\dfrac{v}{u}\right) \leqslant f\left(\dfrac{b}{a}\right)$. 由此可证得引理 1.

引理 2: 设 $a \leqslant u \leqslant v \leqslant b$, 则 $\dfrac{u^2}{v}+\dfrac{v^2}{u}-u-v \leqslant \dfrac{a^2}{b}+\dfrac{b^2}{a}-a-b$.

证明: 一方面, 我们有

$$\left(\dfrac{a^2}{v}+\dfrac{v^2}{a}-a-v\right)-\left(\dfrac{u^2}{v}+\dfrac{v^2}{u}-u-v\right)=\left(\dfrac{a^2}{v}-\dfrac{u^2}{v}\right)+\left(\dfrac{v^2}{a}-\dfrac{v^2}{u}\right)+(-a+u)$$

$$=(u-a)\left(-\dfrac{u+a}{v}+\dfrac{v^2}{au}+1\right)=(u-a)\left(\dfrac{v-a}{v}+\dfrac{v^3-au^2}{auv}\right) \geqslant 0.$$

于是

$$\dfrac{u^2}{v}+\dfrac{v^2}{u}-u-v \leqslant \dfrac{a^2}{v}+\dfrac{v^2}{a}-a-v. \tag{3}$$

另一方面, 我们有

$$\left(\frac{a^2}{b}+\frac{b^2}{a}-a-b\right)-\left(\frac{a^2}{v}+\frac{v^2}{a}-a-v\right)=\left(\frac{a^2}{b}-\frac{a^2}{v}\right)+\left(\frac{b^2}{a}-\frac{v^2}{a}\right)+(-b+v)$$

$$=(b-v)\left(-\frac{a^2}{bv}+\frac{b+v}{a}-1\right)=(b-v)\left(\frac{b^2v-a^3}{abv}+\frac{v-a}{a}\right)\geqslant 0.$$

于是

$$\frac{a^2}{v}+\frac{v^2}{a}-a-v\leqslant \frac{a^2}{b}+\frac{b^2}{a}-a-b. \tag{4}$$

由式(3)和式(4)即可证得引理 2.

原问题的解. 设 $x_1,x_2,\cdots,x_n$ 从小到大排列后的序列为 $y_1\leqslant y_2\leqslant\cdots\leqslant y_n$. 因为 $\sum_{i=1}^{n}x_i=\sum_{i=1}^{n}y_i$, 所以由排序不等式得

$$\frac{\sum_{i=1}^{n}\dfrac{x_i^2}{x_{i+1}}}{\sum_{i=1}^{n}x_i}\leqslant \frac{\sum_{i=1}^{n}\dfrac{y_i^2}{y_{n+1-i}}}{\sum_{i=1}^{n}y_i}. \tag{5}$$

记 $m=\left[\dfrac{n}{2}\right]$. 当 $i=1,2,\cdots,m$ 时, 由引理 1 得

$$\left(\frac{y_i^2}{y_{n+1-i}}+\frac{y_{n+1-i}^2}{y_i}\right)\cdot(a+b)\leqslant \left(\frac{a^2}{b}+\frac{b^2}{a}\right)\cdot(y_i+y_{n+1-i}),$$

对 i 求和得

$$(a+b)\sum_{i=1}^{m}\left(\frac{y_i^2}{y_{n+1-i}}+\frac{y_{n+1-i}^2}{y_i}\right)\leqslant \left(\frac{a^2}{b}+\frac{b^2}{a}\right)\sum_{i=1}^{m}(y_i+y_{n+1-i}). \tag{6}$$

下面分成两种情况.

情形 1: $n=2m$ 为偶数. 则由式(6)得

$$\frac{\sum_{i=1}^{n}\dfrac{y_i^2}{y_{n+1-i}}}{\sum_{i=1}^{n}y_i}\leqslant \frac{\dfrac{a^2}{b}+\dfrac{b^2}{a}}{a+b}=\frac{a^2-ab+b^2}{ab}.$$

再由式(5)可得

$$\frac{\sum_{i=1}^{n}\dfrac{x_i^2}{x_{i+1}}}{\sum_{i=1}^{n}x_i}\leqslant \frac{a^2-ab+b^2}{ab}.$$

若取 $x_1,x_2,\cdots,x_n$ 为 $a,b,a,b,\cdots,a,b$, 则上述不等式的等号成立. 所以此时所求的最大值为 $\dfrac{a^2-ab+b^2}{ab}$.

情形 2: $n=2m+1$ 为奇数. 记

$$U=\sum_{i=1}^{m}\left(\frac{y_i^2}{y_{n+1-i}}+\frac{y_{n+1-i}^2}{y_i}\right), V=\sum_{i=1}^{m}(y_i+y_{n+1-i}).$$

则由式(6)得

$$(a+b)U\leqslant\left(\frac{a^2}{b}+\frac{b^2}{a}\right)V.$$

再由引理2得

$$U-V\leqslant m\left(\frac{a^2}{b}+\frac{b^2}{a}-a-b\right).$$

于是，我们有

$$\left(m\left(\frac{a^2}{b}+\frac{b^2}{a}\right)+a\right)\cdot(V+y_{m+1})-(m(a+b)+a)\cdot(U+y_{m+1})$$

$$=m\left(\left(\frac{a^2}{b}+\frac{b^2}{a}\right)V-(a+b)U\right)+m\left(\left(\frac{a^2}{b}+\frac{b^2}{a}\right)-(a+b)\right)y_{m+1}-a(U-V)$$

$$\geqslant m\left(\left(\frac{a^2}{b}+\frac{b^2}{a}\right)-(a+b)\right)y_{m+1}-am\left(\left(\frac{a^2}{b}+\frac{b^2}{a}\right)-(a+b)\right)$$

$$=m\left(\left(\frac{a^2}{b}+\frac{b^2}{a}\right)-(a+b)\right)\cdot(y_{m+1}-a)\geqslant 0.$$

于是

$$\frac{\sum_{i=1}^{n}\frac{y_i^2}{y_{n+1-i}}}{\sum_{i=1}^{n}y_i}\leqslant\frac{m\left(\frac{a^2}{b}+\frac{b^2}{a}\right)+a}{(m+1)a+mb}.$$

再由式(5)可得

$$\frac{\sum_{i=1}^{n}\frac{x_i^2}{x_{i+1}}}{\sum_{i=1}^{n}x_i}\leqslant\frac{m(a^3+b^3)+a^2b}{ab((m+1)a+mb)}.$$

若取 $x_1,x_2,\cdots,x_n$ 为 $a,a,b,a,b,\cdots,a,b$，则上述不等式的等号成立．所以此时所求的最大值为 $\frac{m(a^3+b^3)+a^2b}{ab((m+1)a+mb)}$（这里 $m=\frac{n-1}{2}$）．

习题 9

1. (1) 在 $\triangle PAB$ 中，$PA+PB>AB$.

同理，有 $PB+PC>BC, PC+PA>CA$.

三式相加，得 $2(PA+PB+PC)>AB+BC+CA$，即

$$\frac{1}{2}(AB+BC+CA)<PA+PB+PC.$$

又由性质 4 知，三角形内任一点到两顶点的距离之和，小于另一顶点到这两个顶点的距离之和，所以

$$PA+PB<CA+CB.$$

同理有 $PB+PC<AB+AC, PC+PA<BC+BA.$

三式相加，得 $PA+PB+PC<AB+BC+CA,$

综上可知 $\frac{1}{2}(AB+BC+CA)<PA+PB+PC<AB+BC+CA.$

(2) 如图 A.1，若 $\triangle ABC$ 是正三角形，过点 P 作 $MN \parallel BC$，交 AB 于点 M，交 BC 于点 N，则 $\triangle AMN$ 也是正三角形. 由(1)的结论知

$$PA+PB+PC>\frac{1}{2}(AB+BC+CA)=1.5,$$

又由性质 6，有 $AP \leqslant \max\{AM, AN\}=AM,$

且 $BP<BM+MP, CP<NC+NP,$

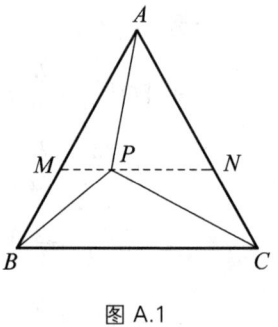

图 A.1

三式相加，得

$$AP+BP+CP<AB+MN+NC=AB+AN+NC=AB+AC=2,$$

所以 $1.5<PA+PB+PC<2.$

2. 如图 A.2，延长 CB 至 D，使得 $DB=AB$，则有

$$\angle D=\angle BAD, 且 \angle ABC=2\angle D.$$

由题设知 $\angle ABC=2\angle C$，所以 $\angle D=\angle C$，

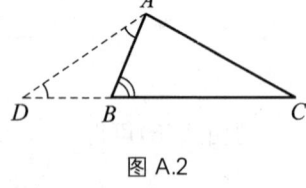

图 A.2

故 $AD=AC.$

在 $\triangle ABD$ 中，因为 $DB+AB>AD$，即 $2AB>AD$，

所以 $AC<2AB.$

3. 根据内角的大小分情况讨论.

(1) 如图 A.3，若四边形 $ABCD$ 是凸四边形，则必有一个内角不大于 $90°$，不妨设为 $\angle A$，则 $\angle A=\angle BAC+\angle CAD \leqslant 90°$，所以，$\angle BAC$ 与 $\angle CAD$ 中必有一个不大于 $45°$.

(2) 如图 A.4，若四边形 $ABCD$ 是凹四边形，连接 AC，则 $\triangle ABC$ 中必有一个内角小于等于 $60°$，不妨设为 $\angle A$. 则有 $\angle A=\angle BAD+\angle CAD$，所以，$\angle BAD$ 与 $\angle CAD$ 中必有一个不大于 $\frac{1}{2} \times 60°=30° \leqslant 45°.$

综上可知，一定可以从中选出三点符合题意.

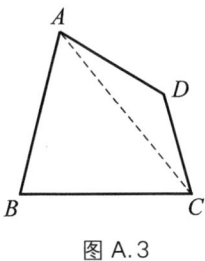
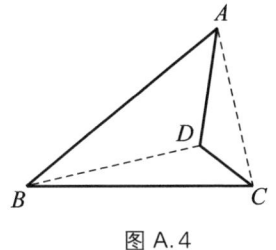

图 A.3　　　　　　　图 A.4

4.（1）设 △ABC 的高为 h，则 $h=4\sqrt{3}$，由 $S_{\triangle ACM}+S_{\triangle BCM}=S_{\triangle ABC}$，得

$$MP+MQ=h=4\sqrt{3}.$$

过点 P,Q 分别作边 AB 的垂线，垂足分别为 P_1,Q_1，如图 A.5 所示. 因为 $\angle PMA=\angle QMB=30°$，所以

$$P_1M=PM\cos30°=\frac{\sqrt{3}}{2}PM, Q_1M=QM\cos30°=\frac{\sqrt{3}}{2}QM,$$

$$PQ\geqslant P_1Q_1=P_1M+MQ_1=\frac{\sqrt{3}}{2}(PM+QM)=6,$$

当点 M 为 AB 的中点时，等号成立.

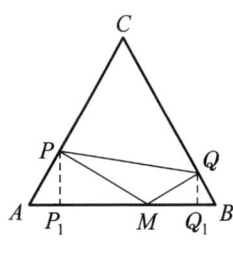

图 A.5

所以，PQ 的最小值为 6.

（2）因为 $\angle PMA=\angle QMB=30°$，所以，

$$AP+BQ=\frac{1}{2}AM+\frac{1}{2}BM=\frac{1}{2}AB=4,$$

$$CP+CQ=16-(AP+BQ)=16-4=12.$$

所以

$$S_{\triangle CPQ}=\frac{1}{2}CP\cdot CQ\sin C=\frac{\sqrt{3}}{4}CP\cdot CQ$$

$$\leqslant\frac{\sqrt{3}}{4}\cdot\frac{(CP+CQ)^2}{4}=9\sqrt{3},$$

当点 M 为 AB 的中点时，等号成立.

所以，△CPQ 面积的最大值为 $9\sqrt{3}$.

5. 如图 A.6 所示，设 $BM=x, CN=y, AP=z$，则 $0\leqslant x,y,z\leqslant 1, x+y+z=1$. 于是

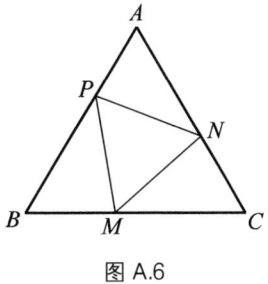

图 A.6

$$S_{\triangle APN}+S_{\triangle BPM}+S_{\triangle MNC}=\frac{1}{2}[x(1-z)+y(1-x)+z(1-y)]\sin60°$$

$$=\frac{\sqrt{3}}{4}[x(1-z)+y(1-x)+z(1-y)].$$

因为 $(x+y+z)^2\geqslant 3(xy+yz+zx)$，所以，

$xy+yz+zx \leqslant \dfrac{1}{3}$,从而

$$x(1-z)+y(1-x)+z(1-y)=x+y+z-(xy+yz+zx)$$
$$\geqslant 1-\dfrac{1}{3}=\dfrac{2}{3}.$$

所以 $S_{\triangle APN}+S_{\triangle BPM}+S_{\triangle MNC}\geqslant \dfrac{\sqrt{3}}{4}\cdot \dfrac{2}{3}=\dfrac{\sqrt{3}}{6}$,

于是 $S_{\triangle MNP}=S_{\triangle ABC}-(S_{\triangle APN}+S_{\triangle BPM}+S_{\triangle MNC})$
$$\leqslant \dfrac{\sqrt{3}}{4}-\dfrac{\sqrt{3}}{6}=\dfrac{\sqrt{3}}{12}.$$

当 $x=y=z=\dfrac{1}{3}$ 时,等号成立. 所以,$\triangle MNP$ 面积的最大值为 $\dfrac{\sqrt{3}}{12}$.

6. 如图 A.7,作点 E 关于 AD 的对称点 E',连接 AE',CE',EE',并延长 EE' 交 AC 于点 F. 根据对称性易知,$\triangle ABE \cong \triangle ACE'$,所以 $\angle AEB=\angle AE'C$.

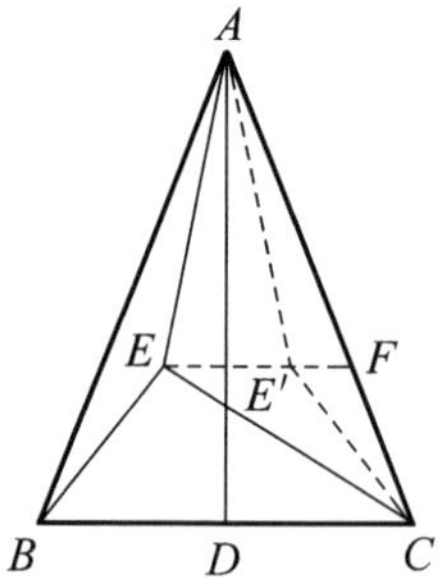

因为 $\angle AE'F=\angle AEF+\angle EAE'>\angle AEF$,
$\angle CE'F=\angle CEF+\angle ECE'>\angle CEF$,
所以 $\angle AE'C=\angle AE'F+\angle CE'F>\angle AEF+\angle CEF=\angle AEC$,即 $\angle AEB>\angle AEC$.

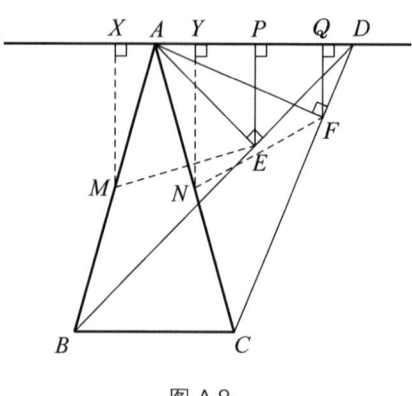

图 A.7

7. 方法一:如图 A.8,设 M,N 分别是边 AB,AC 的中点. 因为 $\angle AEB=\angle AFC=90°$,所以

$$ME=NF=\dfrac{1}{2}AB=\dfrac{1}{2}AC.$$

过点 M,N 作直线 l 的垂线,垂足分别为 X,Y. 显然 $\triangle AMX \cong \triangle ANY$,故 $AX=AY$. 于是

$$XP=AX+AP \leqslant ME=\dfrac{1}{2}AB,$$
$$AQ-AY=YQ \leqslant NF=\dfrac{1}{2}AC.$$

两式相加即得 $AP+AQ \leqslant AB$.

图 A.8

方法二:如图 A.9 所示,设 P',E' 分别是点 P,E 关于 BC 垂直平分线的对称点. 因此 $\angle AE'C=\angle BP'E=90°$,且 $AP'=AP$. 所以

$$AP+AQ=AP'+AQ=QP'\leqslant FE'\leqslant AC=AB.$$

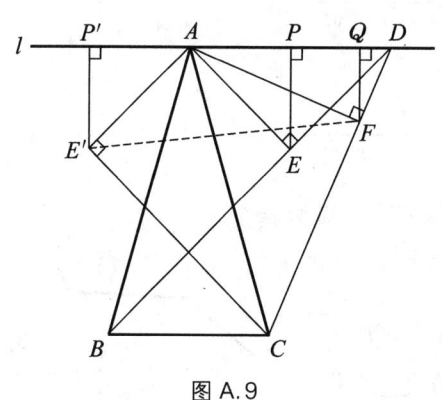

图 A.9

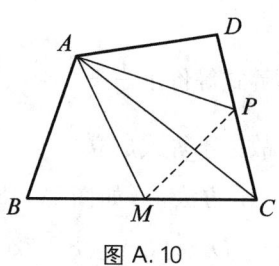

图 A.10

8. 如图 A.10,连接 AC,MP,则
$$S_{\triangle AMP}+\frac{1}{4}S_{\triangle BDC}=S_{AMCP}=\frac{1}{2}S_{ABCD}.$$

又 $$S_{\triangle BDC}<S_{ABCD},$$

$$S_{\triangle AMP}\leqslant\frac{1}{2}AM\cdot AP\leqslant\frac{1}{2}\cdot\frac{(AM+AP)^2}{4}=\frac{1}{8}a^2,$$

从而 $S_{ABCD}<\frac{1}{2}a^2.$

9. 设 $\angle A=\alpha,\angle B=\beta,\angle C=\gamma$. 由于
$$\angle PBA+\angle PCA+\angle PBC+\angle PCB=\beta+\gamma,$$

由假设, $\angle PBC+\angle PCB=\frac{\beta+\gamma}{2}$. 由于点 P,I 位于 BC 的同一侧,点 B,C,I,P 四点共圆, 即点 P 在 $\triangle BCI$ 的外接圆 ω 上. 记 Ω 为 $\triangle ABC$ 的外接圆, 则 ω 的中心 M 为 Ω 的 $\overset{\frown}{BC}$ 的中点, 即为 $\angle A$ 的平分线 AI 与 Ω 的交点. 对 $\triangle APM$, 有
$$AP+PM\geqslant AM=AI+IM=AI+PM,$$

故 $AP\geqslant AI$, 等号成立的充要条件是点 P 位于线段 AI 上, 即 $P=I$.

10. 如图 A.11,设 H_1,H_2,H 分别为点 M_1,M_2,M 在直线 BC 上的投影,则
$$\frac{M_1N_1}{BM_1}=\frac{H_1C}{BH_1},\frac{M_2N_2}{BM_2}=\frac{H_2C}{BH_2},$$

$$\frac{MN}{BM}=\frac{HC}{BH}=\frac{H_1C+H_2C}{BH_1+BH_2}.$$

不妨设 $BC=1,BH_1=x,BH_2=y$,有

$$\frac{M_1N_1}{BM_1}=\frac{H_1C}{BH_1}=\frac{1-x}{x},\frac{M_2N_2}{BM_2}=\frac{H_2C}{BH_2}=\frac{1-y}{y},$$

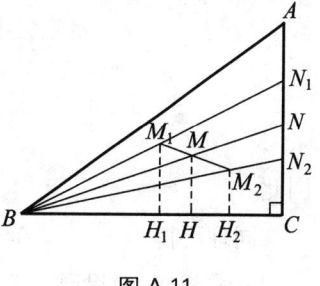

图 A.11

$$\frac{MN}{BM}=\frac{HC}{BH}=\frac{1-x+1-y}{x+y}.$$

于是,原不等式等价于

$$\frac{1-x}{x}+\frac{1-y}{y}\geqslant 2\frac{1-x+1-y}{x+y},$$

该不等式等价于 $\frac{1}{x}+\frac{1}{y}\geqslant\frac{4}{x+y}$,即 $(x-y)^2\geqslant 0$. 显然成立.

故原不等式成立.

11. 方法一:如图 A.12,由于 $\angle A+\angle B+\angle C+\angle D+\angle E+\angle F=720°$,所以不妨设 $\angle A+\angle F\leqslant\frac{720°}{3}=240°$,作菱形 $ABGF$,则 $\angle GFE\leqslant 60°$,$FG=FE=1$,于是 GE 是 $\triangle FGE$ 的最小边,故 $GE\leqslant 1$. 又 $BG=1$,所以

$$BE\leqslant BG+GE\leqslant 2.$$

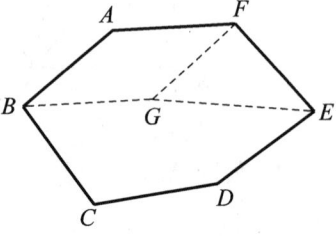

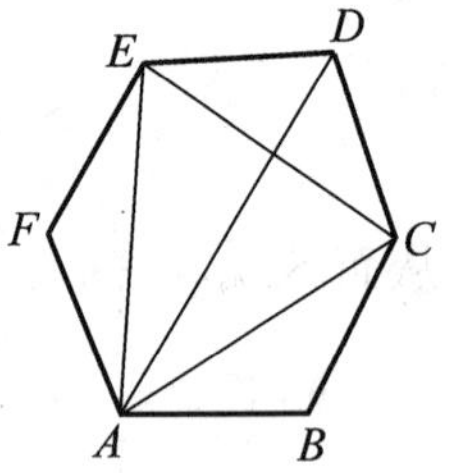

图 A.12

方法二:连接 AC,CE,EA,在 $\triangle AEC$ 中,不妨设边 CE 最大,即 $CE\geqslant AC,CE\geqslant AE$,如图 A.13,对 A,C,D,E 四点用托勒玫不等式,有

$$AD\cdot CE\leqslant AC\cdot ED+CD\cdot AE,$$

所以 $AD\leqslant\frac{AC}{CE}\cdot DE+CD\cdot\frac{AE}{CE}\leqslant 1\times 1+1\times 1=2.$

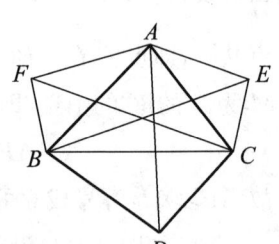

图 A.13

12. 如图 A.14,对四边形 $ABDC$ 用托勒玫不等式得

$$AB\cdot CD+AC\cdot BD\geqslant AD\cdot BC,$$

于是 $\frac{AB\cdot CD}{BC}+\frac{AC\cdot BD}{BC}\geqslant AD.$

由条件 $\triangle BCD\backsim\triangle CAE\backsim\triangle ABF$ 可得

$$\frac{AB\cdot CD}{BC}=BF,$$

$$\frac{AC\cdot BD}{BC}=CE.$$

图 A.14

因此, $BF+CE\geqslant AD.$

同理可得 $AF+CD\geqslant BE,AE+BD\geqslant CF.$

三式相加,便得原不等式成立.

由托勒玫不等式等号成立的条件知,当且仅当 A,B,C,D,B,C,E,A 和 C,A,F,B 共圆时等号成立,则
$$\angle BAC=180°-\angle BDC=180°-\angle CEA=\angle ABC.$$
同理 $\angle BCA=\angle ABC=\angle CAB.$

由此知 $\triangle ABC$ 是等边三角形. 此时也有
$$\angle BDC=\angle CEA=\angle AFB=180°-\angle ACB=120°.$$

于是等号成立的条件是当且仅当 $\triangle ABC$ 是等边三角形且 $\angle BDC=120°$.

13. 在 $\triangle ABC$ 中,有 $AB^2-BC^2+AC^2=2AB\cdot AC\cdot\cos\angle BAC=2\overrightarrow{AB}\cdot\overrightarrow{AC}$.
同理,在 $\triangle ADC$ 中,有 $AD^2-DC^2+AC^2=2\overrightarrow{AD}\cdot\overrightarrow{AC}$. 故
$$AB^2-BC^2+CD^2-DA^2=(AB^2-BC^2+AC^2)-(AD^2-DC^2+AC^2)$$
$$=2\overrightarrow{AB}\cdot\overrightarrow{AC}-2\overrightarrow{AD}\cdot\overrightarrow{AC}=2\overrightarrow{AC}\cdot(\overrightarrow{AB}-\overrightarrow{AD})=2\overrightarrow{AC}\cdot\overrightarrow{DB}.$$
而 $\overrightarrow{AC},\overrightarrow{DB}$ 不平行,故 $|\overrightarrow{AC}\cdot\overrightarrow{DB}|<AC\cdot BD$,因此
$$|AB^2-BC^2+CD^2-DA^2|<2AC\cdot BD.$$

14. 如图 A.15,设 BE,CF 相交于点 I,EQ,FP 相交于点 R. 易知 $\angle BIC=120°$,故四边形 $AEIF$ 是圆内接四边形,进而
$$CE\cdot CA=CI\cdot CF.$$

由于 $\angle PRQ=\angle BIC=120°$,故只需证明 $\angle APR,\angle AQR$ 中至少有一个不小于 $30°$.

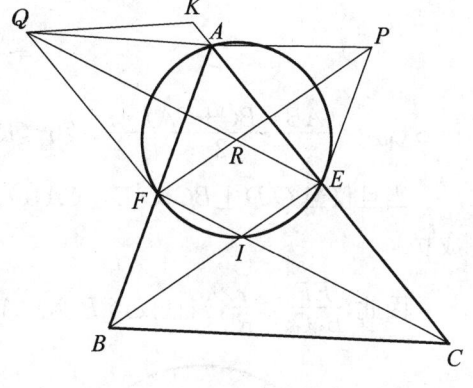

图 A.15

用反证法. 若 $\angle APR<30°$,且 $\angle AQR<30°$,则在 CA 的延长线上必存在一点 K,使得 $\angle KQE=30°$. 由于 $\angle IAC=30°$,且 $\angle ACI=\angle KEQ$,故 $\triangle AIC\hspace{-0.1em}\backsim\hspace{-0.1em}\triangle QKE$,于是
$$\frac{CI}{CA}=\frac{KE}{QE}>\frac{AE}{CF},$$
因此 $AE<\dfrac{CF\cdot CI}{CA}=CE,$

同理可得 $AF<BF$.

又 $\angle ABC,\angle ACB$ 中至少有一个不小于 $60°$,不妨设 $\angle ABC\geqslant60°$,则 $AC\geqslant$

BC. 由角平分线定理可得 $AF \geqslant BF$, 矛盾!

因此假设不成立,命题得证.

15. 如图 A.16,作 $PD \perp BC$ 于点 D,连接 AP 并延长交 $\triangle ABC$ 的外接圆于点 A_1,连接 DE, DF, A_1B_1, A_1C_1.

由 P, D, B, F 四点共圆,知 $\angle PDF = \angle PBF$. 由 P, D, C, E 四点共圆,知 $\angle PDE = \angle PCE$. 所以

$$\angle FDE = \angle PDF + \angle PDE = \angle PBF + \angle PCE$$
$$= \angle AA_1B_1 + \angle AA_1C_1 = \angle C_1A_1B_1.$$

同理可知, $\angle DEF = \angle A_1B_1C_1$, $\angle DFE = \angle A_1C_1B_1$. 故 $\triangle DEF \sim \triangle A_1B_1C_1$.

注意到, $\triangle A_1B_1C_1$ 的外接圆半径为 R, $\triangle DEF$ 的外接圆与 $\triangle ABC$ 的三边都有公共点,因此其半径不小于 $\triangle ABC$ 的内切圆半径 r.

事实上,设 $\triangle DEF$ 的外接圆半径为 R',圆心为 O',连接 AO', BO', CO',如图 A.17 所示,则

$$S_{\triangle ABC} = S_{\triangle O'AB} + S_{\triangle O'BC} + S_{\triangle O'AC} \leqslant \frac{AB \cdot O'F}{2} + \frac{BC \cdot O'D}{2} + \frac{CA \cdot O'E}{2}$$
$$= \frac{(AB + BC + CA) \cdot R'}{2},$$

而 $S_{\triangle ABC} = \frac{(AB + BC + CA) \cdot r}{2}$,故 $r \leqslant R'$.

当且仅当 $O'D \perp BC, O'E \perp CA, O'F \perp AB$,即 P 为 $\triangle ABC$ 的内心时等号成立.

因此, $\frac{EF}{B_1C_1} \geqslant \frac{r}{R}$,当且仅当 P 为 $\triangle ABC$ 的内心时等号成立.

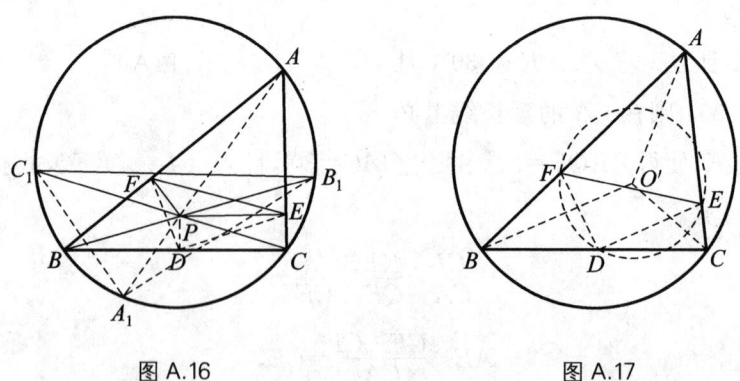

图 A.16   图 A.17

16. 如图 A.18,作 $\triangle ACD$ 在 $\angle A$ 内的旁切圆 K,与 AD 延长线相切于点 R,与 AC 延长线相切于点 S,与 CD 相切于点 T,那么

$$DT-CS=DR-CS=(AR-AD)-(AS-AC)$$
$$=AC-AD=BD-BC=DE-CE,$$

所以 T,E 为同一点,进而 $KE\perp CD$ 且 K 在 $\angle DAC$ 的平分线上,K 与 F 为同一点,所以

$$\angle AGC=\angle AFC=\pi-\angle ACF-\angle CAF$$
$$=\pi-\left(\pi-\frac{1}{2}\angle SCD\right)-\frac{1}{2}\angle DAC$$
$$=\frac{1}{2}(\angle SCD-\angle DAC)=\frac{1}{2}\angle ADC,$$

故
$$\angle GAD=\angle ADC-\angle AGC=\frac{1}{2}\angle ADC=\angle AGC,$$

所以 $\qquad AD=GD.$

连接 FD,则 $\angle RDF=\angle CDF$,故 $\angle GDF=\angle ADF$,又 $GD=AD,DF=DF$,因此 $\triangle GDF\cong\triangle ADF$,得 $GF=AF$.

延长 FE 交 AB 于点 J,则由 $DE>CE$ 知 $AJ>BJ$,于是
$$AF^2-BF^2=AJ^2-BJ^2>0,$$
故 $AF>BF,GF=AF>BF$.

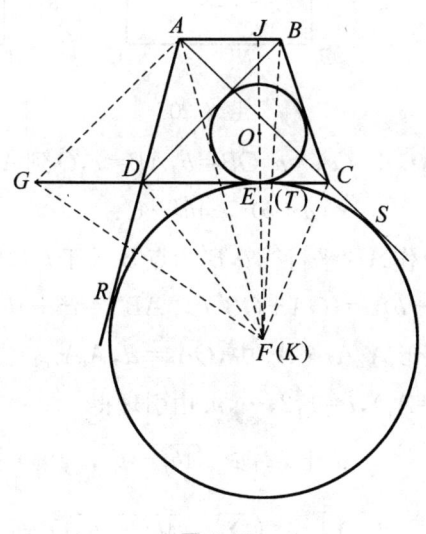

图 A.18

17. 将正方形记为 $ABCD$,并设其边长为 a. 不失一般性,仅需讨论以下三种情况:

(1) 点 M,N 位于 $ABCD$ 的对边 AD,BC 上(如图 A.19).

此时 Γ 的长度不小于平行直线 AD,BC 的距离 a(无论 Γ 是否平分 $ABCD$

的面积).

(2) 点 M,N 位于 $ABCD$ 的邻边 AD,AB 上(如图 A.20).

由于 $S_{\triangle ABD}=\dfrac{1}{2}S_{ABCD}$,故 Γ 必与线段 BD 有公共点,取其中之一为点 P,作曲线 PN 关于 BD 的对称曲线 PN',则 M,N' 分别在边 AD,BC 上.由(1)知曲线 $\Gamma':MPN'$ 的长度不小于 a,而 Γ 与 Γ' 长度相等,从而 Γ 的长度不小于 a.

(3) 点 M,N 位于 $ABCD$ 的一边 AD 上(如图 A.21).

取 AB,CD 的中点 E,F,由于 $S_{AEFD}=\dfrac{1}{2}S_{ABCD}$,故 Γ 必与线段 EF 有公共点,取其中之一为点 P,作曲线 PN 关于 EF 的对称曲线 PN',则点 M,N' 分别在边 AD,BC 上.由(1)知曲线 $\Gamma':MPN'$ 的长度不小于 a,而 Γ 与 Γ' 的长度相等,从而 Γ 的长度不小于 a.

综上可知,结论成立.

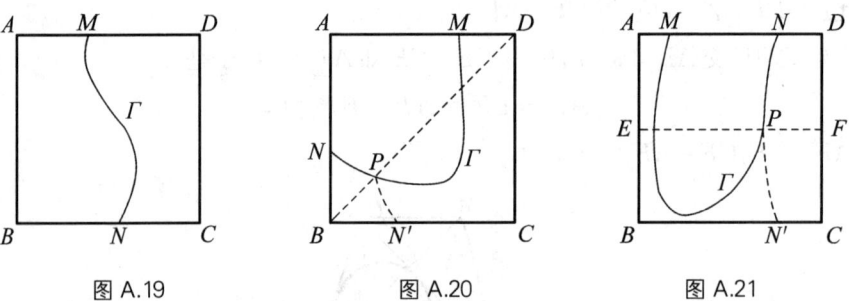

图 A.19　　　　　图 A.20　　　　　图 A.21

18. 引理:在 $\triangle OAB$ 中,$OA=a,OB=b,AB=c,O$ 到 AB 距离为 h,则
$$(a+b)^2 \geqslant 4h^2+c^2.$$

引理证明:过点 O 作 AB 平行线 l,B' 为点 B 关于 l 对称点,则
$$(a+b)^2=(OA+OB')^2 \geqslant AB'^2=c^2+4h^2.$$

回到原题.设 n 边形 $A_1A_2\cdots A_n$ 中,$OA_i=d_i,A_iA_{i+1}=p_i$,点 O 到 A_iA_{i+1} 的距离为 h_i(其中 $A_{n+1}=A_1$),$i=1,2,\cdots,n$.由引理得
$$d_i+d_{i+1} \geqslant \sqrt{4h_i^2+p_i^2},$$

故 $4D^2=\left[\sum\limits_{i=1}^{n}(d_i+d_{i+1})\right]^2 \geqslant \left(\sum\limits_{i=1}^{n}\sqrt{4h_i^2+p_i^2}\right)^2$
$$\geqslant \left(\sqrt{\sum\limits_{i=1}^{n}(4h_i^2+p_i^2)}\right)^2 \text{(闵可夫斯基不等式)}$$
$$=4H^2+P^2,$$

等号当且仅当 F 是正多边形且 O 是其中心时取到.

19. 如图 A.22,注意到 $\angle DPE = 180° - \angle C$,由余弦定理得

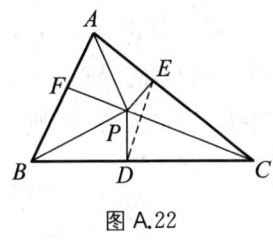

图 A.22

$$DE = \sqrt{p^2 + q^2 - 2pq\cos C}$$
$$= \sqrt{p^2 + q^2 + 2pq\sin A\sin B - 2pq\cos A\cos B}$$
$$= \sqrt{(p\sin B + q\sin A)^2 + (p\cos B - q\cos A)^2}$$
$$\geqslant \sqrt{(p\sin B + q\sin A)^2}$$
$$= p\sin B + q\sin A.$$

又因 P,D,C,E 四点共圆,线段 CP 为这圆的直径,故

$$z = \frac{DE}{\sin C} \geqslant \left(\frac{\sin B}{\sin C}\right)p + \left(\frac{\sin A}{\sin C}\right)q,$$

同理

$$x \geqslant \left(\frac{\sin B}{\sin A}\right)r + \left(\frac{\sin C}{\sin A}\right)q,$$

$$y \geqslant \left(\frac{\sin A}{\sin B}\right)r + \left(\frac{\sin C}{\sin B}\right)p.$$

三式相加得

$$x + y + z \geqslant \left(\frac{\sin B}{\sin C} + \frac{\sin C}{\sin B}\right)p + \left(\frac{\sin A}{\sin C} + \frac{\sin C}{\sin A}\right)q + \left(\frac{\sin B}{\sin A} + \frac{\sin A}{\sin B}\right)r$$
$$\geqslant 2(p + q + r).$$

20. 如图 A.23,作 $PD \perp BC, PE \perp AC, PF \perp AB$,$D, E, F$ 为垂足.

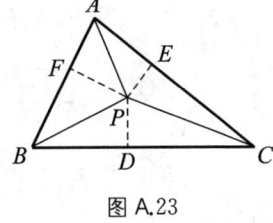

图 A.23

(1) 若题设条件不成立,即

$$30° < \angle PAB, \angle PBC, \angle PCA < 120°,$$

则 $\dfrac{PF}{PA} = \sin\angle PAB > \sin 30° = \dfrac{1}{2}$,

即 $2PF > PA$.

同理,$2PE > PC, 2PD > PB$.

因此,$PA + PB + PC < 2(PD + PE + PF)$,与厄尔多斯-莫德尔不等式矛盾.

(2) 若 $\angle PAB, \angle PBC, \angle PCA$ 中有一个不小于 $120°$,不妨设 $\angle PAB \geqslant 120°$,则

$$\angle PBC + \angle PCA \leqslant 60°.$$

所以必有一个角小于等于 $30°$.

综上所述,命题成立.

21. 如图 A.24,考虑单位圆 O_i 和 O_j, 设过圆 O_i 的圆心的圆 O_j 的切线分别为 l_1 和 l_2,切点为 A, B,则

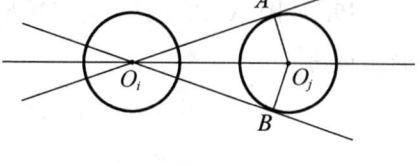

图 A.24

$$\frac{1}{O_iO_j} = \sin\angle AO_iO_j.$$

将 n 个圆中任意两个圆之间的一个切点和两个圆心间的角记作 α_{ij} ($1 \leqslant i \leqslant n, 1 \leqslant j \leqslant n, i \neq j$),则

$$\frac{1}{O_iO_j} = \sin\alpha_{ij} < \alpha_{ij}.$$

因为任意一条直线至多和这 n 个圆中的两个相交,故对确定的圆 O_i,有

$$\sum_{\substack{j=1 \\ j \neq i}}^{n} 4\alpha_{ij} \leqslant 2\pi, \text{即} \sum_{\substack{j=1 \\ j \neq i}}^{n} \alpha_{ij} \leqslant \frac{\pi}{2}.$$

对所有的 i, j 求和,得

$$\sum_{1 \leqslant i < j \leqslant n} \frac{1}{O_iO_j} = \frac{1}{2}\sum_{i=1}^{n}\sum_{\substack{j=1 \\ j \neq i}}^{n} \frac{1}{O_iO_j} = \frac{1}{2}\sum_{i=1}^{n}\sum_{\substack{j=1 \\ j \neq i}}^{n} \sin\alpha_{ij}$$

$$< \frac{1}{2}\sum_{i=1}^{n}\sum_{\substack{j=1 \\ j \neq i}}^{n} \alpha_{ij} \leqslant \frac{n\pi}{4}.$$

故原不等式得证.

22. (1) 设 P, A, B, C 在复平面中分别对应复数 z_0, z_1, z_2, z_3. 令

$$f(z) = \frac{(z-z_2)(z-z_3)}{(z_1-z_2)(z_1-z_3)} + \frac{(z-z_3)(z-z_1)}{(z_2-z_3)(z_2-z_1)} + \frac{(z-z_1)(z-z_2)}{(z_3-z_1)(z_3-z_2)},$$

$$g(z) = \frac{(z-z_1)^2}{(z_1-z_2)(z_1-z_3)} + \frac{(z-z_2)^2}{(z_2-z_3)(z_2-z_1)} + \frac{(z-z_3)^2}{(z_3-z_1)(z_3-z_2)}.$$

易验证 $f(z_i) = g(z_i) = 1, i = 1, 2, 3$,即 $f(z) - 1 = 0$ 与 $g(z) - 1 = 0$ 有至少三个复根,但 $f(z) - 1$ 与 $g(z) - 1$ 都是低于 3 次的多项式,从而 $f(z) \equiv 1$, $g(z) \equiv 1$.

由于

$$1 = f(z_0) \leqslant \frac{|z_0-z_2| \cdot |z_0-z_3|}{|z_1-z_2| \cdot |z_1-z_3|} + \frac{|z_0-z_3| \cdot |z_0-z_1|}{|z_2-z_3| \cdot |z_2-z_1|} + \frac{|z_0-z_1| \cdot |z_0-z_2|}{|z_3-z_1| \cdot |z_3-z_2|}$$

$$= \frac{PB \cdot PC}{cb} + \frac{PC \cdot PA}{ac} + \frac{PA \cdot PB}{ba},$$

故 $a \cdot PB \cdot PC + b \cdot PC \cdot PA + c \cdot PA \cdot PB \geqslant abc$.

(2) 类似地,由于

$$1 = g(z_0) \leqslant \frac{|z_0-z_1|^2}{|z_1-z_2|\cdot|z_1-z_3|} + \frac{|z_0-z_2|^2}{|z_2-z_3|\cdot|z_2-z_1|} + \frac{|z_0-z_3|^2}{|z_3-z_1|\cdot|z_3-z_2|}$$

$$= \frac{PA^2}{cb} + \frac{PB^2}{ac} + \frac{PC^2}{ba},$$

故 $a \cdot PA^2 + b \cdot PB^2 + c \cdot PC^2 \geqslant abc$.

习题 10

1. 因为对 $1 \leqslant i \leqslant n-1, a_{i+1} \geqslant a_n$,所以

$$\sum_{i=1}^{n} \frac{a_i}{a_{i+1}} - n = \sum_{i=1}^{n-1}\left(\frac{a_i}{a_{i+1}} - 1\right) - \left(1 - \frac{a_n}{a_1}\right)$$

$$= \sum_{i=1}^{n-1} \frac{a_i - a_{i+1}}{a_{i+1}} - \sum_{i=1}^{n-1} \frac{a_i - a_{i+1}}{a_1}$$

$$= \sum_{i=1}^{n-1} \frac{(a_i - a_{i+1})(a_1 - a_{i+1})}{a_1 a_{i+1}}$$

$$\leqslant \frac{1}{a_1 a_n} \sum_{i=1}^{n-1} (a_i - a_{i+1})(a_1 - a_{i+1}).$$

因为

$$\sum_{i=1}^{n-1} (a_i - a_{i+1})(a_1 - a_{i+1}) = \sum_{i=1}^{n-1}(a_i - a_{i+1})a_1 - \sum_{i=1}^{n-1}(a_i - a_{i+1})a_{i+1}$$

$$= (a_1 - a_n)a_1 - \sum_{i=1}^{n-1} a_i a_{i+1} + \sum_{i=2}^{n} a_i^2$$

$$= \sum_{i=1}^{n} a_i^2 - \sum_{i=1}^{n} a_i a_{i+1} = \frac{1}{2}\sum_{i=1}^{n}(a_i - a_{i+1})^2,$$

所以原不等式得证.

2. 首先证明一个引理.

引理:对任意两个正实数 α, β. 若 $\alpha\beta < 1$,则 $\{\alpha\} + \{\beta\} < 1 + \alpha\beta$.

引理的证明:因为 $(1-\{\alpha\})(1-\{\beta\}) > 0$, 即 $1 + \{\alpha\}\{\beta\} > \{\alpha\} + \{\beta\}$, 又由条件知 $\{\alpha\}\{\beta\} \leqslant \alpha\beta = \{\alpha\beta\}$. 所以 $\{\alpha\} + \{\beta\} < 1 + \{\alpha\}\{\beta\} \leqslant 1 + \alpha\beta$.

引理得证.

回到原题,用数学归纳法.

当 $n=2$ 时,不妨设 $x_1 \geqslant x_2$, 由 $x_1 x_2 = 1$ 知 $x_1 \geqslant 1, x_2 \leqslant 1$. 若 $x_2 = 1$,则 $x_1 = x_2 = 1$,命题成立;若 $x_2 < 1$,则 $[x_2] = 0$. 记 $[x_1] = s$,则 $x_1 < s+1$,所以

$$\{x_1\} + \{x_2\} = x_1 + x_2 - s = x_1 + \frac{1}{x_1} - s$$

$$< (s+1) + \frac{1}{s+1} - s = 1 + \frac{1}{s+1}$$

$$\leqslant 1 + \frac{1}{2} = \frac{3}{2}.$$

假设 $n=k(k\geqslant 2, k\in \mathbf{N}^*)$ 时，命题成立．下面考虑 $n=k+1$ 的情况：

若对所有 $i_1, i_2 (1\leqslant i_1 < i_2 \leqslant n)$，有 $x_{i_1} x_{i_2} \geqslant 1$，则 $x_1 = x_2 = \cdots = x_n = 1$，于是有
$$\{x_1\} + \{x_2\} + \cdots + \{x_n\} = 0.$$

若存在 $i_1, i_2 (1\leqslant i_1 < i_2 \leqslant n)$，使得 $x_{i_1} x_{i_2} < 1$，不妨设 $i_1 = n-1, i_2 = n$，由引理有

$$\sum_{i=1}^{n} \{x_i\} = \sum_{i=1}^{n-2} \{x_i\} + \{x_{n-1}\} + \{x_n\}$$

$$< \sum_{i=1}^{n-2} \{x_i\} + x_{n-1} x_n + 1$$

$$= \sum_{i=1}^{n-2} \{x_i\} + \{x_{n-1} x_n\} + 1$$

$$< \frac{2(n-1)-1}{2} + 1$$

$$= \frac{2n-1}{2},$$

其中第一个不等号用到引理，第二个不等号用到归纳假设．故当 $n=k+1$ 时，命题成立．

综上可知，结论成立．

3. 由已知条件 $x_1 x_2 \cdots x_n (x_1 + x_2 + \cdots + x_n) = 100n$，可得 $x_1 + x_2 + \cdots + x_n \geqslant n$，故 $x_1 x_2 \cdots x_n \leqslant 100$．因等号无法成立，故 $x_1 x_2 \cdots x_n \leqslant 99$．而

$$x_1 x_2 \cdots x_n = [(x_1-1)+1][(x_2-1)+1]\cdots[(x_n-1)+1]$$

$$\geqslant (x_1-1) + (x_2-1) + \cdots + (x_n-1) + 1$$

$$= x_1 + x_2 + \cdots + x_n - n + 1,$$

故
$$x_1 + x_2 + \cdots + x_n \leqslant x_1 x_2 \cdots x_n + n - 1 < n + 98.$$

于是 $99(n+98) \geqslant 100n$，解得 $n \leqslant 99 \times 98 = 9702$．

此时取 $x_1 = 99, x_2 = x_3 = \cdots = x_{9702} = 1$ 可使等号成立．

故 n 的最大值为 9702．

4. 当 $0 < \lambda \leqslant e$ 时，若存在满足条件的 $\{a_n\}$，则

$$\lambda^{\frac{1}{n}} \leqslant e^{\frac{1}{n}} \leqslant 1 + \frac{1}{n-1} = \frac{n}{n-1}.$$

于是
$$\frac{a_n}{n}+\frac{1}{n}\leqslant\frac{a_{n-1}}{n-1}.$$

令 $b_n=\dfrac{a_n}{n}$，则 $b_n\leqslant b_{n-1}-\dfrac{1}{n}$，故

$$b_n\leqslant b_1-\left(\frac{1}{2}+\frac{1}{3}+\cdots+\frac{1}{n}\right),$$

由于调和级数发散，对充分大的 n，有 $b_n<0$。矛盾！从而 $0<\lambda\leqslant e$ 满足条件。

当 $\lambda>e$ 时，记 $\lambda=e^\alpha(\alpha>1)$。此时

$$\lambda^{\frac{1}{n}}=e^{\frac{\alpha}{n}}\geqslant 1+\frac{\alpha}{n}=\frac{n+\alpha}{n}.$$

为使 $a_n+1\leqslant \lambda^{\frac{1}{n}}a_{n-1}$，只需 $a_n+1\leqslant\dfrac{n+\alpha}{n}a_{n-1}$。取 $a_n=\dfrac{n+1}{\alpha-1}$，则

$$\lambda^{\frac{1}{n}}a_{n-1}-1\geqslant\frac{n+\alpha}{n}\cdot\frac{n}{\alpha-1}-1=\frac{n+\alpha}{\alpha-1}-1=\frac{n+1}{\alpha-1}=a_n,$$

即存在正项数列 $a_n=\dfrac{n+1}{\alpha-1}(\alpha>1)$，使得 $a_n+1\leqslant\lambda^{\frac{1}{n}}a_{n-1}$。即 $\lambda>e$ 不满足条件。

综上，所求 λ 的取值范围是 $0<\lambda\leqslant e$。

5. 设 $I=\{i\mid x_i\geqslant y_i,1\leqslant i\leqslant n\}$，$J=\{j\mid x_j<y_j,1\leqslant j\leqslant n\}$，则 $|I|+|J|=n$，设 $|I|=k$。记 $S=\sum\limits_{i=1}^{n}|x_i-y_i|$，注意到

$$\begin{aligned}S&=\sum_{i=1}^{n}|x_i-y_i|\\&=\sum_{i\in I}|x_i-y_i|+\sum_{j\in J}|x_j-y_j|\\&=\sum_{i\in I}(x_i-y_i)+\sum_{j\in J}(y_j-x_j)\\&=2\sum_{i\in I}(x_i-y_i)=2\sum_{j\in J}(y_j-x_j).\end{aligned}$$

先证明对任意 $i\in I,j\in J$ 均有 $(x_i-y_i)+(y_j-x_j)\leqslant 2$。

当 $i>j$ 时，$x_i-y_i+y_j-x_j\leqslant x_i-x_j\leqslant 2$。

当 $i<j$ 时，$x_i-y_i+y_j-x_j\leqslant y_j-y_i\leqslant 2$。

上式对所有 $i\in I,j\in J$ 求和可得

$$\frac{S}{2}(|I|+|J|)=\sum_{i\in I}\sum_{j\in J}[(x_i-y_i)+(x_j-y_j)]\leqslant 2|I|\cdot|J|,$$

所以
$$S\leqslant\frac{4|I|\cdot|J|}{|I|+|J|}=\frac{4k(n-k)}{n}.$$

当 n 为偶数时，$S\leqslant\dfrac{(k+n-k)^2}{n}=n$。

当 n 为奇数时,$S \leq \dfrac{4 \cdot \dfrac{n+1}{2} \cdot \dfrac{n-1}{2}}{n} = \dfrac{n^2-1}{n}$.

取等条件:当 n 为偶数时,取 $x_1 = \cdots = x_{\frac{n}{2}} = -1$, $x_{\frac{n}{2}+1} = \cdots = x_n = 1$, $y_1 = \cdots = y_n = 0$,此时 $S = n$;当 n 为奇数时,取 $x_1 = \cdots = x_{\frac{n-1}{2}} = -1$, $x_{\frac{n+1}{2}} = \cdots = x_n = 1$, $y_1 = \cdots = y_n = \dfrac{1}{n}$,此时 $S = \dfrac{n^2-1}{n}$.

综上,当 n 为偶数时,S 的最大值为 n;当 n 为奇数时,S 的最大值为 $\dfrac{n^2-1}{n}$.

6. 一方面,取 $a_1 = 1, a_2 = \cdots = a_n = \varepsilon$,可得
$$\sqrt{n[1+(n-1)\varepsilon^2]} \leq 1 + (n-1)\varepsilon + \lambda(n-1)|1-\varepsilon|,$$

令 $\varepsilon \to 0$,可得 $\lambda(n-1) \geq \sqrt{n}-1$,即 $\lambda \geq \dfrac{1}{\sqrt{n}+1}$.

另一方面,不妨设 $a_1 = \max\{a_1, a_2, \cdots, a_n\}$.

$$\sqrt{n(a_1^2+a_2^2+\cdots+a_n^2)} - (a_1+a_2+\cdots+a_n)$$
$$= \dfrac{n(a_1^2+a_2^2+\cdots+a_n^2) - (a_1+a_2+\cdots+a_n)^2}{\sqrt{n(a_1^2+a_2^2+\cdots+a_n^2)} + (a_1+a_2+\cdots+a_n)}$$
$$= \dfrac{\sum\limits_{1 \leq i<j \leq n}(a_i-a_j)^2}{\sqrt{n(a_1^2+a_2^2+\cdots+a_n^2)} + (a_1+a_2+\cdots+a_n)}$$
$$\leq \dfrac{\sum\limits_{1 \leq i<j \leq n} a_1|a_i-a_j|}{\sqrt{n(a_1^2+a_2^2+\cdots+a_n^2)} + (a_1+a_2+\cdots+a_n)}$$
$$\leq \dfrac{\sum\limits_{1 \leq i<j \leq n} a_1|a_i-a_j|}{\sqrt{n}a_1 + a_1}$$
$$= \dfrac{1}{\sqrt{n}+1} \sum\limits_{1 \leq i<j \leq n} |a_i-a_j|,$$

从而所求 λ 的最小值为 $\dfrac{1}{\sqrt{n}+1}$.

7. 一方面,取 $a_i = i(i+1)$,则对任意 n,有
$$\sum_{i=1}^n \dfrac{1}{a_i} = \sum_{i=1}^n \dfrac{1}{i(i+1)} = 1 - \dfrac{1}{n+1},$$
$$\sum_{i=1}^n \dfrac{i+1}{a_1+\cdots+a_i} = \sum_{i=1}^n \dfrac{i+1}{1 \cdot 2 + 2 \cdot 3 + \cdots + i(i+1)}$$

$$= \sum_{i=1}^{n} \frac{i+1}{\frac{1}{3}i(i+1)(i+2)}$$

$$= 3\sum_{i=1}^{n} \frac{1}{i(i+2)}$$

$$= \frac{3}{2}\left(1+\frac{1}{2}-\frac{1}{n+1}-\frac{1}{n+2}\right)$$

$$= \frac{3}{2}\left(\frac{3}{2}-\frac{1}{n+1}-\frac{1}{n+2}\right),$$

代入不等式得到

$$\lambda\left(1-\frac{1}{n+1}\right) \geqslant \frac{3}{2}\left(\frac{3}{2}-\frac{1}{n+1}-\frac{1}{n+2}\right),$$

即

$$\lambda \geqslant \frac{\frac{3}{2}\left(\frac{3}{2}-\frac{1}{n+1}-\frac{1}{n+2}\right)}{1-\frac{1}{n+1}},$$

令 $n \to +\infty$,可得 $\lambda \geqslant \frac{9}{4}$.

另一方面,当 $\lambda = \frac{9}{4}$ 时,我们证明不等式成立. 即证

$$\frac{9}{4}\sum_{i=1}^{n}\frac{1}{a_i} \geqslant \sum_{i=1}^{n}\frac{i+1}{a_1+\cdots+a_i}.$$

对任意 $1 \leqslant i \leqslant n$,由柯西不等式得

$$\sum_{k=1}^{i}\frac{k^2(k+1)^2}{a_k} \geqslant \frac{\left[\sum_{k=1}^{i}k(k+1)\right]^2}{\sum_{k=1}^{i}a_k} = \frac{\frac{1}{9}i^2(i+1)^2(i+2)^2}{\sum_{k=1}^{i}a_k},$$

即

$$\frac{9}{i^2(i+1)(i+2)^2}\sum_{k=1}^{i}\frac{k^2(k+1)^2}{a_k} \geqslant \frac{i+1}{\sum_{k=1}^{i}a_k},$$

从而

$$\sum_{i=1}^{n}\frac{i+1}{\sum_{k=1}^{i}a_k} \leqslant 9\sum_{i=1}^{n}\frac{1}{i^2(i+1)(i+2)^2}\sum_{k=1}^{i}\frac{k^2(k+1)^2}{a_k}$$

$$= 9\sum_{k=1}^{n}\frac{k^2(k+1)^2}{a_k}\sum_{i=k}^{n}\frac{1}{i^2(i+1)(i+2)^2}$$

$$= 9\sum_{k=1}^{n}\frac{k^2(k+1)^2}{a_k}\sum_{i=k}^{n}\frac{1}{4}\left(\frac{1}{i^2(i+1)^2}-\frac{1}{(i+1)^2(i+2)^2}\right)$$

$$= \frac{9}{4} \sum_{k=1}^{n} \frac{k^2(k+1)^2}{a_k} \left(\frac{1}{k^2(k+1)^2} - \frac{1}{(n+1)^2(n+2)^2} \right)$$

$$\leqslant \frac{9}{4} \sum_{k=1}^{n} \frac{1}{a_k}.$$

综上,所求 λ 的最小值为 $\frac{9}{4}$.

8. 一方面,我们证明 $\lambda \leqslant 1$.

当 $n=2$ 时,

$$\lambda \leqslant \frac{\left(\frac{a_1}{2a_2} + \frac{a_2}{2a_1} \right) \cdot 2a_1 a_2}{a_1^2 + a_2^2} = 1.$$

当 $n \geqslant 3$ 时,取 $a_1 + m, a_i = 1 (i=2,\cdots,n)$,其中 $M > 0$,则

$$\lambda \leqslant \frac{\left(\sum_{i=1}^{n} \frac{a_i}{a_{i-1} + a_{i+1}} \right) \left(\sum_{i=1}^{n} a_i a_{i+1} \right)}{\sum_{i=1}^{n} a_i^2}$$

$$= \frac{\left(\frac{M}{2} + \frac{2}{M+1} + \frac{n-3}{2} \right)(2M + n - 2)}{n - 1 + M^2},$$

令 $M \to +\infty$,可得 $\lambda \leqslant 1$.

另一方面,我们证明 $\lambda = 1$ 时不等式成立,即证

$$\left(\sum_{i=1}^{n} \frac{a_i}{a_{i-1} + a_{i+1}} \right) \left(\sum_{i=1}^{n} a_i a_{i+1} \right) \geqslant \sum_{i=1}^{n} a_i^2.$$

由于 $n \geqslant 2, a_i > 0$,则

$$\left(\sum_{i=1}^{n} \frac{a_i}{a_{i-1} + a_{i+1}} \right) \left(\sum_{i=1}^{n} a_i a_{i+1} \right) \geqslant \sum_{i=1}^{n} \frac{a_i}{a_{i-1} + a_{i+1}} \cdot (a_{i-1} a_i + a_i a_{i+1}) = \sum_{i=1}^{n} a_i^2.$$

综上可知,所求 λ 的最大值为 1.

9. 用数学归纳法证明不等式.

当 $n=2$ 时,原不等式等价于

$$(a_1 + a_2)^2 \left(1 + \frac{1}{4} \right) \geqslant 4 \left(a_1^2 + \frac{a_2^2}{4} \right)$$

$$\Leftrightarrow \frac{5}{4} (a_1 + a_2)^2 \geqslant 4 a_1^2 + a_2^2$$

$$\Leftrightarrow 5(a_1 + a_2)^2 \geqslant 16 a_1^2 + 4 a_2^2$$

$$\Leftrightarrow a_2^2 + 10 a_1 a_2 \geqslant 11 a_1^2,$$

注意到 $a_2 \geqslant a_1, a_2^2 \geqslant a_1^2, a_1 a_2 \geqslant a_1^2$,故上式成立,从而当 $n=2$ 时不等式成立.

假设不等式对 n 成立,即
$$\sum_{1\leqslant i<j\leqslant n}(a_i+a_j)^2\left(\frac{1}{i^2}+\frac{1}{j^2}\right)\geqslant 4(n-1)\sum_{i=1}^{n}\frac{a_i^2}{i^2}.$$

当 $n+1$ 时,只需证明
$$\sum_{1\leqslant i<j\leqslant n+1}(a_i+a_j)^2\left(\frac{1}{i^2}+\frac{1}{j^2}\right)-\sum_{1\leqslant i<j\leqslant n}(a_i+a_j)^2\left(\frac{1}{i^2}+\frac{1}{j^2}\right)$$
$$\geqslant 4n\sum_{i=1}^{n+1}\frac{a_i^2}{i^2}-4(n-1)\sum_{i=1}^{n}\frac{a_i^2}{i^2},$$

即证
$$\sum_{i=1}^{n}(a_i+a_{n+1})^2\left(\frac{1}{i^2}+\frac{1}{(n+1)^2}\right)\geqslant 4\sum_{i=1}^{n}\frac{a_i^2}{i^2}+\frac{4na_{n+1}^2}{(n+1)^2}. \tag{1}$$

注意到对 $1\leqslant i\leqslant n$,有 $a_ia_{n+1}\geqslant a_i^2$,从而
$$(a_i+a_{n+1})^2=a_i^2+a_{n+1}^2+2a_ia_{n+1}\geqslant 3a_i^2+a_{n+1}^2,$$

则
$$\text{式(1)的左边}\geqslant \sum_{i=1}^{n}(3a_i^2+a_{n+1}^2)\left(\frac{1}{i^2}+\frac{1}{(n+1)^2}\right)$$
$$=3\sum_{i=1}^{n}\left(\frac{1}{i^2}+\frac{1}{(n+1)^2}\right)a_i^2+\left(\sum_{i=1}^{n}\frac{1}{i^2}+\frac{n}{(n+1)^2}\right)a_{n+1}^2,$$

故只需证明
$$3\sum_{i=1}^{n}\left(\frac{1}{i^2}+\frac{1}{(n+1)^2}\right)a_i^2+\left(\sum_{i=1}^{n}\frac{1}{i^2}+\frac{n}{(n+1)^2}\right)a_{n+1}^2\geqslant 4\sum_{i=1}^{n}\frac{a_i^2}{i^2}+\frac{4na_{n+1}^2}{(n+1)^2}$$
$$\Leftrightarrow \sum_{i=1}^{n}\left(\frac{3}{(n+1)^2}-\frac{1}{i^2}\right)a_i^2+\left(\sum_{i=1}^{n}\frac{1}{i^2}-\frac{3n}{(n+1)^2}\right)a_{n+1}^2\geqslant 0. \tag{2}$$

注意到 $\sum_{i=1}^{n}\frac{1}{i^2}-\frac{3n}{(n+1)^2}\geqslant 1-\frac{3n}{(n+1)^2}>0$,$\left\{\frac{3}{(n+1)^2}-\frac{1}{i^2}\right\}$ 是关于 i 单调递增的,a_i^2 也是关于 i 单调递增的,由切比雪夫不等式得
$$\sum_{i=1}^{n}\left(\frac{3}{(n+1)^2}-\frac{1}{i^2}\right)a_i^2\geqslant \frac{1}{n}\left[\sum_{i=1}^{n}\left(\frac{3}{(n+1)^2}-\frac{1}{i^2}\right)\right]\cdot\left(\sum_{i=1}^{n}a_i^2\right)$$
$$=-\left(\sum_{i=1}^{n}\frac{1}{i^2}-\frac{3n}{(n+1)^2}\right)\cdot\left(\frac{1}{n}\sum_{i=1}^{n}a_i^2\right)$$
$$\geqslant -\left(\sum_{i=1}^{n}\frac{1}{i^2}-\frac{3n}{(n+1)^2}\right)a_{n+1}^2,$$

所以式(2)成立. 故当 $n+1$ 时不等式成立.

综上,结论成立.

10. 注意到

$$\sum_{k=1}^{n}\sum_{j=1}^{k}\sum_{i=1}^{j}x_i = \sum_{k=1}^{n}\sum_{j=1}^{k}(k+1-j)x_j = \frac{1}{2}\sum_{k=1}^{n}(n+1-k)(n+2-k)x_k,$$

由柯西不等式得

$$\left[\sum_{k=1}^{n}\left(\sum_{j=1}^{k}x_j\right)^2 x_k^{-1}\right] \cdot \left[\sum_{k=1}^{n}(n+1-k)^2 x_k\right]$$

$$\geqslant \left[\sum_{k=1}^{n}(n+1-k)\sum_{j=1}^{k}x_j\right]^2$$

$$= \left[\frac{1}{2}\sum_{k=1}^{n}(n+1-k)(n+2-k)x_k\right]^2,$$

于是

$$2\sum_{k=1}^{n}\left(\sum_{j=1}^{k}x_j\right)^2 x_k^{-1} \geqslant \frac{\frac{1}{2}\left[\sum_{k=1}^{n}(n+1-k)(n+2-k)x_k\right]^2}{\sum_{k=1}^{n}(n+1-k)^2 x_k}$$

$$= \left[\frac{1}{2}\sum_{k=1}^{n}(n+1-k)(n+2-k)x_k\right] \cdot$$

$$\frac{\sum_{k=1}^{n}(n+1-k)(n+2-k)x_k}{\sum_{k=1}^{n}(n+1-k)^2 x_k}$$

$$\geqslant \frac{1}{2}\sum_{k=1}^{n}(n+1-k)(n+2-k)x_k,$$

故结论成立.